新编绘图本

中华传统文化修养地平线丛书

华夏千家曲

顾问：霍松林
主编：金元浦
选评：李玫

山西出版集团
山西人民出版社

图书在版编目(CIP)数据

新编绘图本千家曲/金元浦主编．—太原：山西人民出版社，
1998.9（2011.5 重印）
（中华传统文化修养地平线丛书）
ISBN 978-7-203-03740-8

Ⅰ．①新…　Ⅱ．①金…　Ⅲ．①元曲—鉴赏—中国②散曲—鉴赏—中国—明清时代　Ⅳ．①I207.24

中国版本图书馆 CIP 数据核字（2011）第 082826 号

新编绘图本千家曲

主　　　编：金元浦
出版发行：山西出版集团·山西人民出版社
社　　　址：太原市建设南路 21 号
邮政编码：030012
电　　　话：0351-4922220
经　　　销：全国新华书店
印刷装订：北京燕旭开拓印务有限公司
开　　　本：660 毫米×960 毫米　1/16
印　　　张：26.5
字　　　数：349 千字
版　　　次：1998 年 9 月第 1 版
印　　　次：2011 年 5 月第 1 次印刷
书　　　号：ISBN 978-7-203-03740-8
定　　　价：48.00 元

版权所有　违权必究
本书若出现印装质量问题，请与出版社联系调换
电话：0351-4922220

总　序

·金元浦·

近年来，我国传统文化的回归成为大众文化生活中的一个重要趋势。在大量的西方文化的强烈冲击之后，人们回过头来，开始重新审视华夏文明的文化精粹。广大群众迫切需要更集中更丰富，更具中国文化精神，也更简明实用的传统文化典籍选本。由于众所周知的原因，我国近几十年来，在传统文化的继承与弘扬上出现过数度波折。像"文化大革命"那样文化灭绝的时代，几乎摧毁了一切古代文化典籍，造成了数代青年对祖国传统文化的陌生、隔绝与无知。改革开放以后，西方思想文化如洪水般泻入，大大推进了我国人民思想解放的步伐。但对传统文化的阐发与弘扬，却仍嫌不足。近年来，随着中国经济及亚洲经济的高速发展，中国文化乃至亚洲价值在未来世纪的作用，成了全世界关注的话题，而中国传统文化能否返本开新，担当未来文化世纪之大任，成为国内外人士关心的"热点"、"焦点"问题。人们热切地需要重新了解、研读、学习和评判传统文化。正是基于跨世纪的文化转折这一宏大的背景，我们编纂了这一套《中华传统文化修养地平线丛书——新编绘图本华夏千家集》。

丛书袭用了古代蒙学读本《千家诗》之意，发而广之，创为新制。我们精选中国传统文化中最具代表性的也最为百姓熟知的诗、词、曲、赋、文、言、典、训，进行了细致认真的整理、编纂、辑录与删汰，一举推出八卷典籍。它们是：

《新编绘图本华夏千家诗》
《新编绘图本华夏千家词》
《新编绘图本华夏千家曲》
《新编绘图本华夏千家赋》
《新编绘图本华夏千家文》
《新编绘图本华夏千家言》
《新编绘图本华夏千家典》
《新编绘图本华夏千家训》

八卷共计二百四十余万字，插历代名画八十幅，成为一套独具特色的中国传统文化的发蒙读本，也是提高传统文化修养的入门向导。

选用《千家集》为名，并不是恣意妄称，倒是确有考虑的，其理由有三：

其一曰，千家者，千家之作也。煌煌中华有千古智慧百代华章，《新编华夏千家集》囊括包举中国古文化之经典，爬罗剔抉，评析纂要，共收作品数千篇，共选作者逾千家。就此意义上讲，它是货真价实的"千家"集。相形之下，古代的《千家诗》仅收诗二百余首，作者仅百余，倒是名不副实。今日《千家集》，颇具规模，于中国传统文化之阐扬，更见完整全面，更显总体风貌。

其二曰，千家者，千家之选也。中华传统文化浩如烟海，何以有此之取，而非他家之选？实际上今日《千家集》之选，乃历史上众多文人学士、圣哲时贤以至村媪野老在历史上一代代诵读、鉴赏、选择、删汰、张扬、积贮的成果，是文化史上众多阅读者接受者的历史积淀的成果。同时它也是历史上众多选家、注家、评家、点家、考据家、版本家共同编选、结纂、阐发、诠释、注疏、考证、评点、鉴赏的成果。故而千家集真正是经历千年经由千家所选之集成。它集百世之珍，收万众所爱，应当说它是历史留给今人的一份最精粹的文化赠物。

其三曰，千家者，千家之用也。编纂此套丛书，并不是发思古之幽情，也不为争学术之短长。而是为着今日千百家父母子弟，承续源远流长的中国传统文化之脉，并革新之，弘扬之，立意创为，再开新宇。近年来，国内各种古代典籍出版不少，但专为一般大众编辑的家庭通用的中国传统文化的普及性综合选本还十分鲜见。故此我们编选这套丛书。读者在紧张工作之余，或吟咏欣赏，怡情悦性；或寻词觅句，命笔投篇；或搜拣史著，查询典故；或教子诲人，治家立业；无不开卷有益，终有所获。特别是对那些小学、中学及大学的莘莘学子们，一卷在手，满眼云蒸霞蔚，千年古籍，百代文采，顿时舒展目前。本套丛书将是家庭书橱中十分合用的常备文化教育及精神修养的实用读本或参考书。

参与本书编纂的人员均为获得文学博士学位、学有所成的专业工作者。他们无不怀着对中国文化的热爱与崇仰，怀着一种沉重的历史责任感，自觉地担当起文化守望者的职责。尽管本套丛书仍存在着众多不足、缺憾，但我们的态度是诚恳、认真的。可以说，此书的编纂还是具有某种首创性的。不仅像《千家言》、《千家典》、《千家训》等卷前例无多，而且像《千家曲》、《千家赋》、《千家文》也自具特色。

如《千家曲》将散曲与剧曲、小令与套曲等各种形式汇为一卷，从文化的高处着眼，不拘泥于体裁体式，从而将中国曲文化之精粹包容于一，体现了本书弘扬传统文化、提高民族艺术修养的宗旨。即使历史上曾有过的《千家诗》，本书亦不完全因袭，而一反历史上《千家诗》至《唐诗三百首》之惯例，精选自先秦至近代的优秀诗篇，杂取古体、近体，而无论三、四、六、九各体言式。

尽管我们做了种种努力，但由于种种限制与困难，此套丛书仍然不免粗疏、匆忙，还缺乏精细的打磨，但我们愿意听取大家的意见，将此套丛书修订得更好。

地平线是旭日东升朝暾初晖的地方。

地平线是一切生命开始腾飞的地方。

愿中华文化如旭日喷薄。

愿中华文化在新的世纪再次腾飞。

一九九八年六月于北京塔院姑妄斋

小 序

曲作为一种文学样式，成熟于元代，并且迅速地走向了繁荣，取得了堪与诗、词相比并的成就，获得了能与诗、词相并论的地位。元以后的明清两代，散曲和戏曲创作的繁荣势头一直没有消减。尽管其形式和风格发生了若干变化，内容更是印上了时代变迁的痕迹，但在数量上一直呈上升趋势。以散曲为例，《全元散曲》辑录元代有名姓可考的散曲作者有二百多人，其中散曲作品中小令有三千八百多首，套数有四百多套；而收入《全明散曲》的作者有姓名可考的有四百多人，散曲作品中小令有一万多首，套曲有两千多套；《全清散曲》中，录有作者三百四十多人，散曲作品中小令有三千二百多首，套曲有一千一百多套。如果再把散曲属于通俗文学，向来被正统文人视为小道，受到歧视，作品散佚较多等诸种因素考虑进去，那么，实际创作作品恐怕远不止这个数量。但即使从这个数字，也可以看出从元代到清代这六百多年中，散曲创作的盛况之一斑。曲包括散曲和戏曲。实际上，散曲和戏曲分属于两种不同的文学体裁。前者是诗歌的一种，后者属于戏剧。它们的一致之处在于，因为古典戏曲以套曲为其音乐结构和剧情结构的基本单元，所采用的曲牌的格律和联套的规则与散曲完全相同。曲作为一种文学样式，主要是以其通俗性显示出与诗、词全然不同的风采的。其中通常可见的率真、质朴的笔调，粗爽、活泼的风格，以及韵脚能够平仄通押，定格之外可加衬字等形式上的特点，可以给读者提供与欣赏诗词全然不同的审美感受。前人选曲，大体分为两类，一种是专门选散曲，另一种是戏曲剧本的片段选辑。我们这本题为《新编绘图本千家曲》的选本，力图较为充分地展示曲苑的风采和魅力，因此，散曲和剧曲（剧曲指戏曲剧本中的曲词）均选。在此前提下，以散曲为主，剧曲只挑选了若干最为脍炙人口、经久传唱的篇章。另外，在这本书有限的容量中，尽量多地收进优秀的、不同时代、不同身份、不同风格的作家作品，以求既显示出曲作为一种文学形式所取得的卓越成就，又展示出曲苑千姿百态、丰富多彩的面貌。本书选录了元明清三代中一百一十多位作家的四百多篇作品（其中包括无名氏的作品）。因为曲在元代处于鼎盛状态，元曲更能代表曲的成就，因而，这本书中没有追求各个朝代作品在数量上的均衡。这本书里，尽管不能说包容了历代曲作中的全部佳品，但是可以这样说，能够体现曲的主要成就的作品都尽量收入了。从中，元曲的本色自然、清新明快；明曲（尤其是明代文人所写的民歌体小曲）的活泼俊俏，细腻婉转；清曲的纤丽轻巧，蕴藉风流，读者自可品味，相信读后会有感性的体会。本书的选目难免有挂一漏万之失，注释评讲也可能有讹误之处，期盼着专家和读者的指正。

李玫

1996.5

目录

总　序 …………………………… 1
小　序 …………………………… 1

元好问（三首）
◎〔黄钟〕人月圆（重冈已隔红尘断）…… 1
◎〔中吕〕喜春来　春宴 …………… 2
◎〔双调〕小圣乐　骤雨打新荷 ……… 2

杨果（一首）
◎〔越调〕小桃红　（满城烟水月微茫）…
…………………………………… 4

刘秉忠（二首）
◎〔南吕〕干荷叶（干荷叶，色苍苍）…… 5

杜仁杰（一首）
◎〔般涉调〕耍孩儿　庄家不识构阑 …… 7

王和卿（四首）
◎〔仙吕〕醉中天　咏大蝴蝶 ………… 10
◎〔双调〕拨不断　自叹 …………… 11
◎〔双调〕拨不断　大鱼 …………… 11
◎〔双调〕拨不断　长毛小狗 ……… 12

商挺（三首）
◎〔双调〕潘妃曲（带月披星担惊怕）… 14
◎〔双调〕潘妃曲（一点青灯人千里）… 14
◎〔双调〕步步娇（闷酒将来刚刚咽）… 15

胡祗遹（五首）

◎〔中吕〕喜春来　春景（三首）……… 16
◎〔双调〕沉醉东风（月底花间酒壶）… 19
◎〔双调〕沉醉东风（渔得鱼心满意足）…
……………………………………… 19

盍西村（二首）
◎〔越调〕小桃红　杂咏 ……………… 21
◎〔越调〕小桃红　杂咏 ……………… 21

王恽（二首）
◎〔正宫〕双鸳鸯　柳圈辞 …………… 23
◎〔越调〕小桃红　平湖乐 …………… 24

卢挚（六首）
◎〔黄钟〕节节高　题洞庭鹿角庙壁 …… 25
◎〔中吕〕喜春来　和则明韵 ………… 26
◎〔双调〕沉醉东风　秋景 …………… 26
◎〔双调〕沉醉东风　闲居 …………… 27
◎〔双调〕沉醉东风　闲居 …………… 28
◎〔双调〕寿阳曲　别朱帘秀 ………… 28

陈草庵（二首）
◎〔中吕〕山坡羊　叹世（二首）……… 30

关汉卿（十二首）
◎〔仙吕〕一半儿　题情 ……………… 31
◎〔南吕〕四块玉　别情 ……………… 32
◎〔南吕〕四块玉　闲适 ……………… 32
◎〔南吕〕四块玉　闲适 ……………… 33
◎〔双调〕沉醉东风（咫尺的天南地北）…
……………………………………… 34
◎〔双调〕大德歌　春 ………………… 34
◎〔双调〕大德歌　夏 ………………… 35
◎〔双调〕大德歌　秋 ………………… 36
◎〔双调〕大德歌　冬 ………………… 36
◎〔南吕〕一枝花　不伏老 …………… 37
◎〔正宫〕端正好（没来由犯王法）（剧曲）
……………………………………… 39

◎〔双调〕新水令（大江东去浪千叠）（剧曲）
.... 40

白朴（八首）
◎〔中吕〕喜春来　题情 42
◎〔中吕〕阳春曲　知几（三首）......... 43
◎〔越调〕天净沙　春 44
◎〔越调〕天净沙　夏 44
◎〔双调〕庆东原　叹世 45
◎〔双调〕得胜乐（红日晚）................. 46

姚燧（六首）
◎〔中吕〕醉高歌　感怀 49
◎〔中吕〕满庭芳（天风海涛）............. 50
◎〔中吕〕普天乐（浙江秋）................. 51
◎〔中吕〕阳春曲（笔头风月时时过）... 51
◎〔越调〕凭阑人（马上墙头瞥见他）... 52
◎〔越调〕凭阑人　寄征衣 52

伯颜（一首）
◎〔中吕〕喜春来（金鱼玉带罗襕扣）... 54

张弘范（一首）
◎〔中吕〕喜春来（金装宝剑藏龙口）... 55

严忠济（一首）
◎〔越调〕天净沙　无题 56

奥敦周卿（一首）
◎〔双调〕折桂令（西湖烟水茫茫）...... 57

马致远（八首）
◎〔越调〕天净沙　秋思 58
◎〔双调〕清江引　野兴 59
◎〔双调〕清江引　（林泉隐居谁到此）...
.... 59
◎〔双调〕落梅风　（实心儿待）......... 60
◎〔南吕〕四块玉　恬退 60
◎〔南吕〕四块玉　天台路 61
◎〔南吕〕四块玉　叹世 62

◎〔般涉调〕耍孩儿　借马 ………… 63

王实甫（四首）

◎〔中吕〕十二月带尧民歌　别情 ……… 68

◎〔正宫〕端正好（碧云天）（剧曲）…… 69

◎〔正宫〕滚绣球（恨相见得迟）（剧曲）… …………………………………………… 69

◎〔正宫〕四煞（这忧愁诉与谁）（剧曲）… …………………………………………… 70

朱帘秀（一首）

◎〔双调〕寿阳曲　答卢疏斋 …… 72

赵孟頫（一首）

◎〔仙吕〕后庭花（清溪一叶舟）…… 73

滕斌（二首）

◎〔中吕〕普天乐　归去来兮四时辞 …… 74

◎〔中吕〕普天乐（叹光阴）………… 75

李寿卿（一首）

◎〔双调〕寿阳曲（金刀利）………… 76

邓玉宾（二首）

◎〔正宫〕叨叨令　道情 …………… 77

◎〔正宫〕叨叨令　道情 …………… 77

王伯成（一首）

◎〔中吕〕阳春曲　别情 …………… 79

白贲（一首）

◎〔正宫〕鹦鹉曲（侬家鹦鹉洲边住）… 80

阿里西瑛（二首）

◎〔商调〕凉亭乐　叹世 …………… 81

◎〔双调〕殿前欢　懒云窝自叙 …… 81

冯子振（三首）

◎〔正宫〕鹦鹉曲　山亭逸兴 ……… 83

◎〔正宫〕鹦鹉曲　农夫渴雨 ……… 84

◎〔正宫〕鹦鹉曲　感事 …………… 84

刘致（六首）

◎〔南吕〕四块玉（利尽收）………… 86

◎〔南吕〕四块玉（佐国心）……………… 86
◎〔南吕〕四块玉（官况甜）……………… 87
◎〔南吕〕四块玉（看野花）……………… 88
◎〔中吕〕山坡羊　燕城述怀……………… 88
◎〔双调〕殿前欢（醉颜酡）……………… 89

贯云石（八首）
◎〔正宫〕小梁州　秋 …………………… 90
◎〔双调〕清江引　惜别 ………………… 91
◎〔双调〕清江引（弃微名去来心快哉）… 91
◎〔双调〕清江引（竞功名有如车下坡）… 92
◎〔双调〕寿阳曲（鱼吹浪）……………… 92
◎〔双调〕寿阳曲（新秋至）……………… 93
◎〔双调〕殿前欢（楚怀王）……………… 94
◎〔双调〕殿前欢（隔帘听）……………… 94

鲜于必仁（三首）
◎〔中吕〕普天乐　平沙落雁……………… 96
◎〔双调〕折桂令　芦沟晓月　西山晴雪 … 96

张养浩（七首）
◎〔中吕〕朱履曲（那的是为官荣贵）…… 100
◎〔中吕〕山坡羊　潼关怀古……………… 101
◎〔中吕〕山坡羊　骊山怀古……………… 101
◎〔中吕〕山坡羊　述怀…………………… 102
◎〔中吕〕喜春来（路逢饿殍须亲问）…… 103
◎〔双调〕落梅引（野水明于月）………… 103
◎〔双调〕水仙子（中年才过便休官）…… 104

康进之（一首）
◎〔仙吕〕混江龙（可正是清明时候）（剧曲）…… 105

尚仲贤（一首）

◎〔正宫〕倘秀才（面对着青山故友）（剧曲）
.... 106

金仁杰（一首）

◎〔双调〕沉醉东风（干功名千难万难）（剧曲）
.... 107

郑光祖（一首）

◎〔中吕〕迎仙客（日长也愁更长）...... 108

曾瑞（四首）

◎〔南吕〕骂玉郎带感皇恩采茶歌
　　　　闺中闻杜鹃.................. 109
◎〔南吕〕四块玉　述怀 110
◎〔中吕〕山坡羊　自叹 110
◎〔中吕〕喜春来　江村即事 111

睢景臣（一首）

◎〔般涉调〕哨遍　高祖还乡 112

周文质（五首）

◎〔越调〕寨儿令（挑短檠）......... 116
◎〔越调〕小桃红（当时罗帕写官商）......
.... 117
◎〔双调〕落梅风（新秋夜）......... 117
◎〔双调〕落梅风（鸾凤配）......... 118
◎〔双调〕落梅风（乾坤内）......... 118

赵禹圭（二首）

◎〔双调〕折桂令　题金山寺 119
◎〔双调〕风入松　忆旧 120

乔吉（八首）

◎〔正宫〕绿幺遍　自述 121
◎〔中吕〕山坡羊　冬日写怀 122
◎〔中吕〕山坡羊　寓兴 123
◎〔双调〕折桂令　荆溪即事 123
◎〔双调〕水仙子　寻梅 124
◎〔双调〕水仙子　重观瀑布 127

◎〔双调〕水仙子 咏雪 …………… 127

◎〔双调〕清江引 有感 …………… 128

刘时中（二首）

◎〔正宫〕端正好 上高监司 …………… 130

◎〔双调〕新水令 代马诉冤 …………… 134

阿鲁威（二首）

◎〔双调〕落梅风（千年态）…………… 137

◎〔双调〕折桂令（问人间谁是英雄）……
………………………………………………… 137

王元鼎（一首）

◎〔正宫〕醉太平 寒食 …………… 139

薛昂夫（九首）

◎〔正宫〕塞鸿秋（功名万里忙如燕）……
………………………………………………… 140

◎〔正宫〕塞鸿秋 凌歊台怀古 …………… 141

◎〔中吕〕朝天子 咏史 …………… 141

◎〔中吕〕朝天子 咏史 …………… 142

◎〔中吕〕山坡羊 述怀 …………… 143

◎〔中吕〕庆东原 西皋亭适兴 …………… 144

◎〔双调〕殿前欢 秋 …………… 144

◎〔双调〕楚天遥带清江引（二首）（花开人正欢）（有意送春归）…………… 145

张可久（十六首）

◎〔双调〕水仙子 次韵 …………… 147

◎〔双调〕水仙子 怀古 …………… 148

◎〔双调〕折桂令 酸斋学士席上 …………… 149

◎〔双调〕清江引 幽居 …………… 149

◎〔双调〕落梅风 江上寄越中诸友 …………… 150

◎〔双调〕落梅风 春情 …………… 151

◎〔双调〕庆东原 次马致远先辈韵 …………… 151

◎〔双调〕风入松 九日 …………… 152

◎〔正宫〕醉太平（人皆嫌命窘）…………… 152

◎〔中吕〕卖花声 怀古 …………… 153

◎〔中吕〕山坡羊　闺思 …………… 154
◎〔中吕〕红绣鞋　天台瀑布寺……… 155
◎〔中吕〕普天乐　西湖即事 ……… 155
◎〔越调〕凭阑人　江夜 …………… 156
◎〔越调〕凭阑人　春思 …………… 156
◎〔越调〕寨儿令　题昭君出塞图……… 157

任昱（五首）
◎〔中吕〕上小楼　隐居 …………… 159
◎〔中吕〕红绣鞋　春情 …………… 160
◎〔双调〕沉醉东风　信笔 ………… 160
◎〔双调〕清江引　题情 …………… 161
◎〔双调〕清江引　钱塘怀古 ……… 161

徐再思（九首）
◎〔中吕〕喜春来　闺怨 …………… 163
◎〔中吕〕喜春来　皇亭晚泊 ……… 164
◎〔双调〕蟾宫曲　春情 …………… 164
◎〔双调〕殿前欢　观音山眠松 …… 167
◎〔双调〕沉醉东风　春情 ………… 168
◎〔双调〕清江引　相思 …………… 168
◎〔双调〕水仙子　夜雨 …………… 169
◎〔越调〕凭阑人　清江 …………… 170
◎〔越调〕天净沙　探梅 …………… 171

孙周卿（二首）
◎〔双调〕水仙子　山居自乐 ……… 172
◎〔双调〕水仙子　山居自乐 ……… 172

曹德（五首）
◎〔双调〕折桂令　西湖早春 ……… 174
◎〔双调〕折桂令　登灵鹫山 ……… 175
◎〔双调〕折桂令　江头即事 ……… 175
◎〔双调〕庆东原　江头即事 ……… 176
◎〔双调〕清江引（长门柳丝千万结）……
……………………………………… 177

王仲元（一首）

◎〔中吕〕普天乐　旅况 …………………… **178**

大食惟寅（一首）
　　◎〔双调〕燕引雏　奉寄小山先辈……… **179**

景元启（一首）
　　◎〔双调〕殿前欢　梅花 ………………… **180**

吴西逸（五首）
　　◎〔双调〕清江引　秋居 ………………… **181**
　　◎〔双调〕寿阳曲　酒散 ………………… **181**
　　◎〔双调〕寿阳曲　四时 ………………… **182**
　　◎〔越调〕天净沙　闲题（二首）……… **183**

赵显宏（三首）
　　◎〔中吕〕满庭芳　牧 …………………… **184**
　　◎〔双调〕殿前欢　闲居 ………………… **185**
　　◎〔双调〕清江引（少年身正值着春暮月）
　　………………………………………………… **185**

李德载（二首）
　　◎〔中吕〕喜春来　赠茶肆 ……………… **187**
　　◎〔中吕〕喜春来　赠茶肆 ……………… **187**

李致远（二首）
　　◎〔中吕〕朝天子　秋夜吟 ……………… **189**
　　◎〔中吕〕迎仙客　暮春 ………………… **190**
　　◎〔中吕〕红绣鞋　晚春 ………………… **190**
　　◎〔双调〕落梅风（斜阳外）…………… **191**
　　◎〔越调〕天净沙　离愁 ………………… **191**

张鸣善（二首）
　　◎〔双调〕落梅风　咏雪 ………………… **193**
　　◎〔双调〕水仙子　讥时 ………………… **193**

李伯瞻（二首）
　　◎〔双调〕殿前欢　省悟 ………………… **197**
　　◎〔双调〕殿前欢　省悟 ………………… **198**

杨朝英（五首）
　　◎〔商调〕梧叶儿　客中闻雨 …………… **199**
　　◎〔双调〕殿前欢　和阿里西瑛韵……… **200**

◎〔双调〕清江引（深秋最好是枫树叶）⋯
⋯⋯⋯⋯⋯⋯⋯⋯⋯⋯⋯⋯⋯⋯⋯ 200

◎〔双调〕水仙子　自足 ⋯⋯⋯⋯⋯ 201

◎〔双调〕水仙子（雪晴天地一冰壶）⋯⋯
⋯⋯⋯⋯⋯⋯⋯⋯⋯⋯⋯⋯⋯⋯⋯ 201

宋方壶（三首）

◎〔中吕〕红绣鞋　阅世 ⋯⋯⋯⋯⋯ 203

◎〔中吕〕山坡羊　道情 ⋯⋯⋯⋯⋯ 203

◎〔双调〕清江引　托咏 ⋯⋯⋯⋯⋯ 204

周德清（七首）

◎〔正宫〕塞鸿秋　浔阳即景 ⋯⋯⋯ 205

◎〔中吕〕满庭芳　看岳王传 ⋯⋯⋯ 206

◎〔中吕〕朝天子　庐山 ⋯⋯⋯⋯⋯ 207

◎〔中吕〕朝天子　秋夜客怀 ⋯⋯⋯ 207

◎〔中吕〕红绣鞋　赏雪偶成 ⋯⋯⋯ 208

◎〔双调〕折桂令（倚蓬窗无语嗟呀）⋯
⋯⋯⋯⋯⋯⋯⋯⋯⋯⋯⋯⋯⋯⋯⋯ 209

◎〔越调〕柳营曲　别友 ⋯⋯⋯⋯⋯ 209

汪元亨（二首）

◎〔正宫〕醉太平　警世 ⋯⋯⋯⋯⋯ 211

◎〔双调〕沉醉东风　归田 ⋯⋯⋯⋯ 212

钟嗣成（四首）

◎〔南吕〕骂玉郎带感皇恩采茶歌　忆别 ⋯
⋯⋯⋯⋯⋯⋯⋯⋯⋯⋯⋯⋯⋯⋯⋯ 213

◎〔南吕〕骂玉郎带感皇恩采茶歌　叙别 ⋯
⋯⋯⋯⋯⋯⋯⋯⋯⋯⋯⋯⋯⋯⋯⋯ 214

◎〔双调〕清江引（二首）（秀才饱学一肚皮）
（凤凰燕雀一处飞）⋯⋯⋯⋯ 215

周浩（一首）

◎〔双调〕蟾宫曲　题《灵鬼簿》⋯⋯ 216

倪瓒（六首）

◎〔黄钟〕人月圆（伤心莫问前朝事）⋯
⋯⋯⋯⋯⋯⋯⋯⋯⋯⋯⋯⋯⋯⋯⋯ 217

◎〔双调〕殿前欢（揾啼红）……………218
◎〔双调〕折桂令　拟张鸣善………218
◎〔双调〕水仙子（东风花外小红楼）……
　……………………………………219
◎〔越调〕凭阑人　赠吴国良………220
◎〔越词〕小桃红（一江秋水澹寒烟）……
　……………………………………220

刘庭信（五首）
◎〔正宫〕醉太平（泥金小简）………222
◎〔中吕〕朝天子　赴约………………223
◎〔双调〕折桂令　忆别（三首）……223

刘燕歌（一首）
◎〔仙吕〕太常引　饯齐参议回山东……226

汤式（三首）
◎〔双调〕庆东原　京口夜泊…………228
◎〔双调〕天香引　西湖感旧…………229
◎〔越调〕天净沙　闲居杂兴…………229

兰楚芳（一首）
◎〔南吕〕四块玉　闲居杂兴…………231

无名氏（二十首）
◎〔黄钟〕贺圣朝（春夏间）……………232
◎〔正宫〕醉太平（堂堂大元）………233
◎〔正宫〕醉太平　讥贪小利者………234
◎〔正宫〕叨叨令　咏疟疾……………235
◎〔中吕〕朝天子　志感（二首）……236
◎〔中吕〕迎仙客　七月………………238
◎〔中吕〕喜春来（香橙肥蟹家家酒）……
　……………………………………239
◎〔中吕〕红绣鞋（一两句别人闲话）……
　……………………………………240
◎〔南吕〕采茶歌（山妻也最甘贫）……241
◎〔双调〕水仙子
　（打着面皂雕旗招颭忽地转过山坡）……
　……………………………………242

◎〔双调〕山丹花（昨朝满树花正开）…… 243
◎〔越调〕凭阑人（千里关河音问疏）…… 244
◎〔越调〕天净沙（平沙细草斑斑）… 245
◎〔越调〕天净沙（上官有似花开）… 246
◎〔越调〕小桃红　别忆 ………………… 249
◎〔商调〕梧叶儿（秋来到）…………… 250
◎〔商调〕梧叶儿　嘲谎人 …………… 251
◎〔商调〕梧叶儿　甘露寺 …………… 252
◎失宫调牌名　大雨 …………………… 253

朱有燉（一首）

◎〔中吕〕朱履曲　途中晓行 ………… 254

康海（七首）

◎〔仙吕〕寄生草　读史有感 ………… 255
◎〔中吕〕朝天子　遣兴 ……………… 256
◎〔双调〕清江引　九日 ……………… 256
◎〔双调〕落梅风　有感 ……………… 257
◎〔双调〕水仙子　山居 ……………… 258
◎〔双调〕水仙子　怀友 ……………… 258
◎〔双调〕雁儿落带得胜令　饮中闲咏 …… 259

王九思（五首）

◎〔南仙吕〕傍妆台（眼睁睁）………… 261
◎〔双调〕沉醉东风　西村晚归 ……… 262
◎〔南双调〕驻云飞　偶书 …………… 262
◎〔越调〕寨儿令　夏日即事 ………… 265
◎〔商调〕梧叶儿　对酒 ……………… 266

王磐（六首）

◎〔双调〕古蟾宫　元宵 ……………… 267
◎〔中吕〕朝天子　咏喇叭 …………… 268
◎〔中吕〕朝天子　瓶杏为鼠所啮 …… 268
◎〔中吕〕满庭芳　失鸡 ……………… 269

◎〔双调〕沉醉东风　蛙鼓 …………… 270
◎〔双调〕清江引　耕 ………………… 270

杨廷和（七首）

◎〔中吕〕普天乐　秋雨 ………………… 272
◎〔中吕〕山坡羊　秋夜对月问答二首 ……
……………………………………………… 273
◎〔双调〕落梅风　闲赋 ………………… 274
◎〔双调〕水仙子　八月十六日有怀寄京师两
　　　儿 …………………………………… 274
◎〔双调〕清江引　竹亭漫兴 …………… 275
◎〔越调〕天净沙　三月十三日竹亭雨过 …
……………………………………………… 275

陈铎（六首）

◎〔正宫〕醉太平"　挑担 ……………… 277
◎〔仙吕〕一半儿（俏心肠端的性难拿）…
……………………………………………… 278
◎〔双调〕沉醉东风　溪隐 ……………… 278
◎〔双调〕水仙子　瓦匠 ………………… 279
◎〔南双调〕风入松　怨别 ……………… 279
◎〔南双调〕锁南枝　风情 ……………… 280

唐寅（二首）

◎〔双调〕对玉环过清江引（二首）…… 281

姚茂良（一首）

◎〔中吕〕山坡羊（收拾了凌云豪气）（剧曲）
……………………………………………… 283

金銮（四首）

◎〔双调〕新水令　送吴怀梅归歙 ……… 284
◎〔双调〕沉醉东风　忧旱 ……………… 285
◎〔双调〕落梅风　咏蝇 ………………… 285
◎〔南双调〕锁南枝　风情集常言 ……… 286

杨慎（八首）

◎〔南吕〕罗江怨（青山隐隐遮）……… 287
◎〔南吕〕玉娇枝　旅怀 ………………… 288

◎〔双调〕庆宣和（细雨柴门锁寂寥）······ 288

◎〔双调〕落梅风（思乡泪） 289

◎〔双调〕落梅风（烹蚕豆） ······ 290

◎〔双调〕驻马听　和王舜卿舟行之咏 ······ 290

◎〔商调〕黄莺儿　（客枕恨邻鸡）······ 291

◎〔南商调〕黄莺儿　（雨中遣怀）······ 291

沈仕（五首）

◎〔正宫〕玉芙蓉（垂杨隐暮鸦）······ 293

◎〔南双调〕锁南枝　咏所见 ······ 294

◎〔南双调〕懒画眉　春闺即事 ······ 294

◎〔南商调〕懒画眉　春怨 ······ 295

◎〔南商调〕黄莺儿　暮春闺思······ 295

常伦（四首）

◎〔仙吕〕寄生草（盼来呵来何暮）······ 297

◎〔中吕〕朝天子（爱闲的没权）······ 298

◎〔双调〕沉醉东风（但得个欢娱纵酒） ······ 298

◎〔南双调〕驻云飞（窗外青山）······ 299

黄峨（四首）

◎〔双调〕落梅风（春寒峭） ······ 300

◎〔双调〕清江引（容易来时容易舍） ······ 300

◎〔商调〕梧叶儿（衾如铁） ······ 301

◎〔南商调〕黄莺儿（积雨酿春寒）······ 301

李开先（二首）

◎〔南仙吕〕傍妆台（曲弯弯）······ 303

◎〔双调〕新水令（按龙泉血泪洒征袍）（剧曲）······ 304

刘效祖（八首）

◎桂枝儿（我教你叫我声）（我心里但见你）······ 305

◎双叠翠（怕逢春）（怕逢秋） …… 306
　◎〔南双调〕锁南枝
　　（团圆梦，梦见他）（团圆梦，梦不差）…
　　…………………………………………… 307
　◎〔南商调〕黄莺儿（堪笑世情薄） …… 308
　◎〔南商调〕黄莺儿（门巷外旋栽杨柳）…
　　…………………………………………… 308

冯惟敏（八首）
　◎〔南正宫〕玉芙蓉　喜雨（二首） …… 310
　◎〔双调〕胡十八　刈麦有感（二首） ……
　　…………………………………………… 311
　◎〔双调〕清江引　戊寅试笔（二首） ……
　　…………………………………………… 312
　◎〔双调〕清江引　八不用 …………… 313
　◎〔南商调〕玉江引　农家苦 ………… 313

梁辰鱼（四首）
　◎〔正宫〕白练序　暮秋闺怨 ………… 315
　◎〔中吕〕山坡羊（病奄奄难医疗的模样）
　　…………………………………………… 316
　◎〔南中吕〕驻云飞（小小冤家） …… 316
　◎〔南中吕〕驻马听　登黄鹤楼有怀故园 …
　　…………………………………………… 317

徐渭（一首）
　◎〔仙宫〕点绛唇（休女身拚）（剧曲）……
　　…………………………………………… 318

张凤翼（一首）
　◎〔南仙吕〕醉扶归（相思欲见浑难见）…
　　…………………………………………… 320

薛论道（八首）
　◎〔中吕〕朝天子　不平 ……………… 321
　◎〔双调〕沉醉东风　四反 …………… 322
　◎〔双调〕水仙子　卖狗悬羊 ………… 322
　◎〔双调〕水仙子　寄征衣 …………… 323

◎〔南商调〕黄莺儿　塞上重阳……… 324

◎〔商调〕黄莺儿　边城秋况 ……… 325

◎〔商调〕黄莺儿　斗鸡 ………… 325

◎〔南商调〕山坡羊　吊战场 ……… 326

朱载堉（四首）

◎〔中吕〕山坡羊　钱是好汉 ……… 328

◎〔中吕〕山坡羊　说大话 ……… 329

◎〔商调〕黄莺儿　求人难（二首）…… 329

汤显祖（一首）

◎〔商调〕皂罗袍（原来姹紫嫣红开遍）
　　　　（剧曲）……………… 331

赵南星（三首）

◎〔正宫〕醉太平　偶感 ………… 333

◎〔南双调〕孝南枝　（眼球儿里觑）……
　………………………………… 334

◎一口气（朝入衙门）…………… 334

高濂（二首）

◎〔双调〕朝元歌（《长清短清》）（剧曲）
　………………………………… 336

◎〔双调〕朝元歌（你是个天生后生）（剧曲）
　………………………………… 337

冯梦龙（一首）

◎〔南仙吕入双调〕玉抱肚　赠书…… 338

施绍莘（二首）

◎〔双调〕驻云飞　丢开 ………… 339

◎〔南仙吕入双调〕锁南枝　夜寒…… 339

沈自晋（三首）

◎〔正宫〕玉芙蓉　雨窗小咏 ……… 341

◎〔南吕〕一剪梅　山楼雨窗午睡…… 342

◎〔仙吕〕风入松　墅逸 ………… 342

李玉（一首）

◎〔正宫〕倾杯玉芙蓉
　　　（收拾起大地山河一担装）…… 344

徐石麒（一首）
　　◎〔正宫〕芙蓉花　惜梅 ………… 345
邱园（一首）
　　◎〔仙吕〕寄生草（漫拭英雄泪）（剧曲）…
　　　………………………………… 346
尤侗（二首）
　　◎〔中吕〕驻云飞　十空曲之九……… 348
　　◎〔般涉调〕耍孩儿　（叹浮生灯上花）…
　　　………………………………… 349
沈谦（三首）
　　◎〔南仙吕入双调〕江头金桂　孤山吊小青墓作
　　　………………………………… 350
　　◎〔双调〕月上海棠　幽情 ………… 351
　　◎〔南商调〕黄莺儿　雨夜有怀……… 351
朱彝尊（五首）
　　◎〔正宫〕醉太平（野狐涎笑口）…… 353
　　◎〔中吕〕山坡羊　饮池上 ………… 354
　　◎〔双调〕水仙子（半湖山上采樵夫）……
　　　………………………………… 354
　　◎〔越调〕天净沙（一行白雁清秋）… 355
　　◎〔商调〕一半儿　西溪 …………… 355
夏完淳（一首）
　　◎〔南仙吕〕江儿水（望青烟一点）…… 359
洪昇（一首）
　　◎〔南吕〕一枝花（不提防余年值乱离）（剧曲）
　　　………………………………… 360
孔尚任（二首）
　　◎〔中吕〕古轮台（走江边）（剧曲）… 363
　　◎哀江南（山松野草带花挑）………… 364
金农（二首）
　　◎〔自度曲〕送远曲 ………………… 367
　　◎〔自度曲〕不见 …………………… 368
厉鹗（三首）

◎〔中吕〕山坡羊　春日郊行 ………… 369
　　◎〔双调〕清江引　花港观鱼 ………… 370
　　◎〔双调〕清江引　菜贵戏作 ………… 370
徐大椿（三首）
　　◎道情　时文叹 ……………………… 372
　　◎道情　寿吴复一表兄六十 ………… 373
　　◎道情　游山乐 ……………………… 374
黄图珌（三首）
　　◎〔南中吕〕渔父吟　羡鱼 …………… 376
　　◎〔南南吕〕三更月　闺情 …………… 377
　　◎〔南商调〕花落满园　送春 ………… 377
蒋士铨（二首）
　　◎〔越调引子〕霜天晓角（空船自守）（剧曲）
　　　………………………………………… 379
　　◎〔黄钟〕醉花阴（三载淹留事才了）（剧曲）
　　　………………………………………… 380
孔广林（二首）
　　◎〔南吕〕红芍药　杏花为风所败……… 381
　　◎〔道宫〕美中美（愁绪重萦正难拼）……
　　　………………………………………… 381
吴锡麒（三首）
　　◎〔仙吕〕一半儿　秦淮 ……………… 383
　　◎〔仙吕〕一半儿　杨花 ……………… 384
　　◎〔仙吕〕油葫芦　北廊外观菜花……… 384
凌廷堪（二首）
　　◎〔双调〕庆宣和　送别 ……………… 386
　　◎〔双调〕庆宣和　闲情 ……………… 386
赵庆熺（三首）
　　◎〔南中吕〕驻云飞（等得还家）……… 388
　　◎〔仙吕〕一半儿　青梅 ……………… 388
　　◎〔仙吕〕一半儿　偶成 ……………… 389
许光治（五首）
　　◎〔正宫〕塞鸿秋　题人采菊图………… 390

◎〔正宫〕小梁州（碧罗团扇恋新秋）……
　　……………………………………………… 391
◎〔中吕〕满庭芳（绿阴野港）………… 391
◎〔中吕〕山坡羊（蔷薇早卸）………… 392
◎〔中吕〕红绣鞋　雨后 ……………… 392

易顺鼎（二首）
　◎〔仙吕〕一半儿　题聊斋志异（二首）…
　　……………………………………………… 394

无名氏
　◎〔中吕〕山坡羊（小尼姑年方二八）（剧曲）
　　……………………………………………… 395

元好问

元好问（1190年—1257年），字裕之，号遗山，太原秀容（今山西忻州）人。祖上出自拓跋魏，金兴定进士。曾任尚书省椽、尚书省左司员外郎等职。他生活在金亡元兴的时代，饱尝亡国易代的痛苦，这些经历和痛苦在他的诗作中有所反映。他是金元之际成就最高的文学家之一，为当时文坛盟主。金亡后隐居不仕。他的作品风格刚健，沉郁苍凉。编纂《中州集》、《壬辰杂编》，著有《遗山集》。散曲现存小令九首，残套一首。他的曲都由词律改编演变而成，白朴等著名曲作家都曾受到他的教导和影响。元徐世隆说他的乐府"用俗为雅，变故作新"（《遗山先生文集序》），他对元代早期曲坛作出了贡献。

〔黄钟〕人月圆

重冈已隔红尘断①，村落更丰年。移居要就②，窗中远岫③，舍后长松④。十年种木⑤，一年种谷，都付儿童。老夫惟有，醒来明月，醉后清风。

【注释】

①重冈：重山。
②就：靠近。
③远岫：远山。
④舍：屋舍。
⑤种木：种树。

【评点与赏析】

描写与尘世隔绝的乡村隐居生活。曲中流露出，主人公虽然人在山村，远离红尘，但内心并未完全超然。第一句"重冈已隔红尘断"，就表明他深知尘世的艰辛，曾经历过尘世的坎坷。现在一切都被隔在山的那边了。他已经选择了与世无争的乡居生活,决意饱览山村美景,做一个超凡的人。

〔中吕〕喜春来

春 宴

梅残玉靥香犹在①,柳破金梢眼未开②。东风和气满楼台。桃杏拆,宜唱喜春来。

【注释】

①靥(yàn):脸上的酒窝。
②柳破金梢:形容柳条上长出嫩芽。金梢:指黄色的柳条。

【评点与赏析】

这是一首咏叹大好春光的小令。原作共四首,此为其中之一。冬去春来,大地回春,万物复苏。残梅还未完全凋谢,柳树在和煦的春风中已发出绿芽,桃花杏花含苞欲放,到处一派盎然生机。在明媚的春光中,诗人的心情格外舒畅,真想放声歌唱。全曲意境明丽,格调欢快。

〔双调〕小圣乐

骤雨打新荷

绿叶阴浓,遍池亭水阁,偏趁凉多。海榴初绽①,朵朵簇红罗②。乳燕雏莺弄语,有高柳鸣蝉相和③。骤雨过,珍珠乱撒④,打遍新荷。

人生百年有几,念良辰美景,休放虚过。穷通前定⑤,何用苦张罗⑥。命友邀宾玩赏,对芳尊浅酌低歌。且酩酊⑦,任他两轮日月,来往如梭。

【注释】

①海榴:石榴,因为石榴从海外移植来,故名海榴。

②红罗:红色的绸子。
③相和:互相唱和。
④珍珠乱撒:形容雨点打在荷叶上,水珠滚动。
⑤穷通:困窘和得志。
⑥张罗:经营、筹划。
⑦酩酊:形容醉酒的样子。

【评点与赏析】

这首曲的前半部分写夏天景色:鲜红的石榴花怒放,一片莺歌燕舞。柳树上蝉鸣阵阵,亭阁间水池中满是碧绿的荷叶,雨滴打在上面,水珠像珍珠般跳跃。既写出了夏季的喧闹,也写出了夏日的清爽。曲的后半部分流露出穷通前定、及时行乐的消极情绪。这种消沉的人生态度,与当时文人普遍的社会处境有关系。全曲格调清俊爽朗,语言自然明快,可谓元散曲本色一派的开山之作。元陶宗仪《辍耕录》卷九说到这首曲:"小圣乐乃小石调曲,元遗山先生好问所制,而名姬多歌之,俗以为骤雨打新荷者是也。"

杨 果

杨果（1197年—1269年），字正卿，号西庵，祁州蒲阴（今河北安国）人。金哀宗正大元年进士，任偃师（今属河南）县令。精干廉洁，颇有政声。金亡后仕元，曾任北京宣抚史，参知政事等职。《元史》本传中说他"性聪敏，美风姿，工文章，尤长于乐府，外若沉默，内怀智用。善谐谑，闻者绝倒。"著有《西庵集》。散曲今存小令十一首，套数五套。

〔越调〕小桃红

满城烟水月微茫，人倚兰舟唱①。常记相逢若耶上②，隔三湘③，碧云望断空惆怅。美人笑道，莲花相似，情短藕丝长。

【注释】

①兰舟：形容装饰精美的小船。

②若耶：溪名，在浙江绍兴县东南。传说西施曾在此溪中浣纱，故又名浣纱溪。

③三湘：指湖南。湘江是流经湖南的最大的河流，它有三条大的支流：潇水、蒸水和沅江，这三条支流与湘江汇合称潇湘、蒸湘和沅湘，总称"三湘"。

【评点与赏析】

这首小令歌咏男女恋情，写得委婉缠绵，情深意长。回忆当年欢聚的快乐，述说今日离别的惆怅，表示自己的深情像藕丝一样，绵绵不断。这首曲颇富民歌轻快、明朗的韵味。

刘秉忠

刘秉忠（1216年—1274年），初名侃，字仲晦，自号藏春散人。顺德邢台（今河北邢台）人。十七岁便在金朝任职，曾任邢台节度使府令史。后因不满于刀笔吏的职位，离职隐居武安山为僧，法名子聪。后受元世祖忽必烈赏识，留侍左右，更名秉忠。至元初年，拜光禄大夫，位太保，参与元朝建国初期的治国决策，是元朝开国名臣。在元代散曲家中职位最高。他博学多才，能诗工曲，并长于书法，算术、天文等。著有《藏春散人集》、《刘秉忠诗文集》。今存小令十二首，一说其中《干荷叶》后四首非刘秉忠作。

〔南吕〕干荷叶①

干荷叶，色苍苍②，老柄风摇荡。减了清香，越添黄。都因昨夜一场霜，寂寞在秋江上。

干荷叶，色无多，不奈风霜剉③。贴秋波，倒枝柯。宫娃齐唱采莲歌④，梦里繁华过。

【注释】

①干荷叶：原是民间小曲，刘秉忠采纳为自度曲。此曲又名"翠盘秋"。
②苍苍：形容颜色暗淡，深沉。
③剉：折磨，摧残。
④宫娃：宫女。

【评点与赏析】

刘秉忠作有八首题为《干荷叶》的小令，此处所选是其中的第一和第四首。

深秋时节，秋风瑟瑟，荷叶干枯，枝柯歪倒，诗人触景生情，引发寂寞孤独之叹。两首曲中都提到荷叶的干枯减少了香味和姿色，原因是"昨夜一场霜"，"不奈风霜剉"，流露出对世情不满的怨愤之情。"宫娃齐唱采莲歌，梦里繁华过"几句，既抒发了繁华如梦的人生感叹，又包含着历史兴亡的感慨，内涵很丰富。杨慎在《词品》中评论这些小令："凄凉感慨，千古寡和。"

杜仁杰

杜仁杰（1205？年—1285年），字仲梁，号止轩。原名元之，字善夫，泰安长清（今山东长清）人。他才学宏博，工诗善曲，很受时人推崇。元好问说他的诗"气悦而笔健，业专而心精"。他不屑仕进，淡泊名利，金朝正大年间，与麻革、张澄等友人隐居于内乡（今属河南）山中，当时元好问为内乡令，曾赠诗与他，其中有"半山亭前浙江水，只可与君消百忧"句（见《半山亭招仲梁饮》）。入元后，居山东。屡被征召，均上表辞谢，终未出仕。他性格豪宕滑稽，以"善谑"著称。他的诗文散曲作品大都散佚，清人孙德谦辑得《善夫先生集》一卷，散曲今存套数三套，小令一首，见于《太平乐府》、《盛世新声》、《雍熙乐府》等集中。

套数

〔般涉调〕耍孩儿

庄家不识构阑①

【耍孩儿】风调雨顺民安乐，都不似俺庄家快活。桑蚕五谷十分收，官司无甚差科②。当村许下还心愿，来到城中买些纸火③。正打街头过，见吊个花碌碌纸榜，不似那答儿闹穰穰人多④。

【六煞】见一个人手撑着椽做的门，高声的叫"请请"，道"迟来的满了无处停坐"。说道"前截儿院本调风月⑤，背后么末敷演刘耍和⑥"。高声叫："赶散易得⑦，难得的妆合⑧"。

【五煞】要了二百钱放过咱，入得门上个木坡⑨，见层层叠叠团圞坐。抬头觑是个钟楼模样⑩，往下觑却是人旋窝。见几个妇女向台儿上坐⑪，又不是迎神赛社⑫，不住的擂鼓筛锣。

【四煞】一个女孩儿转了几遭，不多时引出一伙。中间里一个央人货⑬，裹着枚皂头巾顶门上插一管笔，满脸石灰更着些黑道儿抹。知他待是如何过？浑身上下，则穿领花布直裰⑭。

【三煞】念了会诗共词，说了会赋与歌，无差错。唇天口地无高下，巧语花言记许多。临绝末，道了低头撮脚，爨罢将么拨⑮。

【二煞】一个妆做张太公，他改做小二哥，行行行说向城中过。见个年少的妇女向帘儿下立，那老子用意铺谋待取做老婆。教小二哥相说合，但要的豆谷米麦，问甚布绢纱罗⑯。

【一煞】教太公往前挪不敢往后挪，抬左脚不敢抬右脚，翻来覆去由他一个。太公心下实焦懆，把一个皮棒槌则一下打做两半个⑰。我则道脑袋天灵破，则道兴词告状，刻地大笑呵呵⑱。

【尾】则被一泡尿爆得我没奈何。刚捱刚忍更待看些儿个，枉被这驴颓笑杀我⑲。

【注释】

①庄家：指庄稼汉，农民。构阑：即勾栏，宋元时戏剧、杂技演出的场所，因为用栅栏围绕，故称勾栏。

②官司：官府。差科：差役、赋税。

③纸火：纸钱、香烛。

④那答儿：那边。闹穰穰：闹哄哄。

⑤院本：宋金时期戏曲名。一般认为，元杂剧在形成过程中受到它的影响。调风月：剧目名。

⑥么末：《辍耕录》记载金院本中有"院么"一项，故有人认为么末是金院本中的一种。刘耍和：金末元初著名艺人。"背后么末敷演刘耍和"这句话有两种解释，一种说法是刘耍和扮演这部么末中的角色，另种说法是这个么末写的是刘耍和的故事。

⑦赶散：赶场的散乐。

⑧妆合：即装呵，指勾栏里的演出。

⑨木坡：观众坐着看戏的看台。

⑩钟楼模样：指演戏的舞台。

⑪台儿：也称乐床，是伴奏乐曲的女艺人坐的位置。

⑫迎神赛社：在神诞日，人们敲锣打鼓迎神出庙，周游乡社，以酬神还愿。

⑬央人货：即殃人货，意为害人精。

⑭直裰：长袍。

⑮"念了会"数句：描写正戏上演前演出的一小段节目，当时叫做艳段，俗称等客戏，也即是爨。么：即么末，指正戏。

⑯"一个妆做"数句：当是描写的庄稼汉所看的戏中的内容。铺谋：谋划。

⑰皮棒槌：又叫搕瓜、磕瓜，是副末手中的道具，槌头用软皮包棉花做成。打诨时用来打击副净。

⑱划地：平白地。以上几句继续描写戏中的内容，其中有不少插科打诨的成分。

⑲驴颓：公驴的生殖器，此处是骂人的话。

【评点与赏析】

这个套曲生动地描写了一个庄稼汉秋收后进城看戏的情形。曲中通过这位庄稼汉的所见所闻，真实生动地再现了元初勾栏中戏剧演出的情况。从剧场的形式，包括观众席、戏台到演出形式，如乐队、道具、人物化妆、角色活动、演员表演都有十分形象具体的描写，为后人研究戏曲历史提供了重要资料。曲中抓住庄稼汉未见过世面、不识勾栏的特点，以夸张的手法，把他初进勾栏的好奇新鲜的感受描写得活灵活现。曲中全用口语，写得颇为诙谐，对庄稼汉的无知虽有嘲弄，但属善意的调侃，使全曲形成一种轻松活泼的基调。

王和卿

王和卿（生卒年不详），大名（今河北大名）人。与关汉卿同时，是元初著名的散曲家。元钟嗣成《录鬼簿》把他列入"前辈名公"，称他为"王和卿学士"。元陶宗仪《辍耕录》中说："大名王和卿，滑稽佻达，传播四方"。明朱权《太和正音谱》列其名于"词林英杰"之中。《全元散曲》收其小令二十一首，套曲一套，残套两首。

〔仙吕〕醉中天

咏大蝴蝶

弹破庄周梦①，两翅驾东风。三百座名园，一采一个空。难道风流种？吓杀寻芳的蜜蜂。轻轻的飞动，把卖花人扇过桥东②。

【注释】

①弹破庄周梦：弹，一作挣。庄周：即庄子，战国时人。《庄子·齐物论》中说，他曾经梦见自己化成一只蝴蝶，梦醒后弄不清是庄周在梦里变成了蝴蝶，还是蝴蝶在梦里变成了庄周。弹破庄周梦，形容蝴蝶大，所以翅膀搧动的风力也大。

②把卖花人扇过桥东：此句用宋谢无逸《蝴蝶》诗中"江天春暖晚风细，相逐卖花人过桥"的句意。

【评点与赏析】

曲中描写的大蝴蝶既形象生动，又包含着深刻的寓意。作者笔下的大蝴蝶远非一般的野蜂浪蝶可比，"三百里名园，一采一个空"，"轻轻的飞动，把卖花人扇过桥东"，实际上刻画出当时社会上官府恶少、纨绔子弟横行市井、霸人妻女的丑恶行径。他们何以如此气焰嚣张？"两翅架东风"，暗暗点出，这帮家伙因为有权有势，所以才有恃无恐。《辍耕录》卷二十三载，王和卿因作了这首《醉中天》小令，"其名益著"。《徐氏笔精》卷六说,王和卿和关汉卿都擅长北调。一天,偶然看见大蝴蝶飞过,王和卿先写出了这首《咏大蝴蝶》,关汉卿"遂罢咏"。可见古人对这首小令评价之高。

〔双调〕拨不断

自 叹

恰春朝①,又秋宵,春花秋月何时了②。花到三春颜色消③,月过十五光明少,月残花落④。

【注释】

①恰:正。
②了:完结。
③三春:晚春。农历一季分三个月,三春指春季的第三个月。
④落:音lào。

【评点与赏析】

这首曲以花开花落、月圆月缺来比喻人的青春难再,年华易逝。"恰春朝,又秋宵",一个"恰"、一个"又",传神地表现出作者光阴似箭、日月如梭的感受。曲中隐隐流露出消沉情绪,但却是深切的人生体验。

〔双调〕拨不断

大 鱼

胜神鳌①,夯风涛②,脊梁上轻负着蓬莱岛③。万里夕阳锦背高,翻身犹恨东洋小。太公怎钓④?

【注释】

①神鳌：传说里的海中大鳖。

②夯（hāng）：砸。

③蓬莱岛：传说中的海上仙山。

④太公：指吕尚。本姓姜，名望，字子牙，俗称姜太公。因其祖先封于吕，故名吕尚。西周初年曾任"师"（当时的武官名）。相传他年老时隐居渭水之滨，垂钓磻溪。被周文王遇到。后辅佐周文王，使周强盛。又辅佐武王灭了商朝，成王时封为齐侯，为齐国的始祖。

【评点与赏析】

这首曲想象新颖、笔调幽默。以大鱼比喻志向远大、抱负超群的人。蓬莱岛是神话中的仙境，风调雨顺，丰衣足食，"脊梁上轻负着蓬莱岛"一句，既夸张地写出了大鱼之大，也表现出"大鱼"胸有治国安邦的雄才大略。同时它还具有不为功名利禄所动的胸襟。

〔双调〕拨不断

长毛小狗

丑如驴，小如猪，山海经检遍了无寻处①。遍体浑身都是毛，我道你似个成精物②，咬人的扫帚③。

【注释】

①《山海经》：古小说集。出于先秦，秦汉间又有附益，非一时之作，也非一人所作。共十八卷，记述了各地山川、部族、物产等，但多为异物和神怪，还保存了不少远古神话传说的片段。

②成精物：精怪。

③咬人的扫帚：形容小狗的毛长，像扫帚。

【评点与赏析】

小令选材别致,描写了一只长毛小狗。它像一个小精怪,但在《山海经》中找不到关于它的记载,作者把它形容成"咬人的扫帚",既形象,又风趣。通观全曲,作者对它的喜爱溢于言表,写得颇具趣味性。

商 挺

商挺(1209年—1289年),字孟卿,一作梦卿,自号左山,曹州济阴(今山东曹县)人。由金入元,元初任东平行台幕官,后又任陕西行省参知政事、枢密院副使等职。著有《左山集》。《元史》本传说他"有诗千余篇",均佚。今存小令十九首。

〔双调〕潘妃曲

带月披星担惊怕,久立纱窗下。等候他,蓦听得门外地皮儿踏①。则道是冤家,却原来风动荼蘼架②。

【注释】

①蓦听得:猛然听到。

②荼蘼(mí):一种灌木,攀援茎,开白花,有香气。晚春开花。

【评点与赏析】

描写晚上在窗下等候情人到来的急切心情,十分细腻。等待时由于焦急、渴望、不安而产生错觉,合乎情理,自然生动。全曲基调轻松活泼,保留了民间俚歌亲切、平易的特色。

〔双调〕潘妃曲

一点青灯人千里,锦字凭谁寄①?雁来稀②,花落东君也憔悴③。投至望君回,滴尽多少关山泪。

【注释】

①锦字:书信。

②雁来稀：暮春时节，南来的大雁已经稀少。
③东君：掌管春天的神。

【评点与赏析】

暮春时节，夜半时分，一位女子在思念千里之外的亲人，夜不成眠，泪水涟涟。古人有鸿雁传书的说法，所以"雁来稀"一句，一语双关，既点明已是暮春时节，又说明已久无音信。"花落东君也憔悴"一句，也有两方面含义，一是描绘自然界的花落春残，二是暗喻这位女子的青春在这无尽的思念、牵挂、企盼的煎熬中悄然逝去，如春花凋落。这女子的痴情使春神都感动了，变得憔悴。这首曲语言朴素，余味深长。

〔双调〕步步娇

闷酒将来刚刚咽①，欲饮先浇奠②。频祝愿，普天下心厮爱早团圆③。谢神天，教俺也频频的勤相见。

【注释】

①将来：端来，拿来。
②浇奠：把酒浇洒在地上，表示对先人的祭奠或对神佛的祈祷。
③心厮爱：倾心相爱。

【评点与赏析】

这首小令通过洒酒浇奠、祈祷上天这一细节的描写，表达了"普天下心厮爱早团圆"的愿望。用生活化的口语，白描的笔法，把主人公惆怅的神情，期盼的心情描写得出神入化。

胡祗遹

胡祗遹（1227年—1295年），字绍闻，一作绍开，号紫山，磁州武安（今河北武安）人。年幼丧父，勤奋读书。他和王恽、卢挚、姚燧一样，是元世祖忽必烈即位之初任用的青年文士。曾任应奉翰林文字兼太常博士，山东东西道提刑按察使、江南浙江道提刑按察使等职。他为官严正，颇有政声。王恽在《故翰林学士紫山胡公祠堂记》中说他："作牧名藩，吏畏民爱"，"文章气节，振荡一时"。《录鬼簿》把他列入"前辈名公"。著有《紫山大全集》。今存小令十一首。

〔中吕〕喜春来

春景（三首）

一

几枝红雪墙头杏，数点青山屋上屏①，一春能得几晴明。三月景，宜醉不宜醒。

二

残花酝酿蜂儿蜜，细雨调和燕子泥。绿窗春睡觉来迟②。谁唤起，窗外晓莺啼。

三

一帘红雨桃花谢，十里清阴柳影斜。洛阳花酒一时别③。春去也，闲煞旧蜂蝶④。

【注释】

①屏：屏风。
②绿窗：满窗绿荫。
③别：特别。
④闲煞：清闲。

○渔父图　（元）吴镇

【评点与赏析】

这三首题为"春景"的小令,描绘风光明媚,鸟语花香的春日景色,同时抒发了诗人复杂的心绪。既有对大好春光的热情赞美,有对春天美景的沉醉、迷恋,也有对春天逝去的淡淡的惋惜、惆怅之情。全曲笔调轻快,意境清新,洋溢着勃勃生气。其中,"残花酝酿蜂儿蜜,细雨调和燕子泥"成为脍炙人口的名句,经常被引用。关汉卿的《诈妮子调风月》中即有"你又不是残花酝酿蜂儿蜜,细雨调和燕子泥"的曲词。

〔双调〕沉醉东风

月底花间酒壶,水边林下茅庐。避虎狼,盟鸥鹭①,是个识字的渔夫。蓑笠纶竿钓今古,一任他斜风细雨②。

【注释】

①盟鸥鹭:与鸥鸟、鹭鸶做朋友。
②"蓑笠"两句:化用唐张志和《渔父歌》中"青箬笠,绿蓑衣,斜风细雨不须归"句意。

【评点与赏析】

这首曲描写隐逸生活的自由自在,悠然安闲。"避虎狼,盟鸥鹭"表现出对官场纷争的厌倦以及对大自然的向往。做个"识字的渔夫"是主人公理想的生活。

〔双调〕沉醉东风

渔得鱼心满意足,樵得樵眼笑眉舒。一个罢了钓竿,一个收了斤斧。林泉下偶然相遇。是两个不识字的渔樵士大夫。他两个笑加加谈今论古①。

【注释】

①笑加加：笑哈哈。

【评点与赏析】

　　这首小令表现出对渔樵淡泊寡欲情怀的赞赏和羡慕之情。据《元史·本传》记载，胡祗遹一生仕途顺利，终生为官。这种境遇在元初汉族知识分子中并不多见。也许正因为如此，他对官场那些机关算尽、蝇营狗苟的勾当体会最深。在这首小令中，他把渔樵生活写得那么洒脱轻松，实际上是他心目中理想生活状态的写照。

盍西村

盍(hé)西村，淮安盱眙（今江苏盱眙）人。生平事迹失考。《录鬼簿》中录有"盍士常学士"，列于"前辈已死名公"之中，论者认为即是盍西村。今存小令十七首，套数一套。《太和正音谱》评论说："盍西村之词，如清风爽籁。"

〔越调〕小桃红

杂　咏

海棠开过到蔷薇，春色无多味。争奈新来越憔悴①。教他谁？小环也似知人意②，疏帘卷起，重门不闭，要看燕双飞。

【注释】

①争奈：怎奈。新来：近来。

②小环：小丫环。

【评点与赏析】

这首曲描写了闺中少女伤春的情感。鸟语花香的大好春光在少女眼里为何"无多味"？闺中少女为什么越来越憔悴？善解人意的小丫环揭破了谜底："要看燕双飞"。这一生动的细节，表达了女主人公对自由、美好爱情的向往，委婉曲折地流露出对封建礼教束缚的不满。

〔越调〕小桃红

杂　咏

绿杨堤畔蓼花洲①，可爱溪山秀，烟水茫茫晚凉后。捕鱼舟，冲开万顷玻璃皱②。乱云不收，残霞妆就，一片洞庭秋。

【注释】

①蓼（lǎo）：草本植物，开淡绿色或淡红色的花。

②玻璃皱：形容湖水清澈，微波荡漾。

【评点与赏析】

　　作者笔下的洞庭湖秋色美丽宜人。乱云、残霞、茫茫烟水，构成一幅明丽多彩的图画。湖中的渔舟则使这幅图画更加富有活力。曲中以"玻璃皱"形容湖水，十分新巧，显出了湖水的清澈、碧绿、透明以及微波荡漾。

王 恽

王恽(1227年—1304年),字仲谋,号秋涧,卫辉汲县(今河南汲县)人。金亡时八岁,十八岁时师从当时名儒王磐,后又得元好问指点。元世祖中统元年(1260年),经姚枢推荐,被录用为评议官。后任翰林修撰,同知制诰,兼国史院编修官等职。后又出任监察御史,官至翰林学士,加通议大夫、知制诰同修国史。他为人方正,颇有才干,在职期间,政绩昭著,很有名声,为一代名臣。同时也是元初上层文人中一位重要的散曲家。著有《秋涧先生大全文集》。今存小令四十一首。

〔正宫〕双鸳鸯

柳圈辞

醉留连,赏春妍①,一曲清歌酒十千。说与琵琶红袖客②,好将心事曲中传。

【注释】

①春妍:春天百花艳丽。
②红袖客:歌女。

【评点与赏析】

在百花争艳的春天,痛饮美酒,观赏百花,欣赏歌曲,实为快事。但满腹心事仍然未能排遣。故向琵琶女诉说心事,以求在听曲中产生共鸣,心事得以化解。小令写得含蓄、委婉,言尽意未穷。

〔越调〕小桃红

平湖乐

采菱人语隔秋烟①,波静如横练②。入手风光莫流转③。共留连,画船一笑春风面④。江山信美非吾土⑤,问何日是归年。

【注释】

①秋烟:秋天野外的雾气。
②横练:横铺的白绸子。此句形容江水平静清澈。
③入手:到手。
④春风面:指女子娇美的容颜。
⑤"江山"句:江山确实很美,但它不是我的家乡。信美:真美。吾土:我的家乡。化用王粲《登楼赋》中"虽信美而非吾土兮,曾何足以少留"句而来。

【评点与赏析】

本首曲是王恽在平阳路总管任上所作的十首《平湖乐》中的第五首。描写平阳一带的山川景物。秋色迷人,处处欢声笑语,作者为这大好风光沉迷,以至于流连忘返。前四句笔调轻快,充满生气。然而再好的景色也不能使作者排遣掉深深的思乡之情,因而后两句笔锋陡然一转,"江山信美非吾土,问何日是归年"。抒发了对故乡的眷恋之情,笔调深沉,感人至深。这种"以乐景写哀情"的写法,的确达到了"倍增其哀"(见王夫之《姜斋诗话》)的效果。

卢 挚

卢挚(1242年?—1316年?),字处道,一字莘老,号疏斋,又号嵩翁。颖川(今河南许昌)人,家居河南。二十岁左右出仕,为元世祖近臣。至元二十五年(1288年)始,任江东道提刑按察副使。后任陕西提刑按察使、河南路总管、翰林学士等职,官至翰林承旨。他是元初的一位著名文学家,工诗文,擅词曲,世称诗与刘因齐名,文与姚燧比肩。他的散曲成就较高,在元代早期的曲坛具有代表性。其散曲作品题材广泛,风格多样,影响较大。著有《卢疏斋集》、《疏斋后集》,已失传。他的作品部分留存于有关总集中,诗、文、词流传下来的较少,散曲作品传存较多,共计一百二十一首,见于《朝野新声太平乐府》、《乐府新编阳春白雪》等集中。

〔黄钟〕节节高

题洞庭鹿角庙壁①

雨晴云散,满江明月。风微浪息,扁舟一叶②。半夜心③,三生梦④,万里别。闷倚蓬窗睡些⑤。

【注释】

①鹿角:指鹿角镇,在湖南岳阳南洞庭湖畔。
②扁舟:小船。
③半夜心:夜深人静时的思念、离情。
④三生:佛教语,指前生、今生和来生。
⑤睡些:睡一会儿。

【评点与赏析】

这是一篇写景抒情之作。前四句描写洞庭湖夜景,云开月出,风平浪静,小船在水面上轻快地行进着,一派静谧安详。后几句写情,夜深人静之时，离愁别恨涌上心头，各种思绪汇聚心中，难以入睡。静谧的湖中夜色，衬托着情感的波澜，使平静的景致和起伏的情感都显得更加突出。末句"闷倚篷窗睡些"，表现主人公想让自己入睡以驱散绵长的幽思，实际显出了他辗转反侧难以入眠的情状。

〔中吕〕喜春来

和则明韵

春云巧似山翁帽，古柳横为独木桥。风微尘软落红飘①。沙岸好，草色上罗袍②。

【注释】

①落红：落花。

②罗袍：一种丝织品做的长袍。

【评点与赏析】

这是一首写景的小令。全曲洋溢着轻松欢快的情调，并融合了作者奇巧的想象。在春光明媚的郊外，天上的白云恰巧像是山翁戴的帽子，古柳横斜真像是一座独木桥。微风习习，花瓣飘落，诗人漫步在水边的沙滩，罗袍上染上了青青的草色。这些美景赋予了诗人美好的想象和愉快的心情。

〔双调〕沉醉东风

秋 景

挂绝壁枯松倒倚①，落残霞孤鹜齐飞②。四围不尽山，一望无穷水。散西风满天秋意。夜静云帆月影低③，载我在潇湘画里④。

【注释】

①挂绝壁枯松倒倚：化用李白《蜀道难》中"连天去峰不盈尺，枯松倒挂倚绝壁"诗句。

②落残霞孤鹜齐飞：语出王勃《滕王阁序》："落霞与孤鹜齐飞，秋水共长天一色。"鹜，野鸭。

③云帆：白云似的船帆。

④潇湘画里：潇、湘，湖南境内的两条河名。潇湘两岸风光如画。

【评点与赏析】

这首曲描写潇湘秋色，视点不是固定在某一位置或某一时刻，而是写坐在船上从白天到夜晚的所见所闻。通过时间、空间的推移，景物不断变换，画面富有动感。从中可以看到作者悠然洒脱的心境。

〔双调〕沉醉东风

闲　居

恰离了绿水青山那答①，早来到竹篱茅舍人家②。野花路畔开，村酒槽头榨。直吃的欠欠答答③，醉了山童不劝咱，白发上黄花乱插④。

【注释】

①那答：那边，那里。

②早来到：已经来到。

③欠欠答答：疯疯傻傻，稀里糊涂的样子。

④白发上黄花乱插：唐杜牧《九日齐山登高》："尘世难逢开口笑，菊花须插满头归。"黄花，指菊花。

【评点与赏析】

这首曲描写充满乐趣的乡间生活。踏着开遍野花的山路漫步，离开了青山绿水，便来到山村人家。痛饮新酿的村酒，直喝得酩酊大醉。山村的孩子顽皮得很，趁他醉着，拿着黄花在他头上乱插。生动自然的日常生活，淳朴平实的乡土气息，欢快轻松的情调，闲散自由的气氛，表达了作者退隐生活中的欢愉之情。

◎卢挚

〔双调〕沉醉东风

闲 居

雨过分畦种瓜①,早时引水浇麻。共几个田舍翁②,说几句庄家话。瓦盆边浊酒生涯③,醉里乾坤大④,任他高柳清风睡煞⑤。

【注释】

①畦:大田中土埂分开的小块地。
②田舍翁:老农夫。
③生涯:生活。
④醉里乾坤大:醉乡里天地广阔,心情舒畅。
⑤睡煞:沉睡。

【评点与赏析】

这首曲突出了一个闲字。曲中写日常农事和与农家的交往,透出浓厚的田园生活气息,表现出作者悠然闲适的心境。对田园闲适生活的沉醉,实际上反映出对仕宦生活的厌倦。

〔双调〕寿阳曲

别朱帘秀①

才欢悦,早间别②,痛煞煞好难割舍。画船儿载将春去也③,空留下半江明月。

【注释】

①朱帘秀:元代著名的女杂剧演员,当时的许多元曲作家与她有交往,许多人写曲赠给她。卢挚的这首曲写得真挚感人。
②间别:分别,离别。
③春:喻美好的时光,美好的事物。

【评点与赏析】

　　这首描写离愁别恨的小令在格调上可谓以俗为雅。前半部分极其平易朴实,好像是诉说家常,全无粉饰雕琢。后两句则以象征手法渲染出浓烈的感情。"画船儿载将春去也",实际上是说朱帘秀把大好春光带走了,把美好的时光带走了,把作者的心带走了,留下的是伤感和惆怅。这种先直露平实、后委婉含蓄的写法,使人读来余味深长。

陈草庵

陈草庵（生卒年不详），名英，字彦卿，号草庵。生平事迹不详。《录鬼簿》将其列为"前辈名公"，称他为"陈草庵中丞"。小令存《中吕·山坡羊》二十六首。

〔中吕〕山坡羊

叹 世（二首）

一

晨鸡初叫，昏鸦争噪，那个不去红尘闹①。路遥遥，水迢迢，功名尽在长安道②，今日少年明日老。山，依旧好；人，憔悴了！

二

江山如画，茅檐低凹③。妻蚕女织儿耕稼。务桑麻，捕鱼虾，渔樵见了无别话，三国鼎分牛继马④。兴，也任他；亡，也任他。

【注释】

①红尘：形容繁忙热闹的人世。
②长安道：指去京城求取功名的道路。长安，代指京城。
③茅檐：茅屋的房檐。
④三国鼎分：指魏、蜀、吴三国鼎立。牛继马：《晋书·元帝纪》载，西晋王朝由司马氏建立。覆灭后，东晋的元帝是其母与牛姓官吏的私生子。

【评点与赏析】

这两支小令表现出对功名仕途的厌倦情绪和对田园生活恬淡安逸的向往。在对功名利禄的追逐中，大好年华逝去；国家兴亡，代代相继，再轰轰烈烈的事业，终将会走向沉寂。基调有些消沉，却反映了元代知识分子的普遍心态。

关汉卿

关汉卿,号已斋,一说名一斋,字汉卿,大都(今北京)人,一说祁州(今河北安国)人,另一说解州(今山西运城)人。生卒年无确切记载,大约生于1225年左右,卒于1302年左右。《录鬼簿》将他列为"前辈已死才人",说他曾任太医院尹。《青楼集序》说他是"金之遗民","不屑仕进"。《太和正音谱》称他"初为杂剧之始"。《析津志》中说他"生而倜傥,博学能文,滑稽多智,蕴藉风流,为一时之冠"。这些零星的资料,显示出他的经历和性格的轮廓。

他善作杂剧、散曲,并且身体力行,在表演上有较高的造诣。贾仲明的《续录鬼簿》中说他"驱梨园领袖,总编修师首,捻杂剧班头。"明人臧晋叔在《元曲选序》中说他"躬践排场,面傅粉墨,以为我家生活,偶倡优而不辞"。可见他与戏班艺人有密切的联系。关汉卿的创作极丰富,共作杂剧剧本六十六种,今存十八种,其中有《窦娥冤》、《单刀会》、《蝴蝶梦》、《救风尘》等流传千古的名篇。他的散曲创作也取得了很高的艺术成就,今存套数十三套,小令五十七首。

〔仙吕〕一半儿

题 情

碧纱窗外静无人,跪在床前忙要亲。骂了个负心回转身。虽是我话儿嗔①,一半儿推辞一半儿肯②。

【注释】

①嗔:生气,发怒。
②肯:答应。

【评点与赏析】

关汉卿的小令善于通过人物的语言、动作来描写场景和抒发感情。

这首曲便是用十分通俗的语言,通过描写人物的动作、神态、语言以及心理活动,刻画了一对情侣之间的感情交流。四处无人,一片寂静,一个跪在床前要亲近对方,一个骂对方负心,看似发怒,结果是"一半儿推辞一半儿肯"。寥寥数语,既写出了他们之间的小纠纷,也写出了他们之间的深情。

〔南吕〕四块玉

别 情

自送别,心难舍,一点相思几时绝。凭阑袖拂杨花雪①。溪又斜,山又遮,人去也。

【注释】

①杨花雪:杨花洁白,像雪一样飞舞。

【评点与赏析】

这首曲写一位少妇在与丈夫分别后的思念之情。前三句直抒胸臆,述说自从丈夫离去后难以排遣的相思。后四句写少妇的动作,她向着丈夫离去的方向凭栏远眺,这是形象地写她绵长的思念。然而,溪水婉延而去,青山遮住了远方的路,丈夫不知在何方。这首小令文辞平实,但意蕴隽永。

〔南吕〕四块玉

闲 适

旧酒投①,新醅泼②。老瓦盆边笑呵呵③,共山僧野叟闲吟和④。他出一对鸡,我出一个鹅,闲快活。

【注释】

①旧酒投:何钞本《太平乐府》作"旧酒没"。一说"投"为酘

(dòu)，意为酒再酿。

②新醅泼：斟上新酒。新醅：新酿的酒。

③老瓦盆：粗陋的酒具。

④吟和：作诗相互唱和。

【评点与赏析】

关汉卿共写了四首〔南吕·四块玉〕，都以"闲适"为题。这首是其中的第二首。曲中描写与山僧野叟欢会共饮的场面，突出闲适的气氛和心境。文辞质朴但不俗，风格平易而大方，这也是关汉卿散曲的共同特点。

〔南吕〕四块玉

闲　适

南亩耕①，东山卧②。世态人情经历多。闲将往事思量过，贤的是他，愚的是我，争甚么！

【注释】

①南亩：泛指田地。

②东山：指东晋谢安隐居的地方，在今浙江上虞县西南。此处泛指隐居处。

【评点与赏析】

这首曲是关汉卿所写的四首〔南吕·四块玉·闲适〕中的第四首。曲中作者发表了对世态人情的看法，并表明了自己的处世态度。作者在看够了世态炎凉、人情冷暖后，决意归隐乡野。世俗社会里，是是非非，你争我夺，尔虞我诈永远没有完结。看清这一切后，作者的态度看似有些消极——决意不与人争辩是非，实际上表现出不满意世情的愤懑之情。

〔双调〕沉醉东风

咫尺的天南地北，霎时间月缺花飞。手执着饯行杯，眼搁着别离泪①。刚道得声"保重将息"②，痛煞煞教人舍不得。"好去者望前程万里！"

【注释】
①搁着：含着。
②将息：保养。

【评点与赏析】
这首曲描写送别场景，形象鲜明生动，感情深沉真挚，使人有如身临其境。小令的前半部分主要是渲染情人离别时难舍难分的情景，千言万语说不出，泪洒十里分离难。末句笔锋一转，道一句"好去者望前程万里！"便戛然而止，表现出送行者既重感情，又明事理。精巧的构思，生动的描述，使这篇作品成为关汉卿小令中的佳作。

〔双调〕大德歌

春

子规啼①，不如归②。道是春归人未归。几日添憔悴，虚飘飘柳絮飞。一春鱼雁无消息③，则见双燕斗衔泥。

【注释】
①子规：杜鹃鸟。
②不如归：杜鹃的啼叫声有些像"不如归去"。
③鱼雁：书信。

【评点与赏析】

这首曲描写一个少妇盼望离人归来的焦急心情。先用子规啼叫起兴,子规的叫声勾起了这位女子思念远方情侣的思绪。想到离别时说好春天归来,可是春天到了,离人未归。"几日添憔悴"一句,写出了思念之苦,恋情之深。末句以燕子成双归来,反衬出女主人公影只形单的情形和悲凉的心情。

〔双调〕大德歌

夏

俏冤家①,在天涯②。偏那里绿杨堪系马。困坐南窗下,数对清风想念他③。蛾眉淡了教谁画④,瘦岩岩羞对石榴花⑤。

【注释】

①俏冤家:对情人亲昵的称呼。

②天涯:形容远方。

③数:多次,无数次。

④"蛾眉"句:用汉代张敞为妇画眉典故。

⑤瘦岩岩:消瘦的样子。

【评点与赏析】

这支曲描写夏日里一位少妇对远方夫婿的思念。心理活动描写得细致而丰富。"偏那里绿杨堪系马"一句,既含有埋怨,又含有猜疑,然而却怨而不怒。她无数次地坐在南窗下,迎着拂面清风想念远方的亲人。丈夫离去后再无人为她画眉,衣带渐宽以至于羞于见人。每一句都在写这位少妇的内心活动,每一句都显出了她对丈夫的一往情深。

〔双调〕大德歌

秋

风飘飘,雨潇潇,便做陈抟睡不着①。懊恼伤怀抱,扑簌簌泪点抛②。秋蝉儿噪罢寒蛩儿叫③,淅零零细雨打芭蕉④。

【注释】

①陈抟(tuán):五代末年道士。曾在华山修道,据说他常常睡一百天不醒。

②扑簌簌:流泪的样子。

③蛩:蟋蟀。

④淅零零:细雨的声音。

【评点与赏析】

这首曲写秋夜中的感伤情绪。秋风阵阵,秋雨绵绵,寒蝉鸣叫,雨打芭蕉,这一切最容易引起离别的愁绪和感伤。因此,这样的秋夜里,主人公翻来覆去难以入眠,深受离情的折磨。这首曲的特点是以景写情,情融于景。温庭筠《更漏子》中,有"梧桐树,三更雨,不道离情正苦,一叶叶,一声声,空阶滴到明"诗句。李煜的《长相思》中,有"秋风多,雨相和,帘外芭蕉三两窠,夜长人奈何"诗句,都创造了和关汉卿的这支小令相同的意境。

〔双调〕大德歌

冬

雪纷纷,掩重门,不由人不断魂①。瘦损江梅韵,那里是清江江上村②!香闺里冷落谁瞅问?好一个憔悴的凭阑人③!

【注释】

①断魂:形容极其悲痛,非常伤感。

②"那里"句：哪里是远行人思乡怀旧的地方。用辛弃疾《菩萨蛮》："郁孤台下清江水，中间多少行人泪"句意。清江：在赣江和袁江的合流处。

③凭阑人：凭栏远望的人。

【评点与赏析】

这首曲写冬天一个少妇的思念之情。大雪封门，倍感寂寞，思念恋人的感情更加强烈。可是转念想想，远行人到底想到她的苦恼没有呢？"香闺里冷落谁瞅问？好一个憔悴的凭阑人"两句，表现她到底从无尽的思念中跳了出来，对自己的心境冷静审视，发出诘问，显示出她性格冷静刚强的一面。

〔南吕〕一枝花

不伏老

【一枝花】攀出墙朵朵花①，折临路枝枝柳②。花攀红蕊嫩，柳折翠条柔。浪子风流，凭着我折柳攀花手，直熬得花残柳败休。半生来折柳攀花，一世里眠花卧柳。

【梁州第七】我是个普天下郎君领袖，盖世界浪子班头。愿朱颜不改常依旧，花中消遣，酒内忘忧；分茶攧竹③，打马藏阄④，通五音六律滑熟⑤，甚闲愁到我心头。伴的是银筝女银台前理银筝笑倚银屏，伴的是玉天仙携玉手并玉肩同登玉楼，伴的是金钗客歌金缕捧金樽满泛金瓯⑥。你道我老也暂休，占排场风月功名首，更玲珑又剔透。我是个锦阵花营都帅头，曾玩府游州。

【隔尾】子弟每是个茅草岗沙土窝初生的兔羔儿乍向围场上走⑦，我是个经笼罩受索网苍翎毛老野鸡碴踏的阵马儿熟。经了些窝弓冷箭铁枪头，不曾落人后。恰不道"人到中年万事休"，我怎肯虚度了春秋。

【尾】我是个蒸不烂煮不熟捶不扁炒不爆响珰珰一粒铜豌豆，恁子弟每谁教你钻入他锄不断斫不下解不开顿不脱慢腾腾千层锦套头。我玩的是梁园月⑧，饮的是东京酒⑨，赏的是洛阳花⑩，攀的是章台柳⑪。

我也会吟诗,会篆籀⑫;会弹丝,会品竹;我也会唱鹧鸪⑬,舞垂手⑭;会打围,会蹴鞠⑮;会围棋,会双陆⑯。你便是落了我牙,歪了我口,瘸了我腿,折了我手,天赐与我这几般儿歹症候⑰,尚兀自不肯休⑱。则除是阎王亲自唤,神鬼自来勾,三魂归地府,七魄丧冥幽⑲,天哪,那其间才不向烟花路儿上走⑳!

【注释】

①出墙朵朵花:宋陆游《马上作》:"杨柳不遮春色断,一枝红杏出墙头。"宋叶绍翁《游园不值》:"春色满园关不住,一枝红杏出墙来。"后人常用出墙花代指妓女。

②临路枝枝柳:《敦煌曲子词·望江南》:"我是曲江临池柳,这人折了那人攀。恩爱一时间。"后人以"临路柳"代指妓女。

③撇竹:画竹。

④打马藏阄:古代的两种博戏。打马,又称打双陆。

⑤通五音六律滑熟:指精通音乐。

⑥金缕:《金缕衣》,曲调名。

⑦子弟每:此处指嫖客们。每:们,用于名词或人称代词后表示复数。

⑧梁园:又名兔园。汉代梁孝王刘武建造的园林,故址在今河南商丘市东。后人用以代指游宴场所。

⑨东京:指汴梁(今河南开封市)。北宋时称洛阳为西京,开封为东京。

⑩洛阳花:指牡丹,因洛阳盛产牡丹,故称。此处也暗喻美妓。

⑪章台柳:唐许尧佐传奇《柳氏传》中,唐代诗人韩翃,有宠姬柳氏。后因战乱阻隔,二人难以相见。韩寄《章台柳》词于柳氏:"章台柳,章台柳,昔日青青今在否?纵使长条似旧垂,亦应攀折他人手。"章台:汉代长安街道名,因妓院多,后以用作妓院的代称。

⑫篆籀(zhòu):指书法。篆、籀是两种古代书体。

⑬唱鹧鸪:唱〔瑞鹧鸪〕、〔鹧鸪天〕等曲调。

⑭垂手:当时的舞蹈名。

⑮蹴鞠(cù jū):古代的一种踢球游戏。

⑯双陆:古代的一种赌博的游戏,今已失传。

⑰歹症候：坏毛病。
⑱尚兀自：还自。
⑲冥幽：阴间。
⑳烟花路儿：指妓院。

【评点与赏析】
　　这是关汉卿的一首颇有特点的、常被人们提到的套曲。在这首套曲中，作者毫不掩饰，大力描写在勾栏妓院的放纵生活，并且直言不讳地宣称对这种生活的迷恋。后代研究者对这首曲有不同的看法，有人认为这首套曲是作者混迹勾栏、不检点生活的自供，有人认为是他宁折不屈的斗争生活的写照。应该说，就这个套曲对"浪子"生活的描写如此突出、如此集中这一点说，并不一定完全是作者生活的真实记录，其中不乏艺术加工和夸张渲染。总体上说，这首曲仍然表现出封建社会中风流文人的庸俗情趣。与此同时，这首曲中也包含着作者以玩世不恭的形式向社会表示的不服和抗争。表现出作者顽强的性格以及不受世俗观念束缚的生活态度。

〔正宫〕端正好

　　【正宫端正好】 没来由犯王法①，不提防遭刑宪，叫声屈动地惊天！顷刻间游魂先赴森罗殿②，怎不将天地也生埋怨。
　　【滚绣球】 有日月朝暮悬，有鬼神掌著生死权。天地也只合把清浊分辨③，可怎生糊突了盗跖颜渊④。为善的受贫穷更命短，造恶的享富贵又寿延。天地也，做得个怕硬欺软，却元来也这般顺水推船。地也，你不分好歹何为地？天也，你错勘贤愚枉做天⑤！哎，只落得两泪涟涟。

【注释】
①没来由：平白无故。
②森罗殿：传说中阴间阎罗王判案的地方。
③合：应该。

④盗跖颜渊：《庄子》中说，盗跖是大盗，每天吃人的心肝。颜渊是孔子的著名贤弟子。

⑤勘：判断、核对。

【评点与赏析】

　　选自杂剧《感天动地窦娥冤》第三折。因为地痞无赖张驴儿父子想娶窦娥婆媳为妇，遭到窦娥的严厉拒绝，张驴儿便心生毒计，想毒死蔡婆婆，霸占窦娥。不料阴错阳差，把自己的父亲毒死。张驴儿娶窦娥的目的不能达到，便嫁祸于窦娥，诬赖窦娥毒死了他父亲，并告到官府。腐败的官府、昏聩的官吏不问青红皂白，将窦娥屈打成招，判处死刑。这两支曲子是窦娥临刑前向官府发出的控诉，向天地鬼神发出的责问。充满了对恶势力的仇恨，也表现了对"天地无私、鬼神有灵"信条的怀疑。〔滚绣球〕这支曲子，是《窦娥冤》这部惊天地、泣鬼神的大悲剧中的著名唱段，数百年来，一直在戏曲舞台上传唱不衰。

〔双调〕新水令

　　【双调新水令】 大江东去浪千叠，引着这数十人驾着这小舟一叶。又不比九重龙凤阙①，可正是千丈虎狼穴。大丈夫心别，我觑这单刀会似赛村社②。

　　【驻马听】 水涌山叠，年少周郎何处也③？不觉的灰飞烟灭，可怜黄盖转伤嗟④。破曹的樯橹一时绝⑤，鏖兵的江水犹然热⑥，好教我情惨切！二十年流不尽的英雄血！

【注释】

①九重龙凤阙：指帝王居住的皇宫。

②觑：看。单刀会：三国时，吴国的鲁肃为了讨还荆州，设计请关羽赴宴。关羽明知是计，仍然单刀赴会，凭着大智大勇，安然返回。赛村社：多村中祭土地神的活动，有春社和秋社。

③周郎：指周瑜，三国时吴国名将。建安十年（公元208年），曹

操率大军南下,他与鲁肃坚决主战,并率吴军在赤壁大败曹军。那一年他才三十三岁。三十五岁时病逝,故曰:"年少周郎何处也?"

④黄盖:三国时吴国老将,赤壁之战时,建议火攻。设苦肉计,让周瑜痛打后,领满载柴草、灌有膏油的船只数十艘诈降,乘机放火,大破曹操车队。

⑤破曹的樯橹:指赤壁之战时的战船。

⑥鏖兵的江水:指赤壁之战的战场。

【评点与赏析】

选自杂剧《关大王独赴单刀会》第四折。这个戏的剧情是,鲁肃为索取荆州,约请关羽过江赴宴。关羽明知是计,但仍在正确分析形势、作了充分思想准备的情况下,毅然决然带着大刀和几个随从,乘一叶小舟,过江赴会,表现出超群的勇气和智慧。这两首曲子历来为人传诵。它通过对波涛汹涌的大江的赞叹,对古战场的凭吊以及对前代英雄的缅怀,表现了关羽无所畏惧的英雄情怀和豪迈气概。

白　朴

　　白朴（1226年—1306年以后），初名恒，字仁甫，一字太素，号兰谷。祖籍隩州（今山西河曲），金亡后迁居真定（今河北正定）。其父白华是金贞祐三年（1215年）进士，曾任枢密院判官等职。白朴出生于金朝首都南京（今河南开封），金亡后，白华被留在南宋，因元好问与白华有通家之谊，白朴从小由元好问抚养，接受了良好的教育。入元后，白朴始终未出仕，后移居金陵（今江苏南京）。他天资聪慧，加上元好问的精心培育和环境熏陶，白朴具有深厚的文学修养，他工于杂剧，所作杂剧十六种，今存《墙头马上》、《梧桐雨》二种。散曲今存小令三十七首，套数四套，见于《阳春白雪》、《太平乐府》等书。

〔中吕〕喜春来

题　情

　　从来好事天生俭①，自古瓜儿苦后甜。奶娘催逼紧拘钳②，甚是严，越间阻越情忺③。

【注释】

①俭：少，不足。

②紧拘钳：严加束缚。

③间阻：从中阻拦。情忺：情投意合。

【评点与赏析】

　　这首曲刻画了一位勇于冲破封建专制家庭束缚、追求恋爱婚姻自由的女性形象。表现出当时市民阶层蔑视封建礼教的思想意识。语言虽然浅显通俗，却道出了颇为深刻的生活哲理。全曲的风格质朴、活泼，在白朴散曲作品中别具一格。

〔中吕〕阳春曲

知 几①（三首）

知荣知辱牢缄口②，谁是谁非暗点头。诗书丛里且淹留③。闲袖手④，贫煞也风流⑤。

张良辞汉全身计⑥，范蠡归湖远害机⑦。乐山乐水总相宜。君细推⑧，今古几人知。

不因酒困因诗困⑨，常被吟魂恼醉魂⑩。四时风月一闲身⑪。无用人，诗酒乐天真⑫。

【注释】

①知几：了解事物变化的征兆。《易·系辞下》："知几，其神乎？……几者动之微，吉之先见者也。"

②缄口：闭口不言。

③淹留：滞留，留连。

④袖手：指对世事袖手旁观。

⑤贫煞：穷死。

⑥张良辞汉：汉初大臣张良在建立汉王朝的征战中立下了汗马功劳，功成后隐退。

⑦范蠡归湖：范蠡，春秋末年越国大夫，政治家，他在帮助越王勾践灭吴后泛舟五湖。

⑧推：推究。

⑨困：被困住，沉溺。

⑩常被吟魂恼醉魂：常被诗情招惹起酒兴。恼：撩拨。

⑪四时：一般有两种含义，一指春、夏、秋、冬四季，一指朝、夕、昼、夜四时。

⑫天真：质朴自然。

【评点与赏析】

封建社会政治腐败和官场险恶，给了洁身自好的文人以痛切的刺激,要走功名仕途同时又保持清白之身几乎是不可能的。这三首小令鲜明地表达了作者的人生态度和处世哲学。纵使心中明白如镜,也凡事袖手旁观,闭口不言。像张良、范蠡一样见好就收,远离官场,远祸避害。在诗书丛里寻找乐趣,在山水风月中陶冶心身。"贫煞也风流"表现出不与恶势力同流合污的骨气,对于荣辱是非并非不问不理,而是只能"暗点头"、"牢缄口",公道在人心不能说出来罢了。"无用人,诗酒乐天真"的慨叹中也流露出不平之气。

〔越调〕天净沙

春①

春山暖日和风,阑干楼阁帘栊②,杨柳秋千院中。啼莺舞燕,小桥流水飞红③。

【注释】

①白朴有两组《越调·天净沙》,共八首,分别写春、夏、秋、冬四季的景色,这是其中的一首。
②阑干:栏杆。帘栊:门帘。
③飞红:落花。

【评点与赏析】

这首小令描写春日景色,从远到近,从远山写到院中。风和日丽,山明水秀,鸟语花香,流水淙淙,扑面而来的是和煦明快的春天气息。

〔越调〕天净沙

夏

云收雨过波添,楼高水冷瓜甜①,绿树阴垂画檐②。纱厨藤簟③,玉人罗扇轻缣④。

【注释】

①水冷：井水冬暖夏凉。

②画檐：屋檐上有彩绘画案。

③纱厨藤簟：纱帐藤席。

④缣：此处指丝织衣服。

【评点与赏析】

这是一幅夏日景物画。云开雨过，小河涨水；天气晴朗，显得楼阁高耸；井水冰凉，用井水浸泡过的瓜变得更甜；树荫遮掩着屋檐。一位身穿轻绢衣裳的姑娘坐在纱帐里，藤席上，手摇着罗扇静静消受这夏日凉爽宜人的时刻。作者抓住了夏天的典型特征，描写细腻传神。

〔双调〕庆东原

叹 世

忘忧草①，含笑花②，劝君及早冠宜挂③。那里也能言陆贾④？那里也良谋子牙⑤？那里也豪气张华⑥？千古是非心⑦，一夕渔樵话⑧。

【注释】

①忘忧草：萱草，古人认为它可以使人忘记忧愁。

②含笑花：一种木本植物，初夏开花，花如兰，开时常不满，像含笑的样子，故名。

③冠宜挂：意辞官归家。

④能言陆贾：陆贾，辅佐汉高祖刘邦创建汉朝、平定天下的谋臣，很有辩才。

⑤良谋子牙：子牙，名吕尚，一名姜尚，字子牙。曾辅佐周文王、周武王灭商，封于齐，为齐国的始祖。

⑥豪气张华：张华，字茂先，西晋文学家，晋武帝时拜中书令。他曾力劝晋武帝伐吴。灭吴后，出为持节都督幽州诸军事，加强了对东北地区的统治。为人有豪气。

⑦是非心：精心谋划、是非成败。
⑧渔樵话：渔翁樵夫的谈资。

【评点与赏析】

叹世是古代文人笔下经常描写的主题。细细品味这篇看似轻描淡写的小令，可以感受到作者内心的不平静。曲中并未专指某人某事，只是奉劝仕途中的朋友及早"挂冠"，辞官归隐，过无忧无虑的生活。曲中列举了三个典型的历史人物，尽管才华横溢，尽管权重功高，尽管显赫一时，而今不过成了渔人樵夫夜晚闲谈的话题。作者的心情是矛盾复杂的，谈笑风生间蕴含着颇多感慨，一方面要摒弃功名仕途，另一方面也流露出对世道不公、怀才不遇的愤慨。张昇的〔离亭燕〕词中有："多少六朝兴废事，尽入渔樵闲话"，陈与义〔临江仙〕词中有："古今多少事，渔起唱三更"，都与这首曲的末两句意思相近。

〔双调〕得胜乐

红日晚，残霞在，秋水共长天一色①。寒雁儿呀呀的叫天外，怎生不捎带个字儿来②？

【注释】

①秋水共长天一色：出自王勃《滕王阁序》中"落霞与孤鹜齐飞，秋水共长天一色"。

②"寒雁"两句：因为雁来去有固定的季节，故民间有雁足传书的传说。所以听到雁叫，便让人想到是否有信来。

【评点与赏析】

这首曲描写对离人的思念之情。前三句以深秋傍晚的景色衬托主人公惆怅的心境，后两句通过质问寒雁为什么不捎来片言只语，表现出思念之情的急迫。曲辞明白如话，深情溢于言表。

○夜月看潮图　　　　　　　　（宋）李嵩

姚 燧

姚燧(1238年—1313年),字端甫,号牧庵,洛阳(今河南洛阳)人。祖籍营州柳城(今辽宁朝阳)。三岁丧父,由伯父姚枢抚育成人。十八岁时受学于名儒许衡。后被许衡推荐任秦(忽必烈第三子忙哥剌)府文学。曾任陕西、四川、中兴等路儒学提举、陕西汉中道提刑按察司副使和翰林学士等职。元贞、大德年间任江东廉访使、江西行省参知政事。至大年间任太子宾客、翰林学士承旨。他以散文著称,当时极负盛名。黄宗羲论文,于元代文学家中推崇姚燧和虞集两家,于是有元代两大家之说。著有《牧庵文集》五十卷。除散文外,姚燧也写诗、词和散曲,但相对数量较少,也相对不为人注意。与他散文所表现的庄严面孔不同,他的散曲有许多直抒胸臆和描写儿女风情的作品,形象生动,语言流畅,取得了较高的成就,在散曲发展历史上占有一定的位置。

〔中吕〕醉高歌

感 怀

岸边烟柳苍苍,江上寒波漾漾①。《阳关》旧曲低低唱②,只恐行人断肠③。

【注释】

①漾漾:形容水面微微动荡。

②《阳关》旧曲:即《阳关三叠》,又名《渭城曲》,古代送别的歌曲。唐王维《送元二使安西》诗:"渭城朝雨浥轻尘,客舍青青柳色新。劝君更进一杯酒,西出阳关无故人。"后入乐府,成为送别曲,反复诵唱,故称之《阳关三叠》。

③断肠:形容极度悲伤。

【评点与赏析】

这是一首送别之作。全曲浸润着哀伤的气氛。前两句写岸边、江上的景色,在即将与友人别离的主人公眼里,一切都是苍凉、暗淡的。尤为具有表现力的是后两句,离别在即,主人公只敢轻轻地吟唱送别曲,因为怕即将远行的人听到了增添感伤。仅仅这一细节,便把深挚的友情表现得淋漓尽致。

〔中吕〕满庭芳

天风海涛,昔人曾此①,酒圣诗豪②。我到此闲登眺,日远天高。山接水茫茫渺渺,水连天隐隐迢迢③。供吟笑,功名事了④,不待老僧招⑤。

【注释】

①昔人曾此:古往今来许多人曾在这里。
②酒圣诗豪:有酒量、善作诗的人。
③隐隐迢迢:因为遥远而若隐若现。迢迢:形容遥远。
④功名事了:求取功名的事情结束了。
⑤不待老僧招:退隐山林不等老僧来招。

【评点与赏析】

此曲描写登高远眺的景色和感受。"天风海涛","日远天高","山接水茫茫渺渺,水连天隐隐迢迢"几句,展示了诗人眼前阔大、幽远的景色。由登高观景引出了对隐逸生活的向往之情。全曲笔调雄健,气势豪迈,有豪放派词的意蕴。

〔中吕〕普天乐

浙江秋①,吴山夜②。愁与潮去,恨与山叠。塞雁来③,芙蓉谢④。冷雨青灯读书舍⑤,怕离别又早离别。今宵醉也,明宵去也,宁耐些些⑥。

【注释】
①浙江:又叫钱塘江,即新安江流经杭州入海的那一段,以潮起壮观著称。
②吴山:在杭州西湖东南,左面是钱塘江,右面是西湖。
③塞雁:塞外的大雁。指大雁从北方向南方飞来。
④芙蓉:指荷花。
⑤青灯:油灯。
⑥宁耐些些:忍耐一些。

【评点与赏析】
这支曲抒发送别时的愁绪。用自然景物中的潮来潮去、山峦重叠比喻离愁别恨的深切和浓重,渲染出起伏难平的心情。前半部分风格典雅,曲辞工丽,对仗齐整,音韵朗朗上口,后几句纯用口语,更觉如泣如诉。这种雅俗相衬的手法,元曲中常能见到,而这首曲中这一点尤为出色。《中原音韵·作词十法》中评论此曲"造语、音律、对偶、平仄皆好"。是作者的代表作之一。

〔中吕〕阳春曲

笔头风月时时过①,眼底儿曹渐渐多②。有人问我事如何,人海阔③,无日不风波。

【注释】
①笔头风月:用笔描绘美好风光。风月:泛指美好景色。

②儿曹：指晚辈。
③人海阔：社会广大。

【评点与赏析】

这首小令抒发了对时光流逝、人世沧桑的慨叹和对永无止境的人事纷争的厌弃。这些感叹既是对人世洞彻的领悟，同时其中也不无激愤之情。

〔越调〕凭阑人

马上墙头瞥见他①，眼角眉尖拖逗咱②。论文章他爱咱，睹妖娆咱爱他③。

【注释】

①马上墙头：白居易《井底引银瓶》："墙头马上遥相顾，一见知君即断肠。"此句从白诗化出。
②拖逗：同"迤逗"，挑逗的意思。
③妖娆：形容女子娇柔的形态。

【评点与赏析】

这是一首言情之作。曲中写才子佳人的爱情颇为率直。先写形态：二人偶然相见，便眉目传情，大胆挑逗，表露心迹；再写心态：女子爱才，男子爱貌，男才女貌，天作地合。全曲文辞直白，笔调泼辣，显示了元曲的风格。

〔越调〕凭阑人

寄征衣①

欲寄君衣君不还，不寄君衣君又寒。寄与不寄间，妾身千万难②。

【注释】

①征衣：远行人的衣服。

②妾身：古代女子自称。

【评点与赏析】

小令用语明白如话，紧扣寄不寄征衣的矛盾心理，刻画出远离丈夫的闺中少妇对丈夫的思念和体贴。她那自言自语，左右为难，牵肠挂肚的神态，栩栩如生。她对丈夫的感情，都集中在这件早早准备好，又迟迟未寄出的征衣上，显得那么真挚、温柔。卢前在《论曲绝句》中说此曲写得"熨贴温存，缠绵尽致"，的确是抓住了这首曲的特点。

伯　颜

伯颜（1237年—1295年），姓巴邻氏，蒙古族人。生长于西亚的伊儿汗国，因入朝奏事，被元世祖忽必烈留用，拜中书左丞相，后迁同知枢密院事。至元十二年（1275年），任大元帅，领兵攻宋。宋亡后，进金紫光禄大夫，加食邑六千户。死后封淮南王，谥忠武。今存小令一首。

〔中吕〕喜春来

金鱼玉带罗襕扣①，皂盖朱幡列五侯②。山河判断在俺笔尖头③。得意秋④，分破帝王忧。

【注释】

①"金鱼"句：表示官位很高。金鱼：指金鱼符。玉带：有玉装饰的腰带。罗襕：即紫罗襕，用紫色绮罗制成的官服。唐制，三品以上官员服紫，佩戴金符，刻鲤鱼形，故谓金鱼。

②皂盖：黑色的车盖。朱幡：红色的旗帜。皂盖朱幡是古代高级官员出行时的仪仗。五侯：公、侯、伯、子、男五等诸侯。

③"山河"句：喻大权在握。

④得意秋：志得意满，实现了抱负。

【评点与赏析】

这首曲《尧山堂外纪》中作伯颜作，《太平乐府》和《乐府群珠》作姚燧作。伯颜是元代的开国宰相。他深受皇帝信任，官职显赫，权倾一时。这首小令明显地表现出他身处特殊的地位那种志得意满的心境，傲视一切的气概，为国立功的抱负。这在散曲作品中极为少见，是属于他这种身份的人所特有的感受。

张弘范

张弘范(1238年—1280年),字仲畴,易州定兴(今河北定兴)人。元世祖时,任益都淄莱等路行军万户。参与围攻襄樊之役,又跟从伯颜攻宋,为前锋渡江。至元十五年(1278年)任蒙古汉军都元帅,率军南下广东,其弟张弘正为前锋,俘文天祥于五坡岭(在今广东海丰北),次年于厓山(今广东新会南)击败张世杰所统水军。宋亡后归朝,不久暴病而死,时年四十三岁。

〔中吕〕喜春来

金装宝剑藏龙口①,玉带红绒挂虎头②。绿杨影里骤骅骝③。得志秋,名满凤凰楼④。

【注释】

①金装宝剑:用黄金装饰的宝剑。龙口:指剑鞘,上绘有龙形的花纹。

②虎头:虎头牌,皇帝发给武将用来发号施令的金牌,铸以虎的形状。

③骅骝:指骏马,传说是周穆王八骏马之一。

④凤凰楼:指皇宫中挂动臣画像的楼阁。

【评点与赏析】

小令刻画出一位古代大将威武雄壮的姿态,表现出立下卓著战功后志得意满的心情。语言简洁凝练,人物形象描绘,人物内心的描写,都生动传神。前人曾评论伯颜和张弘范的两首《喜春来》说:"帅才相量,名言其志"。这两首小令在元代散曲中颇具特色,可谓异曲同工。

严忠济

严忠济（？—1293年），一名忠翰，字紫芝，泰安长清（今山东长清）人。严实之子。袭东平路行军万户、管民总管。中统二年（1261年）应召回京都，后罢职。今存小令二首。

〔越调〕天净沙

无 题

宁可少活十年，休得一日无权。大丈夫时乖命蹇①。有朝一日天随人愿，赛田文养客三千②。

【注释】

①时乖命蹇：时运不好。

②田文：孟尝君，战国时齐国贵族，袭其父田婴的封爵，封于薛，称薛公，号孟尝君。被齐湣王任为相国，门下有食客数千。

【评点与赏析】

述说人生抱负——追求权力，表现出大丈夫的豪迈气概。这种内容的小令在元人散曲中实不多见。

奥敦周卿

奥敦周卿,女真族人,生活在元代初年。世祖至元六年(1269年),任怀孟路总管府判官,白朴作《栏花慢》调与之唱和。后任侍御史、河北河南道提刑按察司金事等职。今存小令二首,套曲一套。

〔双调〕折桂令

西湖烟水茫茫,百顷风潭①,十里荷香。宜雨宜晴,宜西施淡抹浓妆②。尾尾相衔画舫,尽欢声无日不笙簧③。春暖花香,岁稔时康④,真乃上有天堂,下有苏杭⑤。

【注释】

①百顷风潭:风吹过宽阔的湖面。

②"宜雨宜晴"两句:苏轼《饮湖上初晴后雨》:"水光潋滟晴方好,山色空濛雨亦奇。欲把西湖比西子,淡妆浓抹总相宜。"

③笙簧:泛指音乐。

④岁稔(rěn):丰收年。

⑤上有天堂,下有苏杭:民间俗语,最早见于南宋初范成大的《吴郡志》。

【评点与赏析】

描写春暖花开时的西湖风景。既写了美丽宜人的自然景致,也写了年丰人喜的欢乐气氛,印证了"上有天堂,下有苏杭"的俗语。

马致远

马致远(？—1321年至1324年之间)，字千里，号东篱，大都(今北京)人。曾任江浙行省务官，生平事迹不可详考。是大都元贞书会的重要人物，被称为"曲状元"，与关汉卿、白朴、郑光祖合称"元曲四大家"。著有杂剧十五种，今存《汉宫秋》、《青衫泪》、《荐福碑》等六种，以及和李时中、红字李二、花李郎合写的《黄粱梦》一种。他还是元代前期的重要散曲作家，被誉为"元人第一"。今存小令一百一十五首，套数二十一套。

〔越调〕天净沙

秋 思

枯藤老树昏鸦①，小桥流水人家，古道西风瘦马②。夕阳西下，断肠人在天涯③。

【注释】

①昏鸦：黄昏时的乌鸦。
②古道：古老的驿路。
③断肠人：十分悲痛，伤感的人。

【评点与赏析】

这是一首历代传诵不衰的元人小令杰作。曲的开始，作者以简洁的笔墨，展示了秋天郊野的景色，勾勒出一幅出神入化的"深秋落日图"。但显然写景不是目的，环绕景物所产生的苍凉萧瑟的气氛，有力地烘托了旅途中人那孤寂、彷徨、愁苦、悲凉的心情。这首小令被誉为"秋思之祖"(周德清《中原音韵》)，王国维在《人间词话》中评论它："寥寥数语，深得唐人绝句妙境。有元一代词家，皆不能办此也。"

〔双调〕清江引

野 兴

西村日长人事少,一个新蝉噪。恰待葵花开,又早蜂儿闹,高枕上梦随蝶去了①。

【注释】

①"高枕"句:典出《庄子·齐物论》。其中说庄周曾梦见自己变成了一只蝴蝶,醒来后不知是庄周在梦里变成了蝴蝶,还是蝴蝶在梦里化成了庄周。此处形容逍遥自在的隐居生活。

【评点与赏析】

这首曲描写安适自在的乡居生活,表现了一种怡然自得的心情。曲中以动写静(指自然景物),又以静显动(指主人公并不平静的心境)。首先,作品描写了一个小村庄的初夏景致,"新蝉噪"、"葵花开"、"蜂儿闹",主人公在这种自然界的喧闹声中高枕而卧,可见"人事少",没有俗事缠绕。对于一个曾在仕途奔波的人,这种安闲是惬意的,但同时,也包含着对"人事"的不满和消极抗争。

〔双调〕清江引

林泉隐居谁到此,有客清风至①。会作山中相②,不管人间事,争什么半张名利纸。

【注释】

①有客清风至:意为只有清风是客人。
②山中相:指山中的隐士。南朝人陶弘景曾被称为"山中宰相",他隐居山中,但国家有决策大事,都派人前往咨询。

【评点与赏析】

这首曲写山中的隐居生活，表达了作者的人生选择和志趣。经过进取功名的奋斗和仕途跋涉，作者终于看透了世情，对人生的价值作出了判断和选择。功名只不过是"半张纸"，为它呕心沥血是不值得的。作者对功名利禄的蔑视，其中也包含着志不得伸的牢骚。

〔双调〕落梅风

实心儿待，休做谎话儿猜。不信道为伊曾害①，害时节有谁曾见来，瞒不过主腰罗带。

【注释】

①伊：此处作第二人称，你。害：因相思而痛苦。

【评点与赏析】

这首曲所描写的是一位热恋中的少女向情郎的表白。前两句说明自己的感情是发自内心、真心实意的，没有一点虚假成分，想打消情郎的猜疑。接下来两句说明自己深受爱情的折磨，这种痛苦情郎并未看到。结句颇为别致，爱情的煎熬使少女香肌消减，形容憔悴，这一点，腰间所系的罗带可以作证。这支小令曲辞俗白，通过少女坦率急切的表白，写出了她真挚深沉的爱情。

〔南吕〕四块玉

恬 退

酒旋沽①，鱼新买，满眼云山画图开②。清风明月还诗债③。本是个懒散人，又无甚经济才④，归去来⑤。

【注释】

①酒旋沽：刚买了酒。

②云山：云雾缭绕的青山，古人常用来代指隐士居住的地方。
③诗债：应该写而未写的诗篇。
④经济才：指经世济民的才能。
⑤归去来：意为归去。来：语助词，无义。东晋陶渊明有《归去来辞》，此取其意。

【评点与赏析】

这首曲是一个怀才不遇的文人的不平之鸣。取功名遭碰壁，只得隐居山野，饮酒吟诗，表现出对压抑人才的现实的不满。"本是个懒散人，又无甚经济才"，实是反语，是空有一腔抱负而无法施展时的自嘲。曲以"归去来"作结，集中反映了那种对境遇不甘心又无可奈何的心态。

〔南吕〕四块玉

天台路①

采药童，乘鸾客②，怨感刘郎下天台③。春风再到人何在，桃花又不见开，命薄的穷秀才，谁教你回去来。

【注释】

①天台：天台山，在今浙江天台县北。这里用刘晨、阮肇入天台山采药遇仙女的典故。《太平御览》载，刘晨、阮肇入天台山采药，在山里风餐露宿十多天。一天，突然遇到两位美貌女子，见到刘、阮二人，如见到旧相识，邀请他们到家，热情招待，共同生活。十天后，刘、阮二人要求回家，二位美女苦留他们，二人又留在山中过了半年。终于难以抑制思乡之苦，回到了家乡。回去后，发现乡村零落，人间已经过了十世，二人才知误入仙境。后世人们常用"刘阮入天台"典故指求仙或男女爱情之事。马致远还作有《刘阮误入桃源洞》杂剧，今仅存残曲。

②乘鸾客：指仙女。用刘向《列仙传·萧史》中"吹箫引凤"典故。

③刘郎：指刘晨。

【评点与赏析】

这首曲虽然笔调幽默，抒发的感慨却是沉重的。曲的开头两句说人间的采药童子和仙境的仙女都感叹、埋怨刘晨不该下天台山，离开洞天福地。他们回到人间时，家乡已是零落萧条，再想回到仙境已经没有可能。"命薄的穷秀才，谁教你回去来"，看似在嘲笑刘晨、阮肇离开仙境的行为，实际上，表现出作者对污浊的现实社会的厌弃情绪，寄托了作者对美好世界的向往之情。

〔南吕〕四块玉

叹 世

两鬓皤①，中年过，图甚区区苦张罗②。人间宠辱都参破③。种春风二顷田，远红尘千丈波，倒大来快活④。

【注释】

①皤：白。
②区区：少，不重要。
③参破：看透，看破。
④倒大来：非常。

【评点与赏析】

这首曲是作者的自述。中年后，离官隐居，感慨良多。几乎每个人在年轻时都有许多愿望和理想，都憧憬着无限美好的未来，并为之苦苦追求，精心经营。当在奋斗中备尝了世态炎凉，人世艰辛后，功名利禄等身外之物就常常显得黯然失色了，而自由安定的生活往往成为心目中最美好的东西。作者在这支曲中抒发了这种人生感受。

套数

〔般涉调〕耍孩儿

借 马

【耍孩儿】近来时买得匹蒲梢骑①,气命儿般看承爱惜②。逐宵上草料数十番③,喂饲得膘息胖肥。但有些秽污却早忙刷洗,微有些辛勤便下骑。有那等无知辈,出言要借,对面难推。

【七煞】懒设设牵下槽④,意迟迟背后随,气忿忿懒把鞍来鞴。我沉吟了半晌语不语,不晓事颓人知不知⑤?他又不是不精细,道不得"他人弓莫挽,他人马休骑⑥"。

【六煞】"不骑呵西棚下凉处拴,骑时节拣地皮平处骑,将青青嫩草频频的喂。歇时节肚带松松放,怕坐的困尻包儿款款移⑦。勤觑着鞍和辔⑧,牢踏着宝镫⑨,前口儿休提⑩。

【五煞】"饥时节喂些草,渴时节饮些水。着皮肤休使粗毡屈⑪,三山骨休使鞭来打⑫,砖瓦上休教稳着蹄⑬。有口话你明明的记:饱时休走,饮了休驰。

【四煞】"抛粪时教干处抛,绰尿时教净处尿⑭,拴时节拣个牢固桩橛上系。路途上休要踏砖块,过水处不教溅起泥。这马知人义,似云长赤兔⑮,如翼德乌骓⑯。

【三煞】"有汗时休去檐下栓,渲时休教侵着颓⑰,软煮料草铡底细。上坡时款把身来耸,下坡时休教走得疾。休道人忒寒碎⑱,休教鞭颩着马眼⑲,休教鞭擦损毛衣。"

【二煞】不借时恶了弟兄,不借时反了面皮。马儿行嘱咐叮咛记:"鞍心马户将伊打,刷子去刀莫作疑⑳。"则叹的一声长吁气,哀哀怨怨,切切悲悲。

【一煞】"早晨间借与他,日平西盼望你,倚门专等来家内。柔肠寸寸因他断,侧耳频频听你嘶。"道一声"好去"㉑,早两泪双垂。

【尾】没道理没道理,忒下的忒下的㉒!"恰才说来的话君专记。一口气不违借与了你。"

【注释】

①蒲梢：古代良马名。《史记·乐书》："后伐大宛，得千里马，马名蒲梢。"

②气命儿般：看得像命根一样。

③逐宵：每夜。

④懒设设：懒洋洋的样子。

⑤颓人：骂人的话，犹言坏蛋。

⑥道不得：岂不知。挽：拉。

⑦尻（kāo）包儿：屁股。款款移，慢慢移动。

⑧辔（pèi）：驾驭马的缰绳。

⑨宝鐙：脚镫子。

⑩前口儿休提：不要用力拉马的嚼口，以避免马奔跑太快，使其劳累。

⑪着皮肤休使粗毡屈：不要使没铺平的粗毡子贴着马的皮肤。

⑫三山骨：马的背脊骨或谓马的肋骨。

⑬砖瓦上休教稳着蹄：不要让马在砖瓦上行走奔跑，以免伤了马蹄。

⑭绰尿：撒尿。

⑮似云长赤兔：像三国时蜀将关羽骑的赤兔马。关羽，字云长。赤兔：古时骏马名。

⑯如翼德乌骓（zhuī）：如同三国时蜀将张飞骑的乌骓马。张飞，字翼德。乌骓：古时良马名。

⑰渲时休教侵着颓：替马洗浴时不要伤着它的生殖器。渲：指为马洗浴。颓：雄马的生殖器。

⑱休道人忒寒碎：不要说我太寒酸、琐碎。忒：过于，太。

⑲飑（diū）：抛，挥。

⑳"鞍心马户将伊打"二句：这二句是叮咛马的话。"马户"是驴字拆开，刷字去掉刀旁，是吊字，"驴吊"是骂人的话。

㉑好去：嘱咐将行者的话，犹言"好走"。

㉒忒下的：下手太狠，做得太狠。

○桃源仙境图轴　（明）仇英

【评点与赏析】

　　这首套曲以诙谐风趣的语言,以生动传神的细节,以细致入微的心理描写,塑造了一个爱马如命、既悭吝又憨厚的人物形象。

　　这人买了匹好马,便惜马如命,百般爱护。偏有那"不晓事"的人来借马,这便如同要掏他的心窝一般。他实不愿把马借给他人,但又怕伤了朋友脸面,于是他内心产生了剧烈的矛盾和钻心的刺痛。这些都通过他长篇大论、没完没了地向借马人叮嘱关于养马、骑马的注意事项表现了出来。马被人借走后,他倚门等待马的归来,以至于"柔肠寸断","两泪双垂",这个细节十分夸张,也很具幽默效果,把人物心态展示得淋漓尽致。这首曲刻画人物用的是漫画笔法,但同时又是精雕细刻,曲中的喜剧形象刻画得十分成功。这首套曲是马致远散曲中的杰作。郑振铎评论这首套曲说:"这是马致远的真正的崇高的成就。诙谐之极的局面,而出之以严肃不拘的笔墨,这乃是最高的喜剧;正和最伟大的哲人以诙谐的口吻在讲写似的;他的态度足够严肃的,但听的人怡然的笑了"(《中国俗文学史》)。

王实甫

王实甫,名德信,大都(今北京)人。生平不详。《录鬼簿》把他列入"前辈已死名公才人"之列,大约与关汉卿同时。王实甫与关汉卿同是元初杰出的戏曲作家,分别代表了元杂剧中文采和本色两种风格。王实甫所作杂剧,有名目可考者共十四种,今存《西厢记》、《破窑记》和《丽春堂》三种。《芙蓉亭》、《贩茶船》今存佚曲。散曲仅存小令一首,套曲两套。

〔中吕〕十二月带尧民歌

别 情

自别后遥山隐隐,更那堪远水粼粼①。见杨柳飞绵滚滚②,对桃花醉脸醺醺③。透内阁香风阵阵④,掩重门暮雨纷纷。

怕黄昏不觉又黄昏,不消魂怎地不消魂⑤。新啼痕压旧啼痕,断肠人忆断肠人⑥。今春,香肌瘦几分,裙带宽三寸⑦。

【注释】

①粼粼:形容水的微波。
②飞绵:指柳絮。
③醺醺:形容醉态,因醉脸红。取崔护"人面桃花相映红"句意。
④内阁:深闺。
⑤消魂:因感伤而失魂落魄的样子。
⑥断肠人:极其伤感的人。
⑦裙带宽三寸:形容消瘦。

【评点与赏析】

咏叹别情。前一支曲子(前六句)以景物衬托思念之情。"见杨柳飞绵滚滚"一句,隐含王昌龄《闺怨》中"忽见陌头杨柳色,悔教夫婿觅封侯"句意,看似写自然景色,实表现对游子的思念。后一支曲子中,"怕黄昏不觉又黄昏,不消魂怎地不消魂"两句,直接描写女主人公的内心活动。黄昏容易引起人的寂寞惆怅之感,而黄昏又不知不觉地到了,强烈的思念之情不可抑制,让人失魂落魄。前支曲子多用叠字,融情于景;后一支曲子多用连环句式,直抒胸怀。全曲既委婉,又率真。周德清《中原音韵·作词十法》视这个带过曲为"定格",意即可作为供人模仿学习的典范。并说它"对偶、音律、平仄、语句皆妙。"王世贞《艺苑卮言》附录一说它是"情中俏语"。

〔正宫〕端正好

碧云天,黄花地①,西风紧,北雁南飞②。晓来谁染霜林醉③?总是离人泪。

【注释】
①黄花:菊花。
②北雁南飞:秋天,飞来北方过夏天的大雁开始往南飞,准备过冬天。
③晓来:早晨。霜林醉:经霜后树叶变成红色,像人喝醉了酒脸红一样。

【评点与赏析】
这首曲选自《西厢记》第四本第三折。崔莺莺和张生私下结合后,在老夫人的敦促下,张生赴京赶考。行前,崔莺莺一家在十里长亭设宴为张生送行。这是送行时莺莺唱的一支曲子,曲中描写秋天的景色。诗人笔下的每一种景物:碧云天,黄花地,呼啸的西风,南飞的大雁,血红的树叶,都浸透着离愁别恨。这是一首寓情于景的佳作,是一支脍炙人口的名曲。

〔正宫〕滚绣球

恨相见得迟,怨归去得疾。柳丝长玉骢难系①,恨不得倩疏林挂住斜晖②。马儿迟迟的行③，车儿快快的随。却告了相思回避④，破题儿又早别离⑤。听得道一声"去也"，松了金钏⑥；遥望见十里长亭⑦，减了玉肌。此恨谁知！

【注释】

①玉骢：毛色青白相间的马。
②倩：请别人代做。
③迟迟：行动迟缓的样子。
④却告了相思回避：刚脱离了相思之苦，因为莺莺和张生已暗中结合。
⑤破题儿：开始。唐宋人称诗赋的起首为破题，引申为事物的开始。
⑥松了金钏：金钏是戴在手腕上的饰物，金钏松了，形容消瘦。
⑦十里长亭：古人送别的地方。

【评点与赏析】

选自《西厢记》第四本第三折。描写临别时崔莺莺的内心活动，细致入微。相见恨晚，离别太快，长长的柳丝系不住将上路的马，恨不得请树林把西沉的夕阳挂住。委婉而巧妙地写出了不愿张生离去的心情。接下来写去长亭的路上，张生骑着马慢慢地走，莺莺坐在车里快快地跟随，仍然在写不忍离别。当离别一刻终于到来时，莺莺不胜感伤。此首曲叙事与抒情自然交织，写得深情婉转。

〔正宫〕四煞

这忧愁诉与谁？相思只自知，老天不管人憔悴。泪添九曲黄河溢①，恨压三峰华岳低②。到晚来闷把西楼倚，见了些夕阳古道，衰柳长堤。

【注释】

①"泪添"句：夸张地形容相思的眼泪之多。黄河的弯曲之处很多，素有九曲黄河之称。
②"恨压"句：极言离愁别恨之深重。华山有三座著名的高峰：莲花峰、毛女峰、松桧峰。

【评点与赏析】

　　选自《西厢记》第四本第三折。这首曲描写莺莺与张生分别后内心的孤独和刻骨相思。"泪添九曲黄河溢,恨压三峰华岳低"两句,对仗工整,形象鲜明,广为传诵。

朱帘秀

朱帘秀,也称珠帘秀,排行第四,也被称为朱四姐。元代著名女杂剧演员。《青楼集》说她"杂剧为当今独步,驾头、花旦、软末泥等,悉造其妙。"她不仅在戏曲表演方面造诣很深,而且散曲也写得出色。关汉卿、胡祗遹、卢挚、冯子振等都有给她的赠曲传世。她的散曲作品今存小令一首,套数一套。

〔双调〕寿阳曲

答卢疏斋①

山无数,烟万缕,憔悴煞玉堂人物②。倚篷窗一身儿受苦③,恨不得随大江东去④。

【注释】

①卢疏斋:卢挚,字处道,号疏斋。
②玉堂人物:玉堂,指翰林院。宋太宗于淳化年间曾赠翰林院匾,上写"玉堂之署",故称。卢挚曾任翰林学士,故称他为玉堂人物。
③篷窗:船上的窗。
④随大江东去:意为了此一生。

【评点与赏析】

朱帘秀与卢挚之间有很深的感情。这从卢挚的小令《别朱帘秀》和朱帘秀的这首小令可以清楚地看出来。卢挚在〔落梅风〕《别朱帘秀》小令中说:"才欢悦,早间别,痛煞煞好难割舍。画船儿载将春去也,空留下半江明月。"写出了他离别朱帘秀后的失魂落魄之感。朱帘秀的这首小令表达了她与卢挚分别后痛不欲生的强烈思念。也鲜明地体现出了元散曲直抒胸臆的特点。

赵孟頫

赵孟頫(1254年—1322年),字子昂,号松雪道人,湖州(今浙江吴兴)人。宋朝秦王赵德芳的后代,宋末任真州户参军。入元后,官至翰林学士承旨。工诗文,擅长书画。著有《松雪斋集》,今存小令二首。

〔仙吕〕后庭花

清溪一叶舟,芙蓉两岸秋①。采菱谁家女,歌声起暮鸥②。乱云愁,满头风雨,戴荷叶归去休。

【注释】
①芙蓉:荷花的别名。
②起暮鸥:惊起傍晚的江鸥。

【评点与赏析】
水乡秋色十分秀美,采菱姑娘们唱着歌,愉快地在水面上劳动。忽然云起雨落,姑娘们头戴荷叶赶快上岸回家。小令意境明丽,富有生活气息。

滕 斌

滕斌，一作滕宾，字玉霄，黄州黄冈（今湖北黄冈）人。为人风流笃厚，不拘礼法。他的谈笑之作，游戏笔墨，盛传一时。当时人刘洗称他"名满天下"，吴澄说他"玉霄山人通身酒，淋漓醉墨龙蛇走"。"一望茶坊酒肆中，壁上家家玉霄字。"曾任翰林应奉学士、江西儒学提举等职。后入天台山为道士。著有《玉霄集》。今存小令十五首。

〔中吕〕普天乐

归去来兮四时辞

柳丝柔，莎茵细①，数枝红杏，闹出墙围②。院宇深，秋千系，好雨初晴东郊媚，看儿孙月下扶犁。黄尘意外③，青山眼里，归去来兮④。

【注释】

①莎茵：像席子一样平坦的草地。

②数枝红杏，闹出墙围：这两句化用宋祁《玉楼春》"绿杨烟外晓寒轻，红杏枝头春意闹"和叶绍翁《游园不值》中"春色满园关不住，一枝红杏出墙来"诗句。

③黄尘：指尘世。

④归去来兮：语出陶渊明《归去来辞》，表示归隐的意愿。

【评点与赏析】

春光明媚，花红柳绿。微雨初晴，绿草如茵。深院中系好了秋千，主人公尽情享受这大好春光。一时间功名之心尽去，宠辱皆忘，只想归隐田园，置身于大自然的怀抱。

〔中吕〕普天乐

叹光阴,如流水,区区终日①,枉用心机。辞是非,绝名利。笔砚诗书为活计②。乐齑盐稚子山妻③,茅舍数间,田园二顷,归去来兮。

【注释】
①区区:意为辛辛苦苦。
②活计:生活内容、谋生手段。
③齑(jī)盐:咸菜,菜酱,指清贫的生活。齑:原意为捣碎的姜、蒜、韭菜细末。山妻:对自己妻子的谦称。

【评点与赏析】
感叹光阴易逝,功名难成。表达隐逸田园的决心。田园生活虽然清贫,但自由超脱,别有乐趣。曲中也隐含着功名未就的愤愤之情。

李寿卿

李寿卿，生卒年不详。太原（今山西太原）人。曾任将仕郎等职。作杂剧十种，今仅存《伍员吹箫》、《度柳翠》两种。《叹骷髅》今存套曲。其他《斩韩信》、《远波亭》等七种全佚。朱权的《太和正音谱》中对李寿卿评价很高，书中"古今群英乐府格势"列出元代作家一百八十七人，李寿卿被排在第四，仅列在马致远、张可久、白朴三人之后。评论李寿卿的曲如"洞天春晓"，"雍容典雅，变化幽玄，造语不凡，非神仙中人，孰能致此"？遗憾的是，李寿卿的散曲，今仅存小令一首，后人难以了解他散曲的总体面貌。

〔双调〕寿阳曲

金刀利①，锦鲤肥②，更那堪玉葱纤细③。添得醋来风韵美，试尝道甚生滋味④。

【注释】

①金刀：刀的美称。
②锦鲤：颜色漂亮的鲤鱼。
③更那堪：再加上。
④甚生：什么。

【评点与赏析】

小令描写了一个日常生活情景——做熟了一条大鲤鱼，里面放上鲜葱和醋，尝尝是什么味道，肯定鲜美无比。描写得生动，富有情趣。这首小令在当时十分流行，《录鬼簿续编》记载，名姬刘婆媳筵间切脍，江西元帅兰楚芳随口唱此首曲的前三句，刘婆媳马上接唱后两句。

邓玉宾

邓玉宾,生平不详。曾任周知。《录鬼簿》将他列为"前辈已死名公有乐府行于世者。"称他为"邓玉宾同知"。《太和正音谱》评他的作品"如幽谷芳兰"。今存小令四首,套数四套。

〔正宫〕叨叨令

道 情

白云深处青山下,茅庵草舍无冬夏。闲来几句渔樵话①,困来一枕葫芦架。您省得也么哥②,您省得也么哥?煞强如风波千丈担惊怕③。

【注释】

①渔樵话:与渔夫樵夫聊天,说古论今。
②省:省悟,知道。也么哥:元曲中表示感叹的语气词。
③煞:很。

【评点与赏析】

描写隐居山林茅舍的自由自在的生活和轻松愉快的心情。对"风波千丈"的宦海心有余悸。这当是作者有感而发。

〔正宫〕叨叨令

道 情

一个空皮囊包裹着千重气①,一个干骷髅顶戴着十分罪②。为儿女使尽些拖刀计③,为家私费尽担山力。你省的也么哥,你省的也么哥,这一个长生道理何人会④?

【注释】

①空皮囊:指人的躯体。

②顶戴着十分罪:指承受各种磨难。

③拖刀计:本是古人作战中的一种计谋,即假装败逃,诱敌追赶,然后出其不意返身杀敌。此处意谓用尽心机。

④长生道理:指与前文相对的淡泊超脱的生活态度。

【评点与赏析】

这首曲表达了对世事艰辛、人生艰难的牢骚和感叹。比喻生动,描述率直,曲辞本色。

王伯成

王伯成,涿州(今河北涿县)人。生卒年不详。贾仲明为《录鬼簿》所写的吊词中说他是"马致远,忘年友,张仁卿,莫逆交。"可知他与马致远、张仁卿同时代,比马致远年轻。著有杂剧三种,今存《贬夜郎》一种,《兴刘灭项》有佚文,《泛浮槎》全佚。另著有《天宝遗事诸宫调》,贾仲明十分赞赏,称其为"世间无,天下少"的杰作,为现在仅存的三种诸宫调(另两种是《董解元西厢记诸宫调》和《刘知远诸宫调》)之一。今存小令两首,套数三套。

〔中吕〕阳春曲

别 情

多情去后香留枕①,好梦回时冷透衾。闷愁山重海来深。独自寝,夜雨百年心②。

【注释】

①多情:指恋人。
②夜雨百年心:夜里的雨声,引起满腹心事。

【评点与赏析】

这首曲写离情,缠绵动人。以相聚的温馨对照离别后的凄清,显出主人公的思念之情。用高山大海比喻离愁别恨,可见其深其重。末句"夜雨百年心",把主人公辗转反侧、不能入眠的情形和无限依恋的心情展露无遗。

白 贲

白贲,字无咎,号素轩,杭州钱塘(今浙江杭州)人。曾任平阳州教授、常州路知事、文林郎、南安路总管府经历等职。能曲善画。相传他作散曲《鹦鹉曲》后,传唱一时。当时著名散曲家王恽、卢挚、刘敏中、冯子振、张可久等纷纷和作,终未能取胜。《太和正音谱》将他的作品列入"最上品"。今存小令二首,套数三套,残套一首。

〔正宫〕鹦鹉曲

侬家鹦鹉洲边住①,是个不识字渔父。浪花中一叶扁舟,睡煞江南烟雨②。〔幺〕觉来时满眼青山,抖擞绿蓑归去。算从前错怨天公,甚也有安排我处③。

【注释】

①侬家:吴地方言,我家。鹦鹉洲:在湖北汉阳西南长江中,后被江水淹没。

②烟雨:濛濛细雨。

③甚也有:真也有。

【评点与赏析】

曲中塑造了一位怡情江湖,远离尘世的隐士形象。这位隐士在洒脱超然中,也流露出对命运不公的愤愤不平。末两句"算从前错怨天公,甚也有安排我处",显然是一种无可奈何的自嘲。吴梅《顾曲麈谈》卷上评论此首曲说:"此词亦不减'西塞山'风致也。""西塞山"指唐代张志和所作的《渔父》词,的确,这首小令对《渔父》词有继承也有发展。

阿里西瑛

阿里西瑛，生卒年不详。回族人。其父阿里耀卿也有散曲作品传世。曾居住吴城（今江苏苏州），取室号曰"懒云窝"。与当时著名散曲家贯云石、乔吉、卫立中、吴西逸等人皆有唱和。今存小令四首。

〔商调〕凉亭乐

叹　世

金乌玉兔走如梭[1]，看看的老了人呵[2]。有那等不识事的痴呆待怎么[3]？急回头迟了些儿个。

【注释】

①金乌玉兔：太阳月亮。
②看看的：眼看着。
③不识事：不懂事。

【评点与赏析】

用十分通俗的语言，说明时光飞逝、应该惜时如金的道理。不珍惜时间的人，一旦醒悟，将会后悔莫及。

〔双调〕殿前欢

懒云窝自叙[1]

懒云窝，醒时诗酒醉时歌，瑶琴不理抛书卧[2]，尽自磨陀[3]。想人生待什么，富贵似花开落，不落如何。呵呵笑我，我笑呵呵。

【注释】

①阿里西瑛作〔双调〕《殿前欢·懒云窝》组曲三首，这里所选的

是其中第二首。这个组曲前有作者自序:"西瑛有居号'懒云窝',以《殿前欢》调歌此以自述。"

②瑶琴:有玉饰的琴。

③磨陀:逍遥自在地度时光。

【评点与赏析】

描写摆脱一切世俗名利欲望束缚后的悠然、散淡的生活,以此表达对人生的看法。"富贵似花开落,不落如何"一句,说明作者认为富贵是虚幻不实的,是身外之物。犹如鲜艳的花,终有凋落的一天。看透了这一点,生活便可以超然自由了,再不必费尽心机为功名富贵去竞争拼搏。但是世人并不理解,就像主人公不理解那些终日沉醉在对名利的追逐中的人一样。这种生活态度,从一方面看,未免消极;但从另一方面看,表现出作者对当时社会的失望。

冯子振

冯子振（1257年—1337年），字海粟，自号怪怪道人，又号瀛洲客。攸州（今湖南攸县）人。官至承事郎、集贤待制。《元史》中说他性格"豪俊"，博学强记，才气纵横，下笔如神。他擅长草书，能作诗文，工于散曲，他的散曲作品很多，但多散佚。贯云石称赞其词"豪辣灏烂，不断古今"（《阳春白雪序》）。宋濂评论其词"横厉奋发"，"真一世之雄"（《宋学士文集·题冯子振居庸赋后》）。他留存下来的散曲中有四十二首〔正宫·鹦鹉曲〕，影响很大。今存散曲四十四首，著有《海粟集》。

〔正宫〕鹦鹉曲

山亭逸兴

嵯峨峰顶移家住①，是个不喞嚼樵父②。烂柯时树老无花③，叶叶枝枝风雨。〔幺〕故人曾唤我归来，却道不如休去。指门前万叠云山，是不费青蚨买处④。

【注释】

①嵯峨：形容山险峻的样子。

②不喞嚼：元代俗语，不伶俐、不精细。

③"烂柯"句：典出任昉《述异记》。晋王质入石室山砍柴，见几个童子边下棋边唱歌，童子递给王质一粒像枣核一样的东西，王质含着便不觉饥饿。王质看了一会棋，便发现他的斧柄已腐烂。王质回到家，世上已过去了一百年。

④青蚨：代指钱。典出干宝《搜神记》十三："南方有虫……名青蚨。……取其子，母即飞来，不以远近。虽潜取其子，母必知处。以母血涂钱八十一文，以子血涂钱八十一文，每市物，或先用母钱，或先用子钱，皆复飞归，轮转不已。"故后人以青蚨代指钱。

【评点与赏析】

这首曲刻画了一位鄙视功名利禄,向往渔樵生涯的士大夫形象。曲中表现了他旷达超然的心态。山野风光,不必用钱买,何况金钱买不来清静自在。逍遥恬淡与富贵荣华是不相容的。主人公毅然决然离开尘世,移家山顶,也表现出不满现实的情绪。

〔正宫〕鹦鹉曲

农夫渴雨

年年牛背扶犁住,近日最懊恼杀农父①。稻苗肥恰待抽花,渴杀青天雷雨。〔幺〕恨残霞不近人情,截断玉虹南去②。望人间三尺甘霖③,看一片闲云起处。

【注释】

①懊恼杀:非常恼恨。

②玉虹:彩虹。

③甘霖:好雨。

【评点与赏析】

写农夫盼雨的急切心情。以田为生,靠天吃饭,是千百年来农民的命运。久旱不下雨,对农民来说,真是性命攸关的大事。作者很能体会农民的甘苦,理解农民的心情,把农民盼雨时的焦急、无奈描写得淋漓尽致。

〔正宫〕鹦鹉曲

感　事

江湖难比山林住,种果父胜刺船父①。看春花又看秋花,不管颠风狂雨。〔幺〕尽人间白浪滔天,我自醉歌眠去。到中流手脚忙时,只靠着柴扉深处②。

【注释】

①"江湖"两句:在江湖上撑船的船夫,不如在山林中种果树的果农。刺船:撑船。

②柴扉:柴门。

【评点与赏析】

这首曲表现了一个常见的主题,即赞叹隐逸生活的逍遥自在。但构思巧妙,选择了一个别致的角度。曲中把船夫和果农相比,船夫成天在惊涛骇浪中冒险,担惊受怕,果农却成年在山林中优哉游哉,自由自在。实际上,这里作者以船夫喻在宦海中搏击的官僚,以果农喻隐居山林的隐士。看来,作者对宦海险恶、世事艰难是深有体会的。

刘 致

刘致(1258年?—1335年后),字时中,号逋斋,石州宁乡(今山西平阳)人。因其父为广州怀集令,死后葬在长沙,刘致寓居长沙。大德二年(1298年),翰林学士姚燧游长沙,颇赞赏刘致的文章,荐其为湖南宪府吏。后任永新州判、翰林待制、太常博士、江浙行省都事等职。诗今存八首,题为《时中集》,小令今存七十余首。

〔南吕〕四块玉

利尽收,名先有,得好休时便好休①。闲中自有闲中友②;门外山,湖上酒,林下叟③。

【注释】

①休:结束,完结。
②闲:闲居。
③叟:老头。

【评点与赏析】

本曲含有劝戒的意味。奉劝人们见好就收,适可而止。终日争名逐利的生活让人厌倦。而门外的青山美景,湖中船上的美酒佳肴,林中的闲散老翁,成了主人公最好的朋友。淡泊名利,寄情山水,表现出文人的清高。

〔南吕〕四块玉

佐国心①,拿云手②,命里无时莫强求。随缘过得休生受③。几叶绵,几匹绸,暖时候。

【注释】

①佐国：辅佐帝王治国。

②拿云：治理国家。

③随缘：听从命运安排。

【评点与赏析】

从表面上看，本曲表现出一种得过且过、随遇而安的处世态度，流露出一种听天由命的消极情绪。但稍加用心阅读，便可看出隐含其中的因怀才不遇、壮志难酬而发的郁郁不平之气。胸有大志，腹有良谋的人才不得重用，反映出当时统治者的昏庸，从一个侧面揭露了黑暗的社会现实。

〔南吕〕四块玉

官况甜①，公途险②。虎豹重关整威严，仇多恩少皆堪叹。业贯盈③，横祸满，无处闪④。

【注释】

①官况甜：作官得利。

②公途险：仕途凶险。

③业贯盈：恶贯满盈。

④无处闪：无处躲避。

【评点与赏析】

这首曲集中概括了官场生涯的普遍状况。身居高位，自有许多常人得不到的好处。然而与此同时，却处处埋伏着祸端。混迹官场，无时无刻不在明争暗斗、尔虞我诈中挣扎。再加上为官者，有几个不贪赃受贿？有几个不搜刮百姓？到头来恶贯满盈，招来横祸，难有善终。作者清醒地看到了这一点，可算是个明白人。

〔南吕〕四块玉

看野花,携村酒,烦恼如何到心头。红缨白马难消受①。二顷田,两只牛,饱时候。

【注释】
①红缨白马:指做官。难消受:受不了,难以享受。

【评点与赏析】
这首曲表达了作者不愿置身于官场,而宁愿过自食其力、无忧无虑的田园生活的想法。"红缨白马难消受"概括地说出了官场中人表面春风得意、潇洒自在,实则明争暗斗,朝不保夕的苦不堪言的烦恼。

〔中吕〕山坡羊

燕城述怀①

云山有意②,轩裳无计③,被西风吹断功名泪。去来兮④,再休提,青山尽解招人醉。得失到头皆物理⑤。得,他命里;失,咱命里。

【注释】
①燕城:今北京城。
②云山:指隐士居住处。
③轩裳:古代官僚的车马衣服,此处借指官位。
④去来兮:去职归田。陶渊明《归去来辞》中有"归去来兮"句。
⑤物理:事物的道理。

【评点与赏析】
这是一首感叹身世命运的小令。因为求取功名的失败,冷却了一度热烈的功名之心,萌发了归隐山林的念头。尽管作者自我解慰:"得失到头皆物理",说明得失胜负命里注定的道理,但不难从中感受到一股愤愤不平的情绪。

〔双调〕殿前欢

醉颜酡①,太翁庄上走如梭。门前几个官人坐,有虎皮驮驮②。呼王留唤伴哥③,无一个,空叫得喉咙破。人踏了瓜果,马践了田禾。

【注释】
①醉颜酡(tuó):喝醉了酒脸发红。酡:喝酒后脸色红。
②虎皮驮驮:虎皮包。
③王留、伴哥:当时农村中常用的人名。

【评点与赏析】
这首曲抨击了官吏的骄横无忌。他们到处吃喝、搜刮,还糟踏瓜果、庄稼,闹得乡里鸡犬不宁。曲中"呼王留唤伴哥,无一个,空叫得喉咙破"一句,反映出老百姓对这些恶吏又恨又怕的情绪,以及对他们惹不起,躲得起的疏远态度。

贯云石

贯云石（1286年—1324年），本名贯·小云石海涯，号酸斋，又号芦花道人。维吾尔族人。祖父阿里海涯是元代开国功臣之一，父亲贯只哥也曾居显位。贯云石自幼武艺出众，尤善骑射。初袭官为两淮万户府达鲁花赤，镇守永州（今湖南零陵）。后将爵位让给其弟忽都海涯，弃武从文，拜姚燧为师学习诗文。仁宗时，曾任翰林侍读学士、中奉大夫、知制诰同修国史等职，后托病辞官南下，隐居江南。他在诗、文、曲、书法诸方面的成就都颇可观，尤其是曲，风格豪放，笔调明快，艺术上取得较高成就。现存小令七十九首，套曲八套。

〔正宫〕小梁州

秋①

芙蓉映水菊花黄，满目秋光。枯荷叶底鹭鸶藏。金风荡②，飘动桂枝香。　雷峰塔畔登高望③，见钱塘一派长江。湖水清，江潮漾。天边斜月，新雁两三行。

【注释】

①作者曾寄居杭州十年，此间，作者以春、夏、秋、冬为题，用〔正宫·小梁州〕曲调，描写杭州西湖四季景色，本篇为其中的一首。

②金风：秋风。

③雷峰塔：最初为五代时吴越王钱俶妃黄氏建，故址在杭州西湖南屏山，1924年9月倒塌。

【评点与赏析】

这支曲着力描绘西湖的秋景。作者紧紧围绕水展开描写，水面的枯荷，戏水的鹭鸶，清澈的湖水，微漾的江波，无不展示着江南水乡秋天独有的魅力。曲中的景物描写由近及远,有静有动,疏密相间,错落有致。"新雁两三行"一句颇有情致,给秋景增添了清新活泼的气氛。

〔双调〕清江引

惜　别

若还与他相见时,道个真传示①。不是不修书②,不是无才思,绕清江买不得天样纸③。

【注释】

①真传示:真实情况,真实的话。
②修书:写信。
③绕清江买不得天样纸:绕着清江找也买不到天那样大的纸。清江,在江西,那一地区以产纸著称。

【评点与赏析】

这首小令的妙处全在于用了一个极夸张的比喻。把久无音信的原因归于没有天一样大的纸来书写。出人意料之外,又在情理之中。构思新巧别致,语言明白如话,全无"愁"、"怨"等写离别相思的常用语,深沉的感情尽在纸短情长的比喻之中。

〔双调〕清江引

弃微名去来心快哉!一笑白云外①。知音三五人,痛饮何妨碍?醉袍袖舞嫌天地窄。

【注释】

①白云外:指远离尘世。

◎贯云石

【评点与赏析】

功名仕途是封建时代多少人毕生追求的目标，而这首曲中纵情讴歌的是浪迹山野、会友欢饮的自由不羁的生活。作者青年时便踏上仕途，英年辞官隐居，显然他对官场虚伪、仕途险恶有着深切的体会和清醒的认识。这首曲的风格豪放畅达，朱权《太和正音谱》评论说："如天马脱羁"，是恰当的。

〔双调〕清江引

竞功名有如车下坡①，惊险谁参破②？昨日玉堂臣③，今日遭残祸。争如我避风波走在安乐窝④。

【注释】

①竞：竞争，争夺。
②参破：佛家语，看透。
③玉堂臣：朝廷中的高官。玉堂：原为汉代殿名，也用作宫殿的美称，唐宋以后，称翰林院为玉堂。
④争如：怎如。

【评点与赏析】

这首曲中把追求功名，官场角逐比作车下坡，这个比喻很新奇，也很形象。车下坡时难以驾驭，身不由己，危险万分，这种情形犹如身在官场，祸福难测，朝不保夕。作者由此发出感慨，与其这样担惊受怕，不如退隐回家，过自由平安的生活。

〔双调〕寿阳曲

鱼吹浪，雁落沙，倚吴山翠屏高挂①。看江潮鼓声千万家，卷珠帘玉人如画③。

【注释】

①吴山：山名，位于杭州西湖东南，因为春秋时曾为吴国南界，故名。

②玉人：对女子的美称。

【评点与赏析】

这首曲描写钱塘江潮起的胜景和杭州百姓八月中旬观潮的热闹场面。作者无论描写奔涌的江潮还是描写观潮的人群，都抓住了富于表现力的具体形象，如浪中的鱼，沙滩上的雁，帘中的人，十分传神。

〔双调〕寿阳曲

新秋至，人乍别①，顺长江水流残月。悠悠画船东去也②，这思量起头儿一夜。

【注释】

①乍：忽然，刚刚。

②悠悠：遥远。画船：装饰华美的船。

【评点与赏析】

这首曲写送别的情景和惜别的感情，情景交融。秋色、江水、残月都烘托了离情别绪。末句"这思量起头儿一夜"，恰切、形象地表达了离别后怅惘、空寂和感伤的情绪。心上人乘船随着流逝的江水而去，思念的煎熬将如同江水绵绵不断。离别的日子刚开始，思念是没有尽头的，这十分质朴的一句话，让人回味无穷。

◎贯云石

〔双调〕殿前欢

楚怀王①，忠臣跳入汨罗江②。《离骚》读罢空惆怅，日月同光③。伤心来笑一场，笑你个三闾强④，为甚不身心放。沧浪污你？你污沧浪⑤？

【注释】

①楚怀王：战国时楚国君主，公元前328年—公元前298年在位。

②忠臣跳入汨罗江：楚怀王宠幸奸臣，听信谗言，贬逐屈原。屈原宁折不弯，含冤投汨罗江而死。

③"《离骚》读罢空惆怅"二句：司马迁在《史记·屈原贾生列传》中称赞屈原的《离骚》，说《离骚》可"与日月争光"。

④三闾：指屈原。屈原曾任三闾大夫。

⑤"沧浪污你"二句：《孟子·离娄》："有孺子歌曰：'沧浪之水清兮，可以濯我缨，沧浪之水浊兮，可以濯我足'。"沧浪：泛指江水。

【评点与赏析】

这是一篇咏叹历史之作。作者长歌当哭，正话反说，哭笑之间表达了极其复杂的思想情绪。对于投江而死的屈原，作者既叹服他的忠贞不屈，赞赏他的才华横溢，又惋惜他的愚忠不化，抒发了对忠臣英才被扼杀的愤懑之情。

〔双调〕殿前欢

隔帘听，几番风送卖花声。夜来微雨天阶净①。小院闲庭，轻寒翠袖生。穿芳径②，十二阑干凭③。杏花疏影，杨柳新晴。

【注释】

①天阶：台阶的美称。

②芳径：花草丛中的小路。

③十二阑干：形容阑干曲折。凭：靠。

【评点与赏析】

  这首曲描写乍暖还寒时节清晨的景色。全曲并无一个春字，却处处让人感到浓郁的春天的气息。"夜来微雨"写出了"润物细无声"的春雨的轻柔，"杨柳新晴"照应前面的"夜来微雨"，表现出明媚春光中主人公的喜悦之情。

鲜于必仁

鲜于必仁，字去矜，号苦斋，蓟州渔阳（今天津蓟县）人。是文学家鲜于枢之子，生平不详。擅长散曲，今存小令二十九首。

〔中吕〕普天乐

平沙落雁

稻粱收，菰蒲秀①。山光凝暮，江影涵秋②。潮平远水宽，天阔孤帆瘦。雁阵惊寒埋云岫③，下长空飞满沧洲。西风渡头，斜阳岸口，不尽诗愁。

【注释】

①菰：茭白。蒲：一种水草。
②"山光凝暮"两句：山峰江流都笼罩在秋天的暮色中。
③云岫：山状的云。岫：山穴。

【评点与赏析】

作者用深情的笔墨，描绘了秋日傍晚的江边景色。意境开阔，景色秀美。山高水远，暮色苍茫，其中弥漫着游子淡淡的愁思。

〔双调〕折桂令

芦沟晓月①

出都门鞭影摇红，山色空濛，林景玲珑。桥俯危波，车通远塞，栏倚长空。起宿霭千寻卧龙②，掣流云万丈垂虹③。路杳疏钟，似蚁行人，如步蟾宫④。

○岁寒图卷

（明）钱贡

西山晴雪⑤

玉嵯峨高耸神京,峭壁排银,叠石飞琼。地展雄藩⑥,天开图画,户判围屏。分曙色流云有影,冻晴光老树无声。醉眼空惊,樵子归来⑦,蓑笠青青。

【注释】

①芦沟晓月:芦沟桥黎明景色,为元代燕山(今北京地区)八景之一。芦沟桥在今北京市西南,金大定(1161年—1189年)时建,横跨永定河上。

②起宿霭千寻卧龙:宿霭,隔夜的云气。寻:古代长度单位,八尺为一寻。卧龙:指芦沟桥。

③掣:拽,拉。垂虹:形容芦沟桥。

④蟾宫:月宫。传说月中有蟾蜍,故称。

⑤西山晴雪:元代燕山八景之一。西山在今北京市西北。

⑥雄藩:雄伟的屏障。

⑦樵子:砍柴的人。

【评点与赏析】

鲜于必仁曾作"燕山八景"组曲,描绘了元代北京地区的名胜风光,在元代散曲中可算是别开生面的作品。此处选了两首,前首歌咏"芦沟晓月",描写芦沟桥的晨景,视野开阔。从远处的山林写到芦沟桥的雄伟壮观,再写行人走在桥上飘然欲仙,如临仙境的感受,很是引人入胜。

第二首赞美西山雪后初晴的景色,颇为壮丽。巍巍西山,如玉镶银裹一般,"分曙色流云有影,冻晴光老树无声"两句,描写阳光从流云中射出,照在白雪覆盖的山林老树上,一片寂静。有如展示了一幅色调明朗的水粉画,使人产生身临其境之感。两首曲语言典雅,对仗工整,有词的韵味。

张养浩

张养浩（1270年—1329年），字希孟，号云庄，济南历城（今山东济南）人。自幼好读书，有义行，被荐为御史台椽，选授堂邑县尹。元武宗年间，任监察御史，因上疏议论时政，被构罪罢官。元仁宗时复出，任礼部尚书。英宗年间，为回乡奉养父亲而辞官，屡召不就。文宗天历二年，关中大旱，特拜陕西行台中丞，前往救灾。到任后，即赈济饥民，抑制豪强，整顿政事，终于积劳成疾。四个月后便卒于任上。明人尹旻在其墓碑上题辞："风绰高致，节全始终。名留天地，齐鲁一人"，概括他一生的为人。

他是元代初期著名散曲作家，著有散曲集《云庄休居自适小乐府》。他的散曲作品凝练生动，流畅传神。《全元散曲》收录其小令一百六十一首，套曲二套。

〔中吕〕朱履曲

那的是为官荣贵，止不过多吃些筵席，更不呵安插些旧相知。家庭中添些盖作①，囊箧里攒些东西②。叫好人每看做甚的③。

【注释】

①盖作：铺盖、用具。

②囊箧（qiè）：包裹、箱子。箧：小箱子。攒：积蓄。

③每：们。

【评点与赏析】

这首曲以辛辣尖刻的笔调，道出了"为官荣贵"的实质，无情地揭露了官场中狗苟蝇营之辈的丑恶嘴脸。曲中不厌其详地罗列出官僚们"吃些筵席"、"安插些旧相知"、"添些盖作"、"攒些东西"等极琐碎、平庸的日常作为，嬉笑怒骂尽含其中。末句"叫好人每看做甚的"

总括全篇,表达了作者强烈的义愤之情。

〔中吕〕山坡羊

潼关怀古

峰峦如聚,波涛如怒,山河表里潼关路①。望西都②,意踟蹰③。伤心秦汉经行处,宫阙万间都做了土。兴,百姓苦;亡,百姓苦。

【注释】

①山河表里潼关路:潼关内有华山,外有黄河,故曰"山河表里"。潼关:古代名关,在今陕西省潼关县北。关城雄踞山腰,下临黄河,十分险要。

②西都:指关中地区。秦、汉、隋、唐等朝都建都于这片地方。

③踟蹰:原意是犹豫、徘徊。此处形容心情不平静。

【评点与赏析】

封建盛世,帝王大兴土木,营造奢华宫殿,百姓不堪奴役之苦;王朝衰亡,豪强争霸,百姓饱受战火之苦。兴盛也罢,衰败也罢,带给人民的是无穷无尽的灾难。这首曲以寥寥数语,道出了深刻的历史哲理。吊古伤今,感叹兴亡,原是古代文人笔下常见的主题,但像这首小令这样,着眼于老百姓的命运,简明透彻地写出历史的真相,是不多见的。所以,这首曲广为流传,是元代散曲中的杰作。

〔中吕〕山坡羊

骊山怀古

骊山四顾①,阿房一炬②,当时奢侈今何处?只见草萧疏,水萦纡③,至今遗恨迷烟树。列国周齐秦汉楚,赢,都变做了土;输,都变做了土。

张养浩

【注释】

①骊山：在今陕西省临潼县东南。

②阿房一炬：阿房宫是秦始皇时所建的宫殿，规模宏大，占地方圆数百里。公元前206年12月，项羽攻入秦都咸阳，放火烧阿房宫，大火连续烧了三个月，阿房宫被毁于一炬。杜牧的《阿房宫赋》中有"楚人一炬，可怜焦土"之语。

③萦纡：纡迴曲折。

【评点与赏析】

这是作者晚年去陕西赈饥时所作。富丽奢华的阿房宫已化为灰烬，遗迹难以寻觅。身临其境，感慨良多。什么万世基业，多少富贵显赫，都随着时代的变迁化为尘土。作品对列强争霸、大张挞伐是持否定态度的，但对历史也表现出虚无主义的消极看法。

〔中吕〕山坡羊

述 怀

无官何患①。无钱何惮②！休教无德人轻慢。你便列朝班③，铸铜山④，止不过只为衣和饭，腹内不饥身上暖。官，君莫想；钱，君莫想。

【注释】

①患：忧虑。

②惮：怕。

③列朝班：指在朝廷做官。

④铸铜山：指极其富有。古代的钱用铜铸成。

【评点与赏析】

这首曲表明了作者的人生态度和处世哲学。淡泊名利，注重品行，是作者对人生深刻体会、透彻领悟后提出的生活准则。曲辞朴实无华，但却铮铮有声,闪耀着人格的光彩。

〔中吕〕喜春来

路逢饿莩须亲问①,道遇流民必细询②,满城都道好官人。还自哂③,只落的白发满头新。

【注释】
①饿莩:饿死的人。问:慰问。
②流民:灾荒年流离失所的人。
③哂:微笑,嘲笑。

【评点与赏析】
作者为人正直不阿,为官勤政爱民,颇有政声。《元史》载:他死后,"关中之人,哀之如失父母。"曲中所描写的当是他所作所为的写照。尽管鞠躬尽瘁,辛勤工作,满头飞霜,但仍然路有饿莩,道有流民,这难以让人心安;尽管"满城都道好官人",但他仍然深深自责。曲中塑造了一位忧国忧民的官员形象。

〔双调〕落梅引

野水明于月①,沙鸥闲似云,喜村深地偏人静。带烟霞半山斜照影②,都变做满川诗兴。

【注释】
①明于月:比月光还亮。
②烟霞:雾霭和霞光。

【评点与赏析】
这是一幅恬静的山村风景画。波光粼粼的流水,悠闲的沙鸥,静寂的村落，夕阳斜照下的山峦。诗人被这些景致所吸引，为这种幽静而沉醉，被激发起浓浓的诗兴。

〔双调〕水仙子

中年才过便休官，合共神仙一样看。出门来山水相留恋，倒大来耳根清眼界宽。细寻思这的是真欢。黄金带缠着忧患，紫罗襕裹着祸端①，怎如俺藜杖藤冠②。

【注释】

①黄金带、紫罗襕：古代高级官员穿着的服装，代指做官，身居高位。

②藜杖藤冠：指过隐居生活。

【评点与赏析】

人到中年正是事业发达的时期，作者休官还乡，非但没有失落惆怅的感觉，反而充满由衷的喜悦。曲中道出了个中原委。仕途险恶，官场倾轧，身居其中，每时每刻如履薄冰。相比之下，布衣藤冠的乡村生活格外令人神往。作者在官场几进几出，这些感受显然是发自内心的。

康进之

康进之,生平事迹不详,棣州(今山东惠民)人。著有杂剧二种,都是李逵戏。《老收心》已佚,《李逵负荆》今存。

〔仙吕〕混江龙

可正是清明时候,却言风雨替花愁。和风渐起,暮雨初收,俺则见杨柳半藏沽酒市①,桃花深映钓鱼舟。更和这碧粼粼春水波纹皱,有往来社燕②,远近沙鸥。

【注释】

①则见:只见。沽酒市:卖酒的人家,酒店。
②社燕:燕子,燕子春社飞到北方,秋社飞往南方,故称社燕。

【评点与赏析】

这支曲选自杂剧《梁山泊李逵负荆》第一折。这个剧的剧情是,李逵下山踏青,得知酒店主王林的女儿被抢,误以为是宋江和鲁智深强抢民女,便怒从心起,大闹聚义堂。后来误会解除,李逵向宋江、鲁智深负荆请罪。剧中刻画了李逵正直率真、嫉恶如仇的性格。这首曲是李逵下山时所唱,他被沿途醉人的春色所吸引,尽情欣赏迷人的水色山光。明代孟称舜评论此剧说:"曲语句句当行,手笔绝高绝老"(《酹江集》),是符合实情的。

尚仲贤

尚仲贤，真定（今河北正定）人，曾作江浙行省务官。著有杂剧十种，今存《柳毅传书》、《三夺槊》、《气英布》和《诸葛论功》四种。《负桂英》、《归去来兮》、《越娘背灯》有佚曲存留。

〔正宫〕倘秀才

【倘秀才】面对着青山故友，眼不见白衣送酒①，我则怕明日黄花蝶也愁②。好教我情绪懒，意难酬，无言低首。

【灵寿杖】西风落叶山容瘦，呀呀的雁过南楼，霜满汀洲③，水痕渐收。山泼黛层层崄④，水泛碧粼粼皱。记得是清明三月三，不觉又重阳九月九。

【注释】

①白衣送酒：江州刺史王弘曾派白衣小吏给陶渊明送酒。

②"我则怕"句：苏轼〔南乡子〕《重九涵辉楼呈徐君猷》词中有"万事到头都是梦，休休，明日黄花蝶也愁"句，此用其句意。

③汀洲：水中小洲。

④泼黛：染上深青色。崄（xiǎn）：同"险"。

【评点与赏析】

选自《陶渊明归去来兮》第四折。这个剧全剧已佚，这两首曲见明初朱权的《太和正音谱》。剧情当是写陶渊明弃官归隐的事迹。这两首曲描写陶渊明在重阳节回忆、怀念故人往事，抒发对时光流逝的感叹和惋惜。文字活泼清新，意蕴深长。清代李调元在《雨村曲话》中赞赏："尚仲贤《归去来兮》'西风落叶山容瘦，呀呀的雁过南楼'，俊语也。"

金仁杰

金仁杰(？—1329年),字志甫,杭州(今浙江杭州)人。天历元年(1328年)授建康崇宁务官,次年卒。所作杂剧有《追韩信》、《东窗事犯》等七种,今仅存《追韩信》一种。

〔双调〕沉醉东风

干功名千难万难①,求身仕两次三番②。前番离了楚国③,今次又别炎汉④,不觉得皓首苍颜⑤,就月朗回头把剑看,忽然伤感,默上心来,百忙里揾不干我英雄泪眼⑥。

【注释】

①干:求取。
②求身仕:求官职,受重用。
③楚国:指项羽。
④炎汉:指刘邦。
⑤皓首苍颜:形容年老。皓首:白头。
⑥揾:擦。

【评点与赏析】

这首曲选自《萧何月下追韩信》杂剧第二折。《追韩信》一剧描写了韩信从乞食、求仕到拜将立功的故事,其中第二折最为著名。这首曲描写韩信志不得伸,不得不离开刘邦后的悲凉心情。人物的动作描写和心理刻画相辅相成,勾画出主人公思绪万千的情状。

郑光祖

郑光祖，字德辉，晋宁襄陵（今山西襄汾）人。为人方直，曾任杭州路吏。他是元代杰出的戏曲作家，周德清在《中原音韵》中把他与关汉卿、白朴、马致远并列，后人依此说法，称他为元曲四大家之一。著有杂剧十八种，今存《王粲登楼》、《倩女离魂》等八种，散曲今存六支小令，三套套曲。

〔中吕〕迎仙客

日长也愁更长，红稀也信尤稀①。春归也奄然人未归②。我则道相别也数十年，我则道相隔着几万里。为数归期，则那竹院里刻遍琅玕翠③。

【注释】

①红稀：指春天已过，花将落尽。

②奄然：奄通"淹"，停留，停滞。

③琅玕（láng gān）：一种美石，此处形容竹子如翠玉。

【评点与赏析】

这首曲选自杂剧《迷青琐倩女离魂》第三折。《倩女离魂》的故事来自唐代陈玄祐的传奇小说《离魂记》，描写张倩女和王文举生死不渝的爱情。这首曲描写王文举去赴考后，张倩女在家中苦苦盼望王生归来的急切心情。为了计算离别的日子，张倩女在院中的竹子上刻记号，居然把竹子都刻遍了。这个细节很富于表现力，把女主人公的期盼和失望的心情表现无遗。郑光祖是元曲作家中文采派的代表人物，这首曲，便一定程度地显示出他的曲作文词秀丽的风格。

曾 瑞

曾瑞（？—1330年前），字瑞卿，自号褐夫，大都大兴（今北京大兴）人。性格清高，因"志不屈物"而终生不仕。后移居杭州。他在当时声誉卓著，《录鬼簿》记载，他"神采卓异"，"临终之日，诣门吊者以千数"。著有杂剧《才子佳人误元宵》，今存。有散曲集《诗酒余音》，今已佚。今存小令九十余首，套数十七套。

〔南吕〕骂玉郎带感皇恩采茶歌

闺中闻杜鹃

无情杜宇闲淘气①，头直上耳根底，声声聒得人心碎②。你怎知，我就里③，愁无际？

帘幕低垂，重门深闭。曲阑边，雕檐外，画楼西。把春酲唤起④，将晓梦惊回。无明夜⑤，闲聒噪，厮禁持⑥。

我几曾离、这绣罗帏？没来由劝我道"不如归"！狂客江南正着迷，这声儿好去对俺那人啼。

【注释】

①杜宇：即杜鹃。相传古代蜀国国王名杜宇，号望帝。死后灵魂化为杜鹃，不断啼鸣。啼声悲凄，像是说"不如归去"。后代诗人常用它的叫声来比喻离情别绪和思归之情。

②聒：啼叫声吵闹刺耳，让人心烦。

③就里：内心想法。

④春酲（chéng）：春天的慵懒、困倦。酲：酒后迷迷糊糊的样子。

⑤无明夜：没日没夜，连续不断。

⑥厮禁持：相折磨。

【评点与赏析】

这首带过曲写少妇的闺中情思。作者选择了一个别致的角度。窗外的杜鹃鸣叫声，勾起了她对远在江南的情人的满腹思念和因迟迟不归而起的深深埋怨。全曲用与杜鹃鸟对话的形式来表现她内心缠绵的情思，十分生动，富有情趣。结尾的四句别出心裁，看似在埋怨杜鹃鸟啼叫找错了对象，实际写出了对远方情人的深切的感情。李开先在《词谑·词尾》中认为这首曲的结尾达到了优秀"词尾"的艺术水平。他指出好的"词尾"应是"豹尾"，"必须急併响亮，含有余不尽之意"。这四句被列举为符合这一标准的范例。

〔南吕〕四块玉

述 怀

冠世才①，安邦策②，无用空怀土中埋。有人跳出红尘外。七里滩③，五柳宅④，名万载。

【注释】

①冠世才：超凡的才华。

②安邦策：治国的计策。

③七里滩：也叫严陵濑，东汉严子陵（名严光）隐居垂钓的地方。

④五柳宅：东晋陶渊明隐退归田的住所。

【评点与赏析】

对空有才能，志不能伸发出感叹，表现出强烈的不平之气。在报国无门的情况下，跳出红尘，隐退江湖才是明智的。这是无可奈何的选择。

〔中吕〕山坡羊

自 叹

南山空灿，白石空烂①，星移物换愁无限。隔重关②，困尘寰，几番眉锁空长叹，百事不成羞又报。闲，一梦残；干，两鬓斑。

【注释】

①"南山空灿"两句：借宁戚的故事，抒发怀才不遇的感叹。春秋时，宁戚满腹经纶，未被起用。一天，宁戚在城外住宿，恰逢齐桓公夜里出城门迎接宾客。此时宁戚正在喂牛，便敲着牛角唱道："南山矸，白石烂，生不逢尧与舜禅。短布单衣适至骭，从昏饭牛薄夜半。长夜漫漫何时旦。"齐桓公听后认为他不同凡人，便让他一起回朝廷，授给他官职。

②隔重关：指进取功名施展抱负的路，关隘重重。

【评点与赏析】

本曲是作者对自己政治上不得意所发的感叹。事业无成，岁月流逝，想一展抱负，但看不到希望。"一梦残"形象地写明了壮志难酬的悲哀。想再追求，无奈已经"两鬓斑"，老之将至。全曲流露出一种矛盾、彷徨、无奈的情绪。

〔中吕〕喜春来

江村即事

女儿收网临江哆①，稚子垂钓靠岸沙，笛声惊雁出蒹葭②。清淡煞，衰柳缆鱼槎③。

【注释】

①江哆（chǐ）：江口。

②蒹葭：芦苇。

③鱼槎（chá）：渔船。

【评点与赏析】

这是一幅安详、闲淡而又充满活力的渔家生活图景，诗人描绘得既生动又美好。诗人感叹渔家生活"清淡煞"，实际上是文人们对渔家生活的表面印象和主观感受，他们并不一定了解渔民生活的真正内容。这种"清淡"如果是与官场尔虞我诈、血腥倾轧相对而言的话，也不无道理。

◎曾瑞

睢景臣

睢景臣，一作睢舜臣，字景贤，一作嘉贤，扬州（今江苏扬州）人。寓居杭州。生卒年不详。钟嗣成《录鬼簿》将他列入"方今已亡名公才人，余相知者"之中。心性聪明，读书勤奋，酷嗜音律。著有杂剧《千里投人》、《莺莺牡丹记》、《楚大夫屈原投江》三种，均失传。《嘉庆扬州府志》卷六十二《艺文·集部·别集类》著录《睢景臣词》一卷，亦不传。今存套曲三套，残曲四句。

套数

〔般涉调〕哨遍

高祖还乡①

【哨遍】社长排门告示②，但有的差使无推故③。这差使不寻俗：一壁厢纳草除根④，一边又要差夫，索应付⑤。又言是车驾，都说是銮舆⑥，今日还乡故。王乡老执定瓦台盘⑦，赵忙郎抱着酒葫芦。新刷来的头巾⑧，恰糨来的绸衫⑨，畅好是妆幺大户⑩。

【耍孩儿】瞎王留引定火乔男女⑪，胡踢蹬吹笛擂鼓⑫。见一彪人马到庄门，劈头里几面旗舒。一面旗白胡阑套住个迎霜兔⑬，一面旗红曲连打着个毕月乌⑭，一面旗鸡学舞⑮，一面旗狗生双翅⑯，一面旗蛇缠葫芦⑰。

【五煞】红漆了叉，银铮了斧，甜瓜苦瓜黄金镀⑱。明晃晃马镫枪尖上挑⑲，白雪雪鹅毛扇上铺⑳。这几个乔人物，拿着些不曾见的器仗，穿着些大作怪衣服。

【四煞】辕条上都是马，套顶上不见驴㉑，黄罗伞柄天生曲㉒。车前八个天曹判㉓，车后若干递送夫㉔。更几个多娇女，一般穿着，一样妆梳。

【三煞】那大汉下的车㉕，众人施礼数。那大汉觑得人如无物㉖。众乡老展脚舒腰拜，那大汉挪身着手扶。猛可里抬头觑㉗，觑多时认得，险气破我胸脯!

【二煞】你身须姓刘,你妻须姓吕②,把你两家儿根脚从头数。你本身做亭长耽几盏酒㉙,你丈人教村学读几卷书。曾在俺庄东住,也曾与我喂牛切草,拽耙扶锄。

【一煞】春采了桑,冬借了俺粟,零支了米麦无重数㉚。换田契强秤了麻三秤,还酒债偷量了豆几斛㉛。有甚胡涂处?明标着册历㉜,现放着文书。

【尾声】少我的钱,差发内旋拨还㉝,欠我的粟,税粮中私准除㉞。只道刘三谁肯把你揪捽住㉟?白甚么改了姓更了名,唤做汉高祖㊱!

【注释】

①高祖还乡:指汉高祖刘邦于公元前195年10月,平定淮南王英布后,回程中途经故乡江苏沛县一事。《史记·高祖本纪》记述了这件事。

②社长排门告示:社长挨家挨户通知。社:古代地方按区域划的基本单位。元制:五十家为一社。

③无推故:不得借故推托。

④一壁厢:一方面。纳草:交纳草料。"除根",一作"也根"。

⑤索应付:必须认真对待。索:须。

⑥銮舆:皇帝乘坐的车轿,此处代指皇帝。

⑦瓦台盘:陶制托盘。

⑧刷:刷洗。

⑨糨:浆洗。衣服洗净后用米汤再浸洗一遍,可使衣服平整无皱,叫糨衣服。

⑩妆么大户:装模作样的大户。

⑪火:同"伙"。乔男女:犹如说坏家伙。

⑫胡踢蹬:胡乱。

⑬白胡阑:白色的环。胡阑:环的合音。这句描写月旗。

⑭"一面旗红曲连"句:这句形容日旗。曲连:圈的合音。毕月乌:日旗上画的乌鸦。传说日中有三足乌,故红圈圈住乌鸦代表日。

⑮鸡学舞:指仪仗中的凤凰旗。

⑯狗生双翅:仪仗中的飞虎旗。

⑰蛇缠葫芦：指仪仗中的蟠龙旗。

⑱"甜瓜苦瓜"句：指镀金的锤，即金瓜锤。锤：古代兵器的一种，此处作为仪仗。

⑲明晃晃马镫枪尖上挑：即朝天镫，帝王出行的仪仗。

⑳白雪雪鹅毛扇上铺：鹅毛宫扇。一种仪仗。

㉑套顶上不见驴：因为农民多用驴驾车，故对用马拉车表示惊奇。套顶：套车的绳。

㉒黄罗伞柄天生曲：黄罗伞也是帝王出行的仪仗的一种。形状如伞，柄是弯曲的。

㉓天曹判：天上的判官。形容随行的官员威风凛凛，表情呆滞。

㉔递送夫：在皇帝车驾边前后奔走伏侍的人。

㉕那大汉：指刘邦。

㉖觑：看。

㉗猛可里：猛然间。

㉘你妻须姓吕：刘邦的妻子姓吕，名雉，即吕后。

㉙亭长：秦制，十里为一亭，十亭为一乡。刘邦曾任泗上亭长。耽：嗜好。

㉚零支：零零碎碎地借贷。

㉛斛（hú）：古代量器。古制十斗为一斛，后以五斗为一斛。

㉜册历：账本。

㉝差发内旋拨还：在官差项里立即扣除。

㉞私准除：私下扣除。

㉟刘三：刘邦。刘邦排行第三。

㊱白甚么：说什么。

【评点与赏析】

　　这首套曲是元代散曲中的名篇。钟嗣成的《录鬼簿》中说："维扬诸公，俱作《高祖还乡》套数，公【哨遍】制作新奇，诸公皆出其下。"据此可知，睢景臣的《高祖还乡》套曲在当时便颇负盛名。据《史记·高祖本纪》记载，刘邦当皇帝后，确实曾经衣锦还乡。在故乡沛地宴请父老乡亲，痛饮之余，击筑高歌《大风歌》。这首套曲的新奇之处在于，它并不正面描写刘邦"威加海内兮归故乡"的威风和荣耀，而是用诙谐风趣的笔调,以十分通俗的语言,以一个乡民的口吻来写刘邦回乡的场面和刘邦的身世。于是,原本似乎很神圣的乡官的认真准备,皇帝身边庄严的百官仪仗,都显得莫名其妙、稀奇古怪、滑稽可笑。当这位乡民猛然间发现这位威严的"大汉"便是他熟悉的刘三时,曲辞的基调便从奚落嘲谑变为愤怒斥责。这位皇帝过去的种种劣行,诸如欠债不还,明抢暗扣,好酒贪杯等等,都随着乡民的嬉笑怒骂被揭露出来,一扫罩在皇帝身上的神圣光环。这种写法,在君权至上的古代是十分罕见的。从艺术上说,曲中以不屑的语气,用极普通的乡间俗物,来形容比喻极其庄严崇高的君王以及他身边的一切,造成了浓烈的幽默效果。所以说这首曲对讽刺手法的运用是成功的。它堪称元代散曲中的杰作。

周文质

周文质（1280年？—1334年），字仲彬，祖籍建德（今属浙江），移居杭州（今浙江杭州）。曾任路吏。多才多艺，擅长绘画、歌舞、音乐等。与钟嗣成为好友，交往二十余年。《录鬼簿》中说他"性尚豪侠"、"体貌清癯"、"文笔新奇"，其散曲风格明快洒脱。著有杂剧《苏武还朝》（尚存残本）、《春风杜韦娘》（佚）、《孙武子教女兵》（佚）、《戏谏唐庄宗》（佚）四种。今存小令四十三首，套数五套。

〔越调〕寨儿令

挑短檠①，倚云屏②，伤心伴人清瘦影。薄酒初醒，好梦难成，斜月为谁明？闷恹恹听彻残更，意迟迟盼杀多情③。西风穿户冷，檐马隔帘听④。叮，疑是珮环声⑤。

【注释】

①短檠：矮灯座，此处指灯。
②云屏：云母屏风。
③盼杀多情：极为想念意中人。多情，此处指恋人。
④檐马：挂在檐间的小铃铛，风一吹动，便互相碰击，发出响声。
⑤珮环：古代女子身上的饰物，玉制，一走动便相互碰撞，发出响声。

【评点与赏析】

这首曲描写对恋人的思念之情。深切的思念，使主人公夜不成眠。挑亮残灯，靠着云屏，望着窗外的明月，身边只有自己的影子相伴，不禁感到孤独难忍。听到檐马发出的叮咚声，竟恍惚觉得恋人向他走来。小令通过情境创造和细节描写来刻画人物的内心活动，十分细腻、鲜明。

〔越调〕小桃红

当时罗帕写宫商①,曾寄风流况②。今日樽前且休唱,断人肠。有花有酒应难忘,香消夜凉,月明枕上,不信不思量③。

【注释】
①宫商:我国古代五声中的两种基本音调。此处代指音乐。
②风流况:指倾诉爱情。
③思量:相思、思念。

【评点与赏析】
描写青年男女的恋情。两人曾经罗帕相寄,传递甜美的爱情。一旦分别,相思之情萦绕于心。曲中先写主人公回忆当初的交往,继而写眼前触景生情,再推想,对方一定也在思念自己。这些心理活动看似很普通,但从不同角度写出了主人公的思念之情,很具表现力。

〔双调〕落梅风

新秋夜,微醉时,月明中倚阑独自①。吟成几联断肠诗②,说不尽满怀心事。

【注释】
①倚阑独自:独自一人倚靠着栏杆。
②断肠诗:抒发悲伤感情的诗歌。

【评点与赏析】
描写一种孤独感伤的情绪。秋夜中独自倚阑的情景,有力地烘托了这种愁绪。

○ 周文质

〔双调〕落梅风

鸾凤配,莺燕约①,感萧娘肯怜才貌②。除琴剑又别无珍共宝③,则一片至诚心要也不要④?

【注释】
①鸾凤配,莺燕约:喻男女婚配,爱情盟约。
②萧娘:唐代以后对女子的泛称。
③琴剑:指古代文人的行装。
④则:只有。

【评点与赏析】
这是一位痴情男子对心上人的爱情表白,深情而恳切。表现了不重钱财,以"至诚心"为重的爱情婚姻理想。在描写恋情的元人小令中显得颇有特色。

〔双调〕落梅风

乾坤内,山共水,论风流古杭为最①。北高峰②离不得三二里,回头看镂金铺翠。

【注释】
①古杭:杭州。
②"北高峰"两句:意思是说北高峰的景致使人流连忘返,在离开了二三里以后,还忍不住回头观望,沐浴在阳光中的山峰,犹如镂金铺翠一般绚丽。

【评点与赏析】
赞美杭州山水的秀美,无与伦比。只举出北高峰一例,描绘它的金碧辉煌。文笔简练,最后一句有画龙点睛之妙。

赵禹圭

赵禹圭,字天锡,汴梁(今河南开封)人。元文宗至顺年间曾任镇江府判。著有杂剧《何郎傅粉》、《金钗剪烛》二种,已佚。今存小令七首。

〔双调〕折桂令

题金山寺①

长江浩浩西来。水面云山,山上楼台。山水相辉,楼台相映,天与安排。诗句就云山动色②,酒杯倾天地忘怀。醉眼睁开,遥望蓬莱③,一半烟遮,一半云埋。

【注释】

①金山寺:在江苏镇江市西北金山上,东晋时建。
②动色:生色。
③蓬莱:传说中的海上仙山。此处指江上的金山。

【评点与赏析】

小令描写金山寺的景色。所描写的江景气势宏大,景色壮丽。面对浩荡的长江,江上的金山,山上的楼台,诗人不禁酒兴大增,诗情大发。"诗句就云山动色,酒杯倾天地忘怀"两句,豪迈奔放,有感染人的力量。末几句描写了另外一种意境,当诗人睁开醉眼再望去时,美景也是云遮雾障,朦胧一片,婉如在仙境之中,使人感到余味未尽。周德清《中原音韵》中说,"此词称赏者众",当时受到普遍的称誉。

〔双调〕风入松

忆 旧

怨东风不到小窗纱,枉辜负荏苒韶华①。泪痕淹透香罗帕②,凭阑干望夕阳西下。恼人情愁闻杜宇③,凝眸处数暮鸦④。

【注释】

①荏苒韶华:很快消逝的青春岁月。
②香罗帕:指女子的手绢。
③杜宇:杜鹃。杜鹃鸟的叫声像说"不如归去",故曰"愁闻"。
④凝眸:注视。

【评点与赏析】

描写闺怨。一位少女思念远在天涯的心上人,想着年华易逝,离人不归,伤心不已。望着夕阳西下,听着杜鹃啼叫,看着暮色中的乌鸦,更是愁闷已极。

乔 吉

乔吉（1280年？—1345年），一作乔吉甫，字梦符，号笙鹤翁，又号惺惺道人。太原（今山西太原）人，流寓杭州。他身世飘零，寄情山水诗酒。他在〔折桂令〕《自述》中说："不应举江湖状元"，可见他终生未仕。《录鬼簿》中说他："美姿容，善辞章，以威严自饬，人敬畏之。"从中可见他的为人。他是元代后期重要的戏剧家和散曲作家。他的散曲作品风格多样，以清丽见长，又常常出奇制胜。他与张可久齐名，并称"乔张"。他共著杂剧十一种，今存《两世姻缘》、《扬州梦》、《金钱记》三种；散曲今存小令二百零九首，套曲十一套，见于《太平乐府》、《乐府群玉》等集中；散曲集今有抄本《文湖州集词》一卷，明刊本李开先编《乔梦符小令》及任讷《散曲丛刊》本《乔梦符散曲》。后人对他的散曲评价很高，李开先在《乔梦符小令序》中说："乐府之有乔、张，犹诗家之有李、杜。"刘熙载在《艺概·词曲概》中说："元张小山、乔梦符为曲家翘楚。""梦符虽颇作杂剧、散套，亦以小令为最长。"他们的评价未必都十分恰切，但却说明乔吉在元散曲作家中的重要地位。

〔正宫〕绿幺遍

自 述

不占龙头选①，不入名贤传②。时时酒圣，处处诗禅③。烟霞状元④，江湖醉仙，笑谈便是编修院⑤。留连，批风抹月四十年⑥。

【注释】

①龙头选：状元榜。

②名贤传：名士贤人的传记。

③诗禅：以诗谈禅。

④烟霞：指山林，江湖。
⑤编修院：即翰林院，古代编修国史的最高文化机构。
⑥批风抹月：放情于山水风月。

【评点与赏析】

这首曲是作者生活经历、生活情趣的自述。曲中塑造了一个狂放不羁、超然脱俗的诗人形象。曲中把高中状元、名列史册、进入翰林院等在世人眼里辉煌的人生目标，看得没有放情山水、沉醉诗酒的生活那么有吸引力。既显示了作者豪放、旷达的胸襟，也流露出愤世嫉俗的情绪。

〔中吕〕山坡羊

冬日写怀

朝三暮四，昨非今是，痴儿不解荣枯事。儹家私①，宠花枝②，黄金壮起荒淫志，千百绽买张招状纸③。身，已至此；心，犹未死。

【注释】

①儹：同攒，积聚。
②宠花枝：宠爱女色。
③招状纸：记录犯人罪状的文书。

【评点与赏析】

这首曲揭露纨绔子弟的愚昧无知、荒淫放纵。他们不知道创业的艰辛和守业的重要，只是一味地纸醉金迷，荒唐纵欲，最终走到被审判的境地。而他们往往身陷囹圄还不知悔悟，这些人的可悲就在于此。

〔中吕〕山坡羊

寓 兴

鹏搏九万①,腰缠十万②,扬州鹤背骑来惯。事间关③,景阑珊④,黄金不富英雄汉,一片世情天地间。白,也是眼;青,也是眼⑤。

【注释】

①鹏搏九万:喻人锐意进取,前程远大。语出《庄子·逍遥游》:"鹏之徙于南冥也,水击三千里,抟扶摇而上者九万里。"

②腰缠十万:《商芸小说》中有:"有客相从,各言所志:或愿为扬州刺史,或愿多资财,或愿骑鹤上升,其一人曰:'腰缠十万贯,骑鹤上扬州。'欲兼三者。"

③事间关:指事情不顺利,世事艰难。

④景阑珊:前景走下坡路。阑珊,衰败,衰落。

⑤"白,也是眼"两句:《晋书·阮籍传》载:"阮籍能为青白眼。"青眼,即正视对方,表示尊重和喜爱;白眼,用白眼珠看人,表示轻蔑和憎恶。

【评点与赏析】

这首曲用愤世嫉俗的笔调刻画了势利小人的形象。经过大富大贵而没落穷困的人对人情冷暖、世态炎凉有更为深刻的感触。最后两句"白,也是眼;青,也是眼"可以从两方面理解,一是刻画了势利小人的面目,青眼白眼都是他们的嘴脸。二是表现主人公的态度,无论是青眼还是白眼,都可以置若罔闻,予以漠视。

〔双调〕折桂令

荆溪即事①

问荆溪溪上人家:为甚人家,不种梅花?老树支门,荒蒲绕岸②,

苦竹圈笆。庙不灵狐狸漾瓦③，官无事乌鼠当衙④。白水黄沙，倚遍阑干，数尽啼鸦。

【注释】

①荆溪：溪水名，在江苏宜兴县南，流入太湖。

②蒲：一种草本植物，花密集成棒状。

③漾瓦：摔瓦。

④乌鼠当衙：喻衙门混乱，官府腐败。乌鼠：乌鸦老鼠。

【评点与赏析】

这首曲描写了荆溪两岸农家荒凉贫寒的景象。尖锐地指出造成这种恶果的原因是地方政治的腐败、官僚无能，恶吏横行。"官无事乌鼠当衙"一句直接把指责的锋芒指向官府。这种抨击吏治、体察民情的作品在元代散曲中是少见的。

〔双调〕水仙子

寻 梅

冬前冬后几村庄①，溪北溪南两履霜②，树头树底孤山上③。冷风来何处香？忽相逢缟袂绡裳④。酒醒寒惊梦，笛凄春断肠。淡月昏黄。

【注释】

①冬前冬后：立冬前后。

②履：鞋。

③孤山：位于杭州西湖中。北宋诗人林逋曾隐居于此，种梅养鹤。此处梅花很多。

④缟袂绡裳：形容梅花像白衣仙女。缟袂：白绢做的衣袖。绡裳：薄绸子做的裙子。

⑤淡月昏黄：化用林逋《梅花》诗中"暗香浮动月黄昏"诗句。

○万松小筑图轴　（明）居节

【评点与赏析】

这首曲的意味隽永之处全在一个"寻"字。诗人踏破铁鞋,四处寻觅,在寒风中蓦然相见,把寄予梅花的特殊情愫明白地传达了出来。梅花是孤高脱俗品格的象征,主人公不辞辛苦,到处寻梅,把梅花引为知己,表现出对清高孤傲品格的赞赏,显示出一种高洁的情操。"冷风来何处香"与王安石的"遥知不是雪,为有暗香来"诗句有异曲同工之妙。

〔双调〕水仙子

重观瀑布

天机织罢月梭闲,石壁高垂雪练寒。冰丝带雨悬霄汉,几千年晒未干,露华凉人怯衣单①。似白虹饮涧,玉龙下山,晴雪飞滩。

【注释】

①露华:露水。怯:害怕。

【评点与赏析】

这首曲描写瀑布壮丽的景色。曲中用了一系列比喻,"月梭"、"雪练"、"白虹"、"玉龙"、"晴雪"等等。形象奇丽,并且富于动感。这些瑰丽的想象,使人如临其境。"几千年晒未干"一句,既通俗又生动,写出了瀑布的气势。

〔双调〕水仙子

咏 雪

冷无香柳絮扑面来,冻成片梨花拂不开。大灰泥漫了三千界①,银棱了东大海②。探梅的心噤难捱。面瓮儿里袁安舍③,盐堆儿里党尉宅④，粉缸儿里舞榭歌台。

【注释】

①大灰泥：糊墙的灰泥，此处喻雪花。三千界：佛家说法，一千个小千世界为中千世界，一千个中千世界为大千世界，合称为三千世界。此处泛指世界。

②棱：镶。

③袁安：东汉人，早年贫困，住洛阳。一次下大雪，雪积地丈余，很多人除雪而出，独袁安僵卧不起。洛阳令巡行过他家，认为他是贤人，故推荐他做官。

④党尉：即党进，北宋时人，曾任太尉。他的一个家姬后来成为陶榖的妾。一个下雪天，陶榖命妾用雪水煎茶，问道："党家有此景否？"妾说："彼粗人，安识此景，但能于销金帐下，浅斟低唱，饮羊羔美酒耳。"

【评点与赏析】

这首曲用浓墨重彩描绘雪景。开始的四句，用了柳絮、梨花、大灰泥、白银四种形象，比喻纷飞的雪花，描写银白的雪中世界，与诗词中咏雪的作品有相近之处。后四句写外出探梅，途中所见，用面瓮、盐罐、粉缸形容雪中房宅，颇具元曲质朴生动的独特韵味。

〔双调〕清江引

有 感

相思瘦因人间阻①，只隔墙儿住。笔尖和露珠，花瓣题诗句，倩衔泥燕儿将过去②。

【注释】

①间阻：阻拦。

②倩：请。将：带。

【评点与赏析】

　　这支小令描写爱情被阻隔的恋人的相思之情。作者展开想象，表现封建观念束缚下青年男女丰富的内心世界。近在咫尺，却有如远在天涯，因为有道墙把他们隔开，更有比有形的墙更厉害的封建制度的墙立在他们中间。他们多想像燕子一样自由自在地飞来飞去呀。在想象中，燕子似乎也通人性，能为恋人传递炽热的爱情。这一美妙的想象，对后代文学作品产生了深远的影响，阮大铖的传奇《燕子笺》中就有燕子传笺的情节。

刘时中

刘时中,古洪(今江西南昌)人。生平事迹不详。从他今存的套曲内容看,他可能是一位不得意的文人或下级小吏。由于另一位与他时隔不远的散曲家刘致,字时中,故有的研究者把他和刘致相混。实际上,他和刘致的作品风格有明显差异。今存套曲四套。以〔正官·端正好〕《上高监司》两套最负盛名,奠定了他在元代散曲史上的地位。

套数

〔正宫〕端正好

上高监司①

【端正好】众生灵遭磨障②,正值着时岁饥荒。谢恩光拯济皆无恙③,编做本词儿唱。

【滚绣球】去年时正插秧,天反常,那里取若时雨降?旱魃生四野灾伤④。谷不登,麦不长,因此万民失望,一日日物价高涨。十分料钞加三倒⑤,一斗粗粮折四量,煞是凄凉。

【倘秀才】殷实户欺心不良⑥,停塌户瞒天不当⑦。吞象心肠歹伎俩⑧,谷中添秕屑⑨,米内插粗糠,怎指望他儿孙久长。

【滚绣球】甑生尘老弱饥⑩,米如珠少壮荒。有金银那里每典当⑪?尽枵腹高卧斜阳⑫。剥榆树餐,挑野菜尝。吃黄不老胜如熊掌⑬,蕨根粉以代糇粮⑭。鹅肠苦菜连根煮⑮,荻笋芦莴带叶咥,则留下杞柳株樟⑯。

【倘秀才】或是捶麻柘稠调豆浆,或是煮麦麸稀和细糠,他每早合掌擎拳谢上苍⑱。一个个黄如经纸⑲,一个个瘦似豺狼,填街卧巷。

【滚绣球】偷宰了些阔角牛,盗斫了些大叶桑。遭时疫无棺活葬⑳,贱卖了些家业田庄。嫡亲儿共女,等闲参与商㉑。痛分离是何情况!乳哺儿没人要撇入长江。那里取厨中剩饭杯中酒,看了些河里孩儿岸上娘，不由我不哽咽悲伤!

【倘秀才】私牙子船湾外港②，行过河中宵月朗。则发迹了些无徒米麦行③。牙钱加倍解，卖面处两般装，昏钞早先除了四两。

【滚绣球】江乡前，有义仓④，积年系税户掌。借贷数补搭得十分停当，都侵用过将官府行唐⑤。那近日劝粜到江乡，按户口给月粮。富户都用钱买放，无实惠尽是虚桩。充饥画饼诚堪笑，印信凭由却是谎，快活了些社长知房⑥。

【伴读书】磨灭尽诸豪壮，断送了些闲浮浪⑦。抱子携男扶筇杖⑧，尪羸伛偻如虾样⑨，一丝游气沿途创⑩，阁泪汪汪。

【货郎】见饿莩成行街上⑪，乞丐拦门斗抢。便财主每也怀金鹄立待其亡⑫。感谢这监司主张，似汲黯开仓⑬。披星带月热中肠，济与粜亲临发放。见孤孀疾病无飰向⑭，差医煮粥分厢巷。更是赃输钱分例米多般儿区处的最优长⑮。众饥民共仰，似枯木逢春，萌芽再长。

【叨叨令】有钱的贩米谷置田庄添生放⑯，无钱的少过活分骨肉无承望；有钱的纳宠妾买人口偏兴旺，无钱的受饥馁填沟壑遭灾障。小民好苦也么哥，小民好苦也么哥，便秋收鬻妻卖子家私丧。

【三煞】这相公爱民忧国无偏党⑰，发政施仁有激昂。恤老怜贫，视民如子，起死回生，扶弱摧强。万万人感恩知德，刻骨铭心，恨不得展草垂缰⑱。覆盆之下，同受太阳光⑲。

【二煞】天生社稷真卿相，才称朝廷作栋梁。这相公主见宏深，秉心仁恕，治政公平，莅事慈祥⑳，可与萧曹比并㉑，伊傅齐肩㉒，周召班行㉓。紫泥宣诏㉔，花衬马蹄忙㉕。

【一煞】愿得早居玉笋朝班上，仔看金瓯姓字香㉖。入阙朝京，攀龙附凤，和鼎调羹㉗，论道兴邦。受用取貂蝉济楚㉘，衮绣峥嵘㉙，珂佩丁当㉚。普天下万民乐业，都知是前任绣衣郎㉛。

【尾声】相门出相前人奖，官上加官后代昌。活彼生灵恩不忘，粒我烝民德怎偿㉜。父老儿童细较量，樵叟渔夫曾论讲。共说东湖柳岸旁，那里清幽更舒畅。靠着云卿苏圃场㉝，与徐孺子流芳挹清况㉞。盖一座祠堂人供养，立一统碑碣字数行，将德政因由都载上，使万万代官民见时节想。

【注释】

①上高监司：上，呈报。高监司，疑指江西道廉访使高纳麟。监

司：中央派往地方监察州郡的官。

②生灵：指老百姓。魔障：指灾难。

③恩光：恩惠，恩德。无恙：无病无灾，此处意为平安度过荒年。

④旱魃：古代传说中的旱神。

⑤十分料钞加三倒：用料钞买东西，须按原价加三成。料钞：元代的一种货币。

⑥殷实户：富商。

⑦停塌户：大批囤积粮食的人家。

⑧吞象心肠：形容贪得无厌，俗语说："人心不足蛇吞象。"

⑨秕屑：谷糠。秕：干瘪的谷子。

⑩甑（zèng）生尘：指长期断炊，锅里都积上了灰尘。甑：蒸饭的炊具。

⑪那里每：那里。每：语气词。

⑫枵（xiāo）腹：空着肚子。

⑬黄不老：野菜名，有人认为即黄藥。

⑭蕨：一种多年生草本植物，根茎多淀粉。餱粮：干粮。

⑮鹅肠苦菜：一种野菜，可食。

⑯哇（zhuāng）：吞咽。

⑰杞柳株樟：指不能吃的树木。

⑱合掌擎拳：合掌抱拳，表示恭敬。

⑲黄如经纸：形容人脸色如同经纸一样蜡黄。经纸：古代写经卷的黄裱纸。

⑳时疫：流行病。

㉑参与商：两颗星名，参星在西，商星在东，此出彼没，不能同时出现。此处比喻骨肉分离，不能相见。

㉒私牙子：私贩子。

㉓无徒：无赖之徒。

㉔义仓：古代地方上用以灾荒年救济民众的粮仓。

㉕都侵用过：管理义仓的人都侵吞过义仓的粮食。将官府行唐：将官府哄瞒，欺骗。

㉖知房：同姓房族中的族长。

㉗闲浮浪：游手好闲的人。

㉘筇（qióng）杖：竹杖。

㉙尪羸伛偻：瘦弱驼背。

㉚刱：当是"闯"意。

㉛饿莩：饿死的人。

㉜怀金鹄立：怀里抱着金银，像鹄一样伸长脖子站在那里。鹄：即天鹅。

㉝汲黯：字长孺，西汉时有名的清官。汉武帝时，一次他奉命视察水灾，路过河中（今河南黄河以北地区），见当地灾情严重，便当机立断，开仓济民。回朝后，汉武帝奖励了他。汲黯矫诏开仓的故事，后代传为美谈。

㉞无皈向：无所皈依，无所依靠。

㉟赃输钱：贪官污吏退赔的赃款。

㊱添生放：增添了放债的本钱。

㊲无偏党：无偏向。

㊳展草：三国时李信纯的爱犬名叫黑龙，李信纯醉卧草地时，草地着火，黑龙来往于水池和火区，用皮毛沾水救火，最后力尽而死。垂缰：前秦时苻坚被追赶，坠入深涧，马把缰绳垂入涧底，苻坚得救。此处用此两个典故，意要为高监司效犬马之劳，报答他。

㊴"覆盆"两句：意在荒年中，高监司救助老百姓，犹如倒扣着的盆中照进了太阳光。

㊵莅事：处理事情。

㊶萧曹：汉代开国功臣、名相萧何和曹参。

㊷伊傅：殷代名相伊尹、傅说。

㊸周召：周初名臣周公旦、召公奭。

㊹紫泥：皇帝的诏书用紫泥封印。

㊺花衬马蹄忙：指晋升官职。

㊻金瓯：指国家。

㊼和鼎调羹：喻治理国家。

㊽貂蝉济楚：指做高官。貂蝉：汉代侍中、中常侍所戴的帽子。济楚：整齐。

㊾衮绣：指王侯公卿穿的礼服。

㊿珂佩：佩带在身上的华贵的装饰物。

(51)绣衣郎：汉代有“绣衣直指”官名，此处指高监司。

(52)粒我烝民：给老百姓吃饭。粒，此处用作动词，意为给百姓吃米饭。烝民：人民。

(53)云卿苏：苏云卿，南宋隐士。圃场：菜园。

(54)徐孺子：徐稚，字孺子，东汉人，隐居自耕，品格高尚。

【评点与赏析】

刘时中所写的《上高监司》套曲，共前后两套，此处所选为前套。元代散曲中，以如此宏大的篇幅，描写当时社会所发生的影响到国计民生的大事，可说是凤毛麟角。作品十分细致地描写了旱灾降临时，灾区人民的悲惨遭遇。同时，也揭露抨击了一些地主官吏、富户、投机商人趁火打劫，巧取豪夺的丑恶行径。作者在描写中，倾注了鲜明的爱憎之情，对百姓不幸遭遇的同情，对败类们种种恶行的愤恨，对高监司这样的为老百姓谋利益的清官的崇敬和爱戴，时时处处溢于言表。尽管结尾处对高监司的赞颂，有溢美之嫌，但强烈地表现出作者寄托在清官身上的善的理想。郑振铎在《中国俗文学史》中评论这首曲说：“这里是一幅最真实的民生疾苦图。在元曲里充满了个人的愁叹，而这里却是为民众而呼吁着；这不能不说是空谷足音了。”

〔双调〕新水令

代马诉冤

【新水令】世无伯乐怨他谁[①]？干送了挽盐车骐骥[②]。空怀伏枥心[③]，徒负化龙威[④]。索甚伤悲，用之行舍之弃[⑤]。

【驻马听】玉鬣银蹄[⑥]，再谁想三月襄阳绿草齐。雕鞍金镫[⑦]，再谁收一鞭行色夕阳低。花间不听紫骝嘶[⑧]，帐前空叹乌骓逝[⑨]。命乖我自知，眼见的千金骏骨无人贵[⑩]。

【雁儿落】谁知我汗血功，谁想我垂缰义[⑪]，谁怜我千里才，谁识我千钧力？

【得胜令】谁念我当日踏檀溪，救先主出重围[⑫]？谁念我单刀会随着关羽？谁念我美良川扶持敬德[⑬]？若论着今日，索输与这驴群队！果必有征敌,这驴每怎用的?

【甜水令】只为这乍富儿曹⑭,无知小辈,一概地把人欺。一迷里快蹄轻跆⑮,乱走胡奔,紧先行不识尊卑。

【折桂令】致令得官府闻知,验数目存留,分官品高低。准备着竹杖芒鞋,免不得奔走驱驰。再不敢鞭骏骑向街头闹起,则索扭蛮腰将足下殃及。为此辈无知,将我连累,把我埋没在蓬蒿,失陷在污泥。

【尾】有一等逞雄心屠户贪微利,咽馋涎豪客思佳味。一味地把性命亏图,百般地将刑法陵迟⑯。唱道任意欺公⑰,全无道理。从今去谁买谁骑?眼见得无客贩无人喂!便休说站赤难为⑱,则怕你东讨西征那时节悔⑲!

【注释】

①伯乐:名孙阳,春秋时人,以善相马闻名于世。

②干送了:白白葬送了。骐骥:良马,《庄子·秋水》:"骐骥骅骝,一日而驰千里。"

③伏枥心:曹操《步出夏门行》:"老骥伏枥,志在千里。"意为胸怀抱负。枥:马厩。

④化龙:《马记》中有王昌穷途末路时遇仙,骑的马变成龙的故事。

⑤用之行舍之弃:《论语·述而》:"用之则行,舍之则藏。"意思是被赏识便用力干,不被重用便把本事藏起来。

⑥鬣:马脖颈上的长毛。

⑦辔:马缰。

⑧骝:黑鬣黑尾的红马。

⑨帐前空叹乌骓逝:楚汉相争,项羽被刘邦的军队围困垓下,作歌与虞姬诀别:"力拔山兮气盖世,时不利兮骓不逝。"后拔剑自刎。骓:苍白杂色的马,此处指项羽的马。

⑩千金骏骨无人贵:战国时,燕昭王为得千里马,用千金购买死千里马的骨头。此句意谓世人不看重千里马。

⑪垂缰义:十六国时,前秦苻坚被慕容冲追击,半途落马,掉在水中,他的马跪在水边,垂下缰绳,让苻坚上马,使苻坚得以脱险。

⑫"谁念我当日跳檀溪"两句:相传刘备应荆州牧刘表之邀赴宴,

席间发现有人要谋害他，当即乘的卢马逃走，过檀溪时，情形危急，马跃起三丈，跳过檀溪。先主：指刘备。

⑬敬德：尉迟恭，字敬德，隋末大将，后投唐。投唐前曾在美良川与唐将秦琼交战。美良川：地名，在今山西介休。

⑭乍富儿曹：暴发户。

⑮一迷里：一味地。

⑯陵迟：即凌迟，古代刑法之一种，把犯人零刀碎割。

⑰唱道：元曲中常用的句首语，有"真个是"的意思。

⑱站赤：驿站，蒙古语。

⑲东讨西征：四处征战。

【评点与赏析】

名为"代马诉冤"，实为人世间的不平之事抱不平。曲中句句都在写马，但处处让人联想到人。千里马没有人赏识，立下的汗马功劳被人忘记，最后往往是大才小用，甚至被人宰割。这分明是在写人世间的种种丑恶现象：英雄沉沦下僚，小人窃居高位，忘恩负义，良善被欺。这首曲抒发不平之气，可谓痛快淋漓。

阿鲁威

阿鲁威,又作阿鲁灰、阿鲁翚。字叔重,一作叔仲,号东泉。蒙古族人。延祐年间任延平路总管,至治年间任泉州路总管,泰定间任翰林侍讲学士,同知经筵事。曾翻译《世祖圣训》、《资治通鉴》等进讲。工散曲,与虞集、张雨等人有唱和。《太和正音谱》称其作品"如鹤唳青霄"。是元代著名的蒙古族诗人和散曲家。今存小令十九首。

〔双调〕落梅风

千年态①,一旦空,唯有纸钱灰晚风吹送。尽蜀鹃啼血烟树中②,唤不回一场春梦。

【注释】

①千年态:千年来的世间百态。
②蜀鹃啼血:蜀鹃,杜鹃。传说杜鹃为古代蜀国国君望帝的精魂所化,相传此鸟连续啼叫,直到口中流血。

【评点与赏析】

这是一首感叹世事人生的小令。曲中感叹世间万物终归成为历史的陈迹,人生终归走向死亡。无论是怎样的努力,都不可能违背这一自然规律。这本是客观事实,但基调显得过于消沉。

〔双调〕折桂令

问人间谁是英雄?有酾酒临江,横槊营公①。紫盖黄旗,多应借得,赤壁东风②。更惊起南阳卧龙③,便成名八阵图中④。鼎足三分⑤,一分西蜀,一分江东。

【注释】

①"有酾酒临江"两句：语出苏轼《前赤壁赋》，其中有赞叹曹操的英雄气概的句子。"酾酒临江，横槊赋诗，固一世之雄也。"

②"紫盖黄旗"三句：意思是三国时吴国帝业的建立，是因为在赤壁之战中，借助东风，火烧曹操的战船，打败了曹操。紫盖黄旗：指一种云的形状颜色。古人认为这种云的出现是帝王降生的征兆。《三国志·吴志·孙皓传》记习玄说："黄旗紫盖，见于东南，终有天下者，荆扬之君乎！"

③南阳卧龙：指诸葛亮。诸葛亮曾躬耕南阳，徐庶称他为卧龙。

④八阵图：一种兵法。《三国志·诸葛亮传》中说诸葛亮曾经"推演兵法，作八阵图"。杜甫《八阵图》诗中有"功盖三分国，名成八阵图"句。

⑤鼎足三分：指三国时魏、蜀、吴三国鼎立。

【评点与赏析】

通过概述三国时期主要历史人物的辉煌业绩，歌颂了他们胸怀大略、应时而动的智慧和勇于开拓的精神。情绪饱满激昂，基调豪迈高亢。

王元鼎

王元鼎，生卒年不详。大约与阿鲁威同时，与杨显之有交往，与名妓顺时秀交往密切。曾任翰林学士。《辍耕录·妓聪敏》载，顺时秀曾评论王元鼎与阿鲁威的差异："调和鼎鼐，燮理阴阳，则学士（指王元鼎）不如参政（阿鲁威），论惜玉怜香，嘲风咏月，则参政不及学士。"王元鼎的性格为人由此可见一斑。今存小令七首，套数二套。

〔正宫〕醉太平

寒 食

声声啼乳鸦，生叫破韶华①。夜深微雨润堤沙，香风万家。画楼洗净鸳鸯瓦②，彩绳半湿秋千架，觉来红日上窗纱。听街头卖杏花③。

【注释】

①生叫破韶华：大好春光在鸦啼声中逝去。生：活生生地。

②鸳鸯瓦：每两片瓦嵌在一起，称鸳鸯瓦。

③听街头卖杏花：陆游《临安春雨初霁》诗中有"小楼一夜听春雨，深巷明朝卖杏花"句，本句由此化出。

【评点与赏析】

描写寒食节时的景象。一夜微风细雨，使万物滋润，空气清爽，到处一片明净、清新的气息。沉睡醒来，夜雨初停，阳光照耀，窗外是叫卖杏花的声音。这一情景的描写十分传神，被明媚的春天激发起来的振奋、喜悦之情洋溢在字里行间。

薛昂夫

薛昂夫(1273年？—1350年以后),名超吾,号九皋,维吾尔族人。汉姓为马,故又称马昂夫,马九皋。其祖仕至御史大夫,父为御史中丞,封覃国公。他曾任江西行中书省令史、三衢路达鲁花赤等职,晚年退隐。他工诗善曲,《南曲九官正始序》说:"昂夫词句潇洒,自命千古一人。"赵孟頫在《九皋诗集序》中说他的作品"激越慷慨,流丽闲婉"。他的散曲风格与马致远相似,故有人称为"二马"。著有《九皋诗集》,散曲集《扣舷余韵》已佚,今存小令六十五首,套数三套。

〔正宫〕塞鸿秋

功名万里忙如燕,斯文一脉微如线①,光阴寸隙流如电②,风雪两鬓白如练。尽道便休官,林下何曾见③?至今寂寞彭泽县④。

【注释】

①斯文:指文雅正派,品格高尚。

②光阴寸隙:形容时光过得快。《庄子·知北游》:"人生天地之间,若白驹之过隙,忽焉而已。"

③"尽道"两句:僧灵彻《东林寺酬韦丹刺史》:"相逢尽道休官去,林下何曾见一人?"林下,山林中,隐居的地方。

④彭泽县:代指陶渊明。陶渊明曾做过彭泽县令,后归隐田园。寂寞彭泽县,意为真正言行如一,归隐山林的人很少。

【评点与赏析】

这首曲以辛辣的口吻,无情地将一些终日忙碌于功名仕途、却又标榜离世避俗的口是心非者的假面具撕得粉碎。开头的四个比喻,形象、精练地概括了口头要归隐实则醉心于争权夺利的一类人的真实面貌。可谓笔锋犀利，入木三分。

〔正宫〕塞鸿秋

凌歊台怀古①

凌歊台畔黄山铺，是三千歌舞亡家处②。望夫山下乌江渡，是八千子弟思乡去③。江东日暮云，渭北春天树④，青山太白坟如故⑤。

【注释】

①凌歊（xiāo）台：在今安徽黄山。
②三千歌舞：指三千宫女。南朝宋刘裕曾在凌歊台建离宫。
③"望夫山下"两句：望夫山在安徽当涂县西北。乌江渡在安徽和县东北。楚汉相争，项羽兵败垓下，退到乌江，亭长让他渡江，他说："我和江东八千子弟渡江，现在他们都不在了，我有何面目见江东父老？"遂自刎而死。
④"江东日暮云"两句：出自杜甫《春日忆李白》诗："渭北春天树，江东日暮云。"此处取杜甫思念李白意，抒发对李白的怀念。
⑤青山太白坟：青山在安徽当涂县东南，李白的坟在青山西北。

【评点与赏析】

诗人凭吊古迹，有感而发。三千宫女，八千壮士都随着历史消逝得无影无踪。封建帝王每每因为荒淫亡国，尽管曾经喧嚣一时，但随着岁月流逝，所有遗迹都荡然无存。而创造了宝贵精神财富的诗人则历经沧桑，英名永驻人世。

〔中吕〕朝天子

◎薛昂夫

咏 史

伯牙①，韵雅，自与松风话②。高山流水淡生涯③，心与琴俱化。欲铸钟期④，黄金无价。知音人既寡，尽他，爨下⑤，煮了仙鹤罢。

【注释】

①伯牙：春秋时楚国人。《吕氏春秋》卷十四《孝行览·本味》中说，伯牙善弹琴，最能从他弹奏的音乐中听出他的心声的是钟子期，钟子期死后，伯牙认为他再也没有知音了，便摔碎琴，拉断弦，终生不再弹琴。

②自与松风话：与松树清风对话，形容知音稀少。

③高山流水：伯牙的琴曲中有表现高山流水意象的，钟子期听后马上产生共鸣。

④钟期：也叫钟子期，春秋时楚国人，一说姓钟，名期，"子"是对男子的美称。

⑤爨（cuàn）：炉灶。

【评点与赏析】

这首曲通过吟咏高山流水遇知音的故事，表达了一种深切的人生感受。儒雅难求，知青难觅。世无知音，只好与清风绿树为伴，与高山流水交谈。"欲铸钟期，黄金无价"，形象地说明知音是无价的，千金难求。"知音人既寡，尽他，爨下，煮了仙鹤罢"几句表现出诗人无人理解的孤独和对知音难寻的无奈情绪。

〔中吕〕朝天子

咏　史

卞和，抱璞，只合荆山坐①。三朝不遇待如何，两足先遭祸。传国争符②，伤身行货，谁教献与他！切磋，琢磨，何似偷敲破。

【注释】

①"卞和"三句：卞和是春秋时楚国人。他得到了一块玉石，便拿去献给楚厉王，厉王认为是普通的石头，说他骗人，便砍掉了他的左足。武王即位后，卞和又把玉石献给武王，武王仍然不相信他，又砍掉了他的右足。文王即位后，卞和未再献玉，只是抱着玉石在荆山

下痛哭，文王派人问询，卞和说，我不说为我的双足伤心，而是为有人把宝玉当成顽石、把真话当成欺骗而伤心。文王得知后，派人剖开这块石头，果然得到宝玉。这块玉石遂被称为和氏璧。

②传国争符：和氏璧被秦王刻成玉玺，称传国玺。历代争夺王位的争斗，都以争夺玉玺为表征。

【评点与赏析】

通过卞和献璧、身遭不幸的故事，旁敲侧击地讽刺、揭露了忠奸不辨、是非不分，滥施刑罚的封建统治者。这是薛昂夫咏史小令二十首中的一首。

〔中吕〕山坡羊

述 怀

大江东去，长安西去，为功名走遍天涯路。厌舟车，喜琴书，早星星鬓影瓜田暮①。心待足时名便足②。高③，高处苦；低④，低处苦。

【注释】

①"早星星"句：已经是头发花白、人到暮年了才归隐田园。
②"心待足"句：心里知足了，名利就足了。
③高：指官位高。
④低：指官位低。

【评点与赏析】

作者为求取功名走南闯北，奔波半生，到两鬓斑白了才得以归田，产生了无限的感慨。按内心的真实想法，他早已厌倦了四处奔波、劳心费神的官宦生涯，而喜欢抚琴读书的恬淡生活。曲中道出了深刻的人生道理：知足，追求才会有止境。而真正的心满意足永远也不会出现，人在每个层次都有各自的苦恼。

〔中吕〕庆东原

西皋亭适兴①

兴为催租败②,欢因送酒来。酒酣时诗兴依然在,黄花又开③,朱颜未衰,正好忘怀。管甚有监州,不可无螃蟹④。

【注释】

①西皋亭:杭县东北有皋亭山,西皋亭当在附近。

②兴为催租败:《冷斋夜话》载,潘大临寄谢无逸书说:"昨日得一佳句:'满城风雨近重阳'。忽催租人至,遂败意。"

③黄花:菊花。

④"管甚有监州"两句:宋代各州的通判称为监州,常与知州争权。有钱昆少卿,家世杭州,喜食蟹,求补外郡官。人问所欲,他说:"但得有螃蟹,无监州处足矣。"苏轼《金门寺中见李西台与二钱唱和四绝句,戏用其韵跋之》诗中有"欲向君王乞符竹,但忧无蟹有监州"句。

【评点与赏析】

这首曲表达了对超然物外、自由自在的生活的向往,因而厌烦现实生活中存在的各种束缚,如上级官员的拘管、收赋税者不期而至等等。表达了作者的生活态度。

〔双调〕殿前欢

秋

洞箫歌,问当年赤壁乐如何①,比西湖画舫争些个②?一样烟波,有吟人景便多。四海诗名播,千载谁酬和?知他是东坡让我,我让东坡③?

【注释】

① "洞箫歌"两句:苏轼在宋神宗元丰五年曾游黄州赤壁(在今湖北境内),饮酒吟诗,有人吹洞箫伴奏。

②争些个:差不差?差多少?意谓差不多。

③东坡:苏轼,字子瞻,号东坡居士,北宋文学家。

【评点与赏析】

经过一次秋日游览,作者没有描写秋天的景致,而是在吟唱酬和中,想到了文采飞扬,以豪放旷达闻名的苏轼。苏轼曾游赤壁、游西湖,都留下了流传千古的篇章。古往今来,游人不绝,而能与苏轼相比并的诗作却再难见到。作者抒发了与苏轼一比高下的豪兴。

〔双调〕楚天遥带清江引(二首)

花开人正欢,花落春如醉。春醉有时醒,人老欢难会。一江春水流①,万点杨花坠。谁道是杨花,点点离人泪②。【清江引】回首有情风万里,渺渺天无际。愁共海潮来,潮退愁难退③。更那堪晚来风又急④。

有意送春归,无计留春住。明年又着来,何似休归去?桃花也解愁,点点飘红玉⑤。日断楚天遥,不见春归路。

春若有情春更苦,暗里韶光度⑥。夕阳山外山,春水渡傍渡。不知那答儿是春住处。

【注释】

①一江春水流:喻忧愁无尽。李煜《虞美人》:"问君能有几多愁,恰似一江春水向东流。"

②"谁道"两句:用苏轼《水龙吟·次韵章质夫杨花词》:"细看来不是杨花,点点是离人泪。"

③"愁共"两句:化用苏轼《八声甘州·寄参廖子词》:"有情风

万里送潮来,无情送潮归"。

④"更那堪"句:用李清照《声声慢》:"三杯两盏淡酒,怎敌他晚来风急"句意。

⑤红玉:此处指花瓣。

⑥韶光:春光。

【评点与赏析】

  这两首曲抒发春光易逝的感伤情绪,描写离愁难消的悲凉心境。作品在形式上采用连绵对仗的手法,连环相扣,波回峰转。与曲中所表现的起伏难平的愁绪相应合,具有鲜明的节奏感和很强的音乐性。曲辞大量化用前人的诗词,却又浑然天成,不落斧凿痕迹。同时又吸收了民歌的手法,曲辞平实流畅,是元散曲中别具韵味的佳作。

张可久

张可久(1274年至1280年—1348年后),字小山,庆元(今浙江宁波)人。他一生沉抑下僚,仕途上不得志。曾以路吏转首领官,并任过桐庐典史、昆山幕僚等职。他一生中的很长一段时间奔波于江、浙一带,足迹遍及江苏、浙江、安徽、湖南等地,晚年久居杭州。他是元代著名的散曲作家,刘熙载称他为"曲家翘楚"。在当时,他的散曲作品便已编集成册,"盛行于世"(见《录鬼簿》),有散曲集《吴盐》、《苏堤渔唱》、《小山乐府》。他的散曲今存小令八百五十五首,套数九套,是元代散曲作家中,作品流传下来最多的一位。

〔双调〕水仙子

次 韵①

蝇头老子五千言②,鹤背扬州十万钱③,白云两袖吟魂健④。赋庄生秋水篇⑤,布袍宽风月无边⑥。名不上琼林殿⑦,梦不到金谷园⑧,海上神仙。

【注释】

①次韵:依照别人散曲作品的曲调格律所写的作品。

②蝇头:小字。老子:老聃,春秋时思想家。五千言:指老子所著《道德经》。

③"鹤背"句:《说郛》载《商芸小说》:"有客相从,各言所志:或愿为扬州刺史,或愿多资财,或愿骑鹤上升。其一人曰:'腰缠十万贯,骑鹤上扬州。'欲兼三者。"

④白云两袖:在青山白云间徜徉。吟魂:即诗魂,指写诗的灵感。

⑤庄生:庄周,战国时宋人。著有《庄子》。《秋水》是《庄子·外篇》中一篇的篇名。

⑥风月无边:此处指美好的景色。

⑦琼林殿：即琼林苑，在开封城西，是宋代皇帝赐新科进士酒宴的地方。

⑧金谷园：晋代石崇的别墅，位于今河南洛阳城西。石崇以豪富著称，金谷园是他经常大宴宾客的地方。

【评点与赏析】

曲中表现出作者不愿受名缰利锁束缚、渴望逍遥自在、超然世外的生活态度。"名不上琼林殿，梦不到金谷园"，摒弃功名利禄，鄙弃荣华富贵。他向往的，实际是人们想象中的神仙的无忧无虑的境界，这表现出作者与现实社会不和谐的内心世界。

〔双调〕水仙子

怀 古

秋风远塞皂雕旗①，明月高台金凤杯②。红妆肯为苍生计③，女妖娆能有几？两蛾眉千古光辉：汉和番昭君去，越吞吴西子归④。战马空肥。

【注释】

①皂雕旗：古代匈奴旗帜，绘有黑雕图案。这句指王昭君远嫁匈奴。

②明月高台金凤杯：指西施故事。春秋时越国败于吴国，越王勾践献美女西施给吴王夫差，夫差宠爱西施，常与她在姑苏台上喝酒。后来越国终于打败吴国。

③红妆：指女子。

④西子：即西施。

【评点与赏析】

这首曲热情歌颂了王昭君和西施"为苍生计"的胸怀。认为她们是"千古光辉"的杰出女性。结尾"战马空肥"四个字，简洁有力地点出了全曲的主题——斥责、抨击丧邦亡国的昏君奸臣。

〔双调〕折桂令

酸斋学士席上①

岸风吹裂江云,进一缕斜阳,照我离樽②。倚徙西楼,留连北海③,断送东君④。传酒令金杯玉笋⑤,傲诗坛羽扇纶巾⑥。惊起波神,唤醒梅魂。翠袖佳人,白雪阳春⑦。

【注释】

①酸斋学士:贯云石,号酸斋。
②离樽:离别酒宴上的酒杯。
③北海:东汉人孔融,曾任北海相,建安七子之一,以嗜酒好客闻名。
④东君:古代日神,这里指白日。
⑤玉笋:喻女子手。
⑥羽扇纶巾:古代儒生的衣着穿戴。
⑦白雪阳春:古代楚地的歌曲名,风格高雅。

【评点与赏析】

这是一首送别之作。曲中没有直抒胸臆,写离情别绪,而是描写送别的酒宴,把深厚的感情融于其中。酒宴从白天一直持续到夕阳西下、夜幕降临,虽然酒席上传酒令、吟诗唱曲,十分热闹,没有"离愁"、"惜别"等字眼,但从作者环绕"离樽",细写时间的推移以及所流露的对时间流逝的惋惜之情中,能感受到他那浓烈的惜别之情。论者认为,张可久的这类曲以词家手法入曲,别具一格。

〔双调〕清江引

幽 居

红尘是非不到我①,茅屋秋风破②。山村小过活,老砚闲工课③。

疏篱外玉梅三四朵。

【注释】

①红尘：指人世间。

②茅屋秋风破：语出自唐杜甫《茅屋为秋风所破歌》。

③老砚：指作诗写字。闲工课：不急的事情。

【评点与赏析】

幽居山村的生活，清贫、闲散、安宁。每天看看山景，赏赏梅花，写点诗书。尽管寂寞冷清，但因为远离"是非红尘"，作者不觉其苦，只觉其乐。结尾一句单独描写了几朵梅花，可看作是一种孤高品格的象征，作者看重的就是这样一种品格。

〔双调〕落梅风

江上寄越中诸友

江村路，水墨图①，不知名野花无数。离愁满怀难寄书②，付残潮落红流去③。

【注释】

①水墨图：水墨画。

②书：信。

③落红：落花。

【评点与赏析】

这是一首抒写离情的小令。因为离愁别绪涌塞心中，所以，作者眼中的江村景色不是明媚的，而是暗淡的，就像一幅水墨画。作者注视着眼前的流水，想象自己的思念会像飘零的落花一样，随着江水流到亲友们身边。寥寥数语，写出了悠悠思念。

〔双调〕落梅风

春　情

秋千院，拜扫天①，柳荫中躲莺藏燕②。掩霜纨递将诗半篇③，怕帘外卖花人见。

【注释】

①拜扫天：寒食节扫墓的日子。
②躲莺藏燕：喻情人幽会。
③霜纨：白色绢帕。

【评点与赏析】

这首曲描写两个青年约会的情景，颇为生动。寒食节这天，小院里，柳荫中，两个有情人相见了，用白丝帕遮掩着递给对方半篇情诗，生怕被外面卖花人看见。两位主人公欣喜、紧张的心情通过这一细节展露无遗。

〔双调〕庆东原

次马致远先辈韵①

诗情放，剑气豪，英雄不把穷通较②。江中斩蛟，云间射雕，席上挥毫③。他得志笑闲人④，他失脚闲人笑⑤。

【注释】

①马致远：字千里，号东篱，元代前期著名杂剧、散曲家。
②穷通：困窘和显达。
③挥毫：挥笔写诗。
④闲人：此处指庸人。
⑤失脚：不走运。

【评点与赏析】

张可久有九首和马致远的〔庆东原〕曲,这是其中的第五首。马致远的原作已佚。这九首曲子的结尾都有"他得志笑闲人,他失脚闲人笑"两句,表现出作者对世态人情的认识和领悟。曲中描写出英雄豪杰的本色,他们不计较穷通得失,不注意世人褒贬,心怀坦荡,行事磊落,只求有所作为。这首曲写得奔放豪迈,体现了张可久散曲的又一种风格。

〔双调〕风入松

九 日①

琅琅新雨洗湖天②,小景六桥边。西风泼眼山如画③,有黄花休恨无钱④。细看茱萸一笑⑤,诗翁健似常年。

【注释】

①九日:农历九月九日,重阳节。
②琅琅:原意是形容金石碰击的响声,此处是形容雨滴声。
③西风泼眼山如画:西风中,山水如画,映入眼帘。
④黄花:菊花。
⑤茱萸:一名越椒,一种有香气的植物。古代有重阳节佩茱萸登高,饮酒赏菊的习俗。

【评点与赏析】

描写重阳节的西湖景色,表现出观景赏花的兴致和乐观愉快的心情。曲中毫无叹老嗟卑之辞,洋溢着欢快乐观的气氛。

〔正宫〕醉太平

无 题

人皆嫌命窘①,谁不见钱亲?水晶环入面糊盆,才沾粘便滚。②文章糊了盛钱囤③，门庭改作迷魂阵，清廉贬入睡馄饨④。葫芦提倒稳⑤。

【注释】

①窨：窨迫，艰难。

②"水晶环"二句：比喻一个清白的人一旦踏进官场或与金钱打交道就会变质。

③"文章"句：指知识、文章丧失了自身的价值，成为了赚钱的工具。

④"清廉"句：清正廉明的人被视为糊涂虫。睡馄饨：元代俗语，意为愚昧无知的人。

⑤葫芦提：元代俗语，意为糊里糊涂。

【评点与赏析】

这首曲在张可久的作品中可谓别具一格。曲辞皆用方言俗语，揭露抨击当时利欲熏心、不讲人格、知识贬值、美丑不分的社会风气，体现出尖辛泼辣、活泼质朴的风格。这与张可久其他作品清丽典雅、婉约优美的风格很不一样。郑振铎评论它是"用俗语入曲"的"漂亮之作"。

〔中吕〕卖花声

怀 古

美人自刎乌江岸①，战火曾烧赤壁山②，将军空老玉门关③。伤心秦汉，生民涂炭④，读书人一声长叹。

【注释】

①美人自刎乌江岸：《史记·项羽本纪》记载，项羽兵败垓下，其爱妾虞姬在乌江自刎而死。

②战火曾烧赤壁山：三国时，曹操的数十万大军被孙权与刘备联军在赤壁（今湖北境内）以火攻打败，即著名的赤壁之战。

③将军空老玉门关：将军指东汉时的班超。班超曾多次出使西域，

后又长期驻守西域，封定远侯。后年老思乡，上书要求回乡，说："臣不敢望到酒泉郡，但愿生入玉门关。"玉门关，在今甘肃敦煌以西。

④生民涂炭：形容老百姓生活十分困苦。

【评点与赏析】

曲中以项羽兵败乌江，孙、刘火烧赤壁等著名历史事件，以及读书人的一声长叹，寄寓了十分丰富的内容，表达了作者无限的感慨。其中既有对英雄业绩的赞叹，又有对千古英雄终成史迹的感伤；既有对朝代更迭、战争不断给黎民百姓造成的痛苦的同情，又有对统治者为建立王图霸业给社会带来灾难的痛恨。这首曲写得凝练、含蓄，耐人寻味，是元曲中传诵不衰的出色之作。

〔中吕〕山坡羊

闺 思

云松螺髻①，香温鸳被，掩春闺一觉伤春睡。柳花飞，小琼姬②，一声"雪下呈祥瑞③"，团圆梦儿生唤起。谁，不做美？呸，却是你！

【注释】

①云松螺髻：螺形的发髻松散了。云：指乌发。

②小琼姬：美丽的小丫头。

③雪下呈祥瑞：民间有"瑞雪兆丰年"的谚语。

【评点与赏析】

这首曲描写一个闺中少妇对离人的思念，构思十分巧妙。春暖花开时节，闺中少妇寂寞伤春，昏然入睡，做起了甜美的梦。屋外柳花飞舞，犹如雪花飘飞。小丫头见了，不禁高声惊叹："雪下呈祥瑞"。不料惊醒了女主人公的美梦，她嗔怪地说："谁，不做美？呸，却是你！"短短几个字，她含娇带怒的神情跃然纸上，从她的埋怨中可看出她对情人深切的思念。在张可久的散曲作品中，这是颇具特色的一首曲，王世贞评论它是"情中悄语"（《艺苑卮言》）。

〔中吕〕红绣鞋

天台瀑布寺①

绝顶峰攒雪剑,悬崖水挂冰帘。倚树哀猿弄云尖。血华啼杜宇②,阴洞吼飞廉③。比人心山未险!

【注释】

①天台:山名,在浙江省天台县以北。
②杜宇:古蜀帝名,化为杜鹃,故后人称杜鹃为杜宇,初夏时常昼夜不停地叫。
③飞廉:传说中的风神。

【评点与赏析】

这首曲极力刻画天台山高峻、险绝、阴森、寒冷的自然景观。"攒雪剑","挂冰帘"使画面具有动感。然而,这些描写不过是为针砭世情作铺垫。末句笔锋陡然一转,"比人心山未险",比起世态之炎凉、人心之险恶,陡峭的山崖,山间的阴冷都算不了什么。这种风格刚健,以景取譬,直抒感慨的作品,在张可久散曲中并不多见。

〔中吕〕普天乐

西湖即事

蕊珠宫①,蓬莱洞②。青松影里,红藕香中。千机云锦重③,一片银河冻。缥缈佳人双飞凤,紫箫寒月满长空④。阑干晚风,菱歌上下,渔火西东。

【注释】

①蕊珠宫:传说中的仙宫。
②蓬莱:传说中的海上仙山。

③千机云锦重：形容天上的云和彩霞像织女用织机织出的千重云锦。

④紫箫：古人多截紫竹制箫笛，故称紫箫。

【评点与赏析】

我国民间早有"上有天堂，下有苏杭"的说法。这首曲首尾写现实中的西湖景色，中间展开瑰丽的想象，把人们引入仙境，云锦遍布，银河倒映，仙女飞升，月下吹箫。读者既可看到西湖月夜的清丽、飘渺，又可产生如临人间仙境之感。这种把想象和现实结合起来的写法，与李商隐的《碧城》诗、秦观的〔鹊桥仙〕《七夕》词有异曲同工之妙。

〔越调〕凭阑人

江 夜

江水澄澄江月明①，江上何人搊玉筝②？隔江和泪听，满江长叹声。

【注释】

①澄澄：形容江水清澈明净。

②搊：弹奏。玉筝：对筝的美称。

【评点与赏析】

这首曲写月夜江畔听筝的情形，绘声绘色，意境幽远。曲中未直接写曲调的优美动人，只写了一个实情："隔江和泪听"和一个虚景："满江长叹声"；作者听了曲子潸然泪下，并且想象满江都回响着伤感的叹息声，这些描写衬托出乐曲的动人力量。

〔越调〕凭阑人

春 思

帘外轻寒归燕忙①，桥下残红流水香②。游人窥粉墙，玉骢嘶绿杨③。

【注释】

①轻寒:稍有些寒意。
②残红:落花。
③玉骢:好马。

【评点与赏析】

作者用轻快的笔调描写初春时节乍暖还寒、万物复苏的气象。燕子飞舞,流水淙淙,游人踏青,马鸣林中。曲中展现的全是有声有色的动景,透出春天的勃勃生机。

〔越调〕寨儿令

题昭君出塞图①

辞凤阁②,盼滦河③,别离此情将奈何!羽盖峨峨④,虎皮驮驮,雁远幕云阔。建旌旗五百沙陀⑤,送琵琶三两宫娥。翠车前白橐驼⑥,鹦笼内锦鹦哥。他,强似马嵬坡⑦。

【注释】

①昭君出塞:昭君姓王,名嫱,字昭君,西汉元帝的宫女。汉元帝竟宁元年(公元前33年),匈奴呼韩邪单于来朝,元帝将王昭君嫁这位匈奴首领。
②凤阁:指汉代宫殿。
③滦河:在河北省。
④羽盖:用羽毛做的车盖,此处指车。
⑤沙陀:古代北方少数民族。
⑥橐驼:骆驼。
⑦马嵬坡:地名,在陕西省兴平县西。安史之乱起,唐玄宗仓皇入蜀避难,走到马嵬坡,六军不发,军士哗变,要求处死贵妃杨玉环,玄宗被迫将杨玉环赐死。

【评点与赏析】

　　历代文人常常把昭君出塞作为一个悲剧来吟唱，这首曲有不同的立意。曲中先描写昭君出塞的情景，表现出对封建时代受人摆布的宫女命运的同情。末句"他，强似马嵬坡"意味深长。王昭君虽然远嫁匈奴，离乡去国，一去难返，但比起先倍受宠爱，后被缢死马嵬坡的杨贵妃，无论从历史作用还是就个人命运来说，都要好得多。

任 昱

任昱，字则明，生平不详，大约与张可久同时。四明（今浙江宁波）人。他年轻时常在青楼歌榭留连，他的散曲作品在歌妓中十分流行。他晚期的散曲作品和前期相比有些变化，俚谣色调减弱，趋向工雅。今存散曲小令五十九首，套数一篇。《太和正音谱》把他列在"词林英杰"中。

〔中吕〕上小楼

隐 居

荆棘满途，蓬莱闲住①。诸葛茅庐②，陶令松菊③，张翰莼鲈④。不顺俗，不妄图⑤，清高风度。任年年落花飞絮。

【注释】

①蓬莱：原是传说中的海上仙山，此处泛指隐居的处所。
②诸葛：即诸葛亮。他躬耕南阳时居住在简陋的茅屋中。
③陶令：指陶渊明。
④张翰莼鲈：张翰曾任职洛阳，一日秋风起，使他想起家乡的莼羹、鲈鱼脍，便弃官归里。后称思乡之情为莼鲈之思。
⑤妄图：作非分之想。

【评点与赏析】

本首曲写隐居。不仅写出了促使主人公隐居的原因，是"荆棘满途"，还描写了隐居生活的悠然自得和盎然情趣，这通过"诸葛茅庐，陶令松菊，张翰莼鲈"一组鼎足对，形象地表现了出来。紧接着"不顺俗，不妄图，清高风度"三句，表现出诗人不随波逐流的高洁情操和不慕荣贵的生活态度。

〔中吕〕红绣鞋

春 情

暗朱箔雨寒风峭①,试罗衣玉减香消②。落花时节怨良宵,银台灯影淡,绣枕泪痕交,团圆春梦少。

【注释】

①朱箔:同"珠箔",即珠帘。

②玉减香消:形容消瘦。

【评点与赏析】

在一个雨寒风冷的春夜,一位少妇被离情折磨得不能成眠。满腹思念,满腔幽怨,却无人诉说。只有淡淡的灯影,沾满泪痕的绣枕陪伴着她。想做个与情人团圆的梦,也未能如愿。这首小令写"春情",写得凄婉、缠绵,形神并茂。

〔双调〕沉醉东风

信 笔

有待江山信美①,无情岁月相催。东里来②,西邻醉,听渔樵讲些兴废③。依旧中原一布衣,更休想麒麟画里④。

【注释】

①信美:真正美好。

②东里:东边的邻里。

③兴废:国家兴亡,朝代更替。

④麒麟画:画像于麒麟阁。麒麟阁,汉武帝时建,在未央宫内。汉宣帝时,画功臣霍光、张安世、韩增、苏武等十一人像于阁上。后泛指建功立业,青史留名。

【评点与赏析】

写乡村幽居生活,抒发了岁月流逝,年华易老的感慨。末两句"依旧中原一布衣,更休想麒麟画里",表达了功业未成的懊恼和愤懑。

〔双调〕清江引

题 情

南山豆苗荒数亩①,拂袖先归去。高官鼎内鱼,小吏罝中兔②。争似闭门闲看书。

【注释】

①"南山豆苗"句:陶渊明《归去来辞》:"田园将芜胡不归。"这里用其意。

②罝(jū):网。

【评点与赏析】

曲中用"鼎中鱼"、"罝中兔"比喻官场的险恶,十分形象,表现出对仕途的厌倦。同时,清静自由,安逸平和的隐居生活在吸引着他,"闭门闲看书"何其快哉!

〔双调〕清江引

钱塘怀古

吴山越山山下水①,总是凄凉意。江流今古愁,山雨兴亡泪②。沙鸥笑人闲未得③。

【注释】

①吴山:在杭州城南钱塘江北岸。越山:指绍兴城以北钱塘江南岸的山。

②山雨兴亡泪：意谓山中的雨犹如为国家的衰亡流的泪。

③闲未得：不得闲。

【评点与赏析】

　　这支小令把深沉的兴亡之感，融入到景物描写中。国家兴亡，朝代更叠，历史变迁，物是人非，而山水如故。千古不变的山山水水中，融入了深厚的历史感，引发人的感慨和感伤。末句"沙鸥笑人闲未得"，看似轻松，含义却颇为丰富。自然界的生物是那样悠然自得，而人世间则充满忙碌、竞争、劳顿，最终，一切的一切都将归于历史的陈迹。

徐再思

徐再思,字德可,嘉兴(今浙江嘉兴)人。生卒年不详,与贯云石、张可久同时,是元代后期著名散曲作家。因喜食甜食,故自号甜斋。贯云石自号酸斋,世人把他与贯云石的散曲作品并称"酸甜乐府"。他性格聪敏,但一生不得志,曾任嘉兴路吏。他的散曲作品风格与贯云石并不相同。贯云石更多地表现出豪宕超逸的气质,徐再思则更多地表现出秀丽平和的风格。现存小令一百零三首。

〔中吕〕喜春来

闺 怨

妾身悔作商人妇①,妾命当逢薄幸夫②。别时只说到东吴③,三载余,却得广州书。

【注释】

①妾身悔作商人妇:白居易《琵琶行》中,有"门前冷落车马稀,老大嫁作商人妇。商人重利轻离别,前月浮梁买茶去"诗句,此句用白居易诗意。

②薄幸夫:负心的丈夫。

③东吴:泛指太湖一带。

【评点与赏析】

这首曲描写一个独守空房的商人妇对丈夫的怨怒和指责。唐代刘采春《罗唝曲》:"那年离别日,只道在桐庐。桐庐人不见,今得广州书。"这首曲化用了刘采春的《罗唝曲》,但心理描写更为生动,对丈夫"重利轻离别"的指责愤恨之情抒发得更为直率。

〔中吕〕喜春来

皇亭晚泊

水深水浅东西涧①,云去云来远近山。秋风征棹钓鱼滩②,烟树晚,茅舍两三间。

【注释】

①涧:山间的流水。

②征棹:行船。

【评点与赏析】

山峰起伏,流水潺潺,白云飘飞。征人在秋风中跋涉了一天,直到傍晚,几座山间草屋出现在眼前。这是一幅山间秋景图,静谧、安宁,其中也流露出淡淡的感伤。

〔双调〕蟾宫曲

春 情

平生不会相思,才会相思,便害相思。身似浮云①,心如飞絮,气若游丝。空一缕余香在此,盼千金游子何之②。证候来时③,正是何时?灯半昏时,月半明时。

【注释】

①身似浮云:形容身体虚弱,走路晕晕乎乎,摇摇晃晃,像飘浮的云一样。

②盼千金游子何之:殷勤盼望的情侣到哪里去了。何之:往哪里去了。千金游子:远去的情人是富家子弟。

③证候:指相思病。

○踏歌图　（宋）马远

【评点与赏析】

这首曲写相思之情,十分细腻。语言浅白,情态真切。开头的几个"相思",结尾的几个"时"字连用,语意环扣,音韵重叠,但全无堆砌之感,却把缠绵、飘忽、没着没落的相思之情刻画得淋漓尽致。吴梅在《顾曲麈谈》中评论这首曲:"正镂心刻骨之作,直开玉茗(汤显祖)、粲花(吴炳)一派矣。"

〔双调〕殿前欢

观音山眠松①

老苍龙②,避乖高卧此山中③。岁寒心不肯为梁栋④,翠蜿蜒俯仰相从⑤。秦皇旧日封⑥,靖节何年种⑦?丁固当时梦⑧。半溪明月,一枕清风。

【注释】

①观音山:名观音山的山很多,此处大约指南京市观音门外的观音山。眠松:倒着的松树。

②老苍龙:指老松树。

③避乖:避乱世。

④为梁栋:做栋梁。

⑤翠蜿蜒俯仰相从:形容青藤依傍着松树,环绕其上。

⑥秦皇旧日封:《史记·秦始皇本纪》:"二十八年,(始皇)乃上泰山,立石封祠祀。下,风雨暴至,休于(松)树下,因封其树为五大夫。"

⑦靖节:指陶渊明,世称靖节先生。

⑧丁固当时梦:丁固,三国时吴人,字子贱。《三国志·吴书》载,丁固任尚书时,曾梦见松树生其腹上,因此对人说:"松字十八公也,后十八岁,吾其为公乎!"后来果然官至大司徒。

【评点与赏析】

本首曲描写了一株山中古老的卧松,寄寓了对隐士高洁品格的赞扬之情。这棵古松抵御了无数次诱惑,没有进入那轰轰烈烈的世界,去做那栋梁之材。也不知他在山中静卧了多少年,属于它的只有清风、明月和身边平常无奇的藤蔓。这分明是一个沉着、冷静、深明世事的隐士形象。

〔双调〕沉醉东风

春 情

一自多才间阔①,几时盼得成合②?今日个猛见他门前过,待唤着怕人瞧科③。我这里高唱当时水调歌④,要识得声音是我。

【注释】

①多才:对恋爱对象的一种亲昵的称呼。间阔:久别。
②成合:结合。
③瞧科:看见。
④水调歌:当时流行的歌曲水调歌头。

【评点与赏析】

一个闺中少女,一直沉浸在对恋人的思念中。有一天,突然看到久盼的情人从门口走过,但她不敢相唤,因为怕人看见。情急中她灵机一动,高声唱起了《水调歌》。她心里料定,意中人一定能听出是她的声音。既写出了封建制度下礼教的森严,又刻画出了少女机智、大胆、活泼的性格。全曲笔调轻快,情趣盎然。

〔双调〕清江引

相 思

相思的有如少债的①,每日相催逼。常挑着一担愁,准不了三分利②。这本钱见面时才算得。

【注释】

①少债：欠债。

②准不了：抵偿不了。

【评点与赏析】

这首曲用一个新颖别致的比喻，将相思比作债务，新奇但却恰如其分。相思如同债务，不仅仅是放不下，抹不掉，日日纠缠，时时萦绕，而且利息日益积累，隐喻出相思之苦的与日俱增。末句"这本钱见面时才算得"，巧妙地写出相思这笔债务的特殊之处——两人相见，债务才能了结。前人对这首曲的表现手法很赞赏。自古以来，表现相思之情的诗词曲作品很多，用以比喻相思的事物也很多，然而以欠债喻相思的却不多。尽管以欠债喻相思不是徐再思的首创，但他用得自然，产生了较大的影响。任半塘在《曲谐》中评价这首词："以放债喻相思，亦元人沿用之意。特以此词为著耳。"

〔双调〕水仙子

夜　雨

一声梧叶一声秋①，一点芭蕉一点愁②，三更归梦三更后。落灯花，棋未收③，叹新丰逆旅淹留④。枕上十年事⑤，江南二老忧⑥，都到心头。

【注释】

①一声梧叶一声秋：以雨点打在梧桐叶上的响声来写秋雨。温庭筠《更漏子》："梧桐树，三更雨，不道离情正苦。一叶叶，一声声，空阶滴到明。"此句从温词中化出。

②一点芭蕉一点愁：秋雨打在芭蕉叶上的声音引起人的愁思。杜牧《芭蕉》诗："芭蕉为雨移，故向窗前种。怜渠点滴声，留得归乡梦。"李煜《长相思》："秋风多，雨相和。帘外芭蕉三两棵，夜长人奈何！"此句取其意境。

③落灯花，棋未收：赵师秀《有约》诗中有"有约不来过夜半，闲敲棋子落灯花"诗句，此二句从赵诗中化出。

④叹新丰逆旅淹留：借用唐代马周在新丰旅店被冷落的故事来抒发愁思。马周是唐太宗时人，少孤，家贫而有大志，后发迹。

⑤枕上十年事：躺着回忆往事。

⑥二老：父母。

【评点与赏析】

本曲写旅人触景生情，满腹愁思。曲中并不直写夜雨，而用雨滴在梧桐叶、芭蕉叶上的声音，写出秋雨淅沥，渲染出秋夜愁闷的气氛。"三更归梦三更后"把主人公夜不能寐、愁思万缕的情状委婉、含蓄地表现出来，全无斧凿痕迹。"叹新丰逆旅淹留"一句，以马周自况，感叹自己怀才不遇。末几句"枕上十年事，江南二老忧，都到心头。"言虽尽而意未收，主人公对世事坎坷的慨叹和对亲人的怀念，不绝如缕。《中原音韵·作词十法》把这首曲列为"定格"，视作学习的典范。《艺苑卮言》附录一说它是"情中紧语"，《雨村曲话》卷上赞赏它"人不能道"，给予了很高的评价。

〔越调〕凭阑人

清 江

九殿春风鸤鹊楼，千里离宫龙凤舟①。始为天下忧，后为天下羞。

【注释】

①"九殿春风"两句：指隋炀帝荒淫误国的事。鸤鹊楼：观名，汉武帝时筑，在甘泉苑中。离宫：天子出巡时的行宫。

【评点与赏析】

寥寥数语揭示了封建王朝兴盛与衰亡的历史规律。封建帝王在掌权之前或立国之初，多是一副心忧天下，顺乎民心的样子，一旦坐稳江山，便穷奢极欲，大肆搜刮。终因荒淫腐败丧国，落得万民唾骂。

曲中虽然说的是隋炀帝的事,但却道出了具有普遍意义的规律。

〔越调〕天净沙

探 梅

昨朝深雪前村,今宵淡月黄昏。春到南枝几分?水香冰晕①,唤回逋老诗魂②。

【注释】

①水香冰晕:形容梅花淡淡的香和雪中看梅,梅花所带的光晕。
②逋老:指宋代隐士林逋,以喜爱梅花闻名。

【评点与赏析】

昨天大雪纷飞,今天天气放晴。淡淡的月光洒在厚厚的积雪上。诗人踏雪寻梅,十分殷勤,每天都急切地想知道梅花开了多少。当闻到梅花的清香,看到梅花的娇姿时,胸中顿时升腾起浓浓的诗兴。本曲通过寻梅写出了诗人对梅花的喜爱和赞赏。

涂再思

孙周卿

孙周卿,生平事迹不详。《太平乐府》说他是古邠(今陕西邠县)人。孙楷第《元曲家考略》又说他是古汴(今河南开封)人。近人根据傅若金《绿窗遗稿序》中语:"故妻孙氏惠兰,早失母,父周卿先生。"推断他是傅若金(江西人)的岳父。今存小令二十三首。

〔双调〕水仙子

山居自乐

西风篱菊灿秋花,落日枫林噪晚鸦,数椽茅屋青山下。是山中宰相家①,教儿孙自种桑麻②。亲眷至煨香芋,宾朋来煮嫩茶,富贵休夸。

【注释】

①山中宰相:原指隐士陶弘景。《南史·陶弘景传》中载,陶弘景隐居句曲山中,武帝时每有国家大事,便往山中咨询,时人称他为山中宰相。此处为作者自称。

②种桑麻:泛指种庄稼,农事。

【评点与赏析】

曲中描写了秋天日暮时分的田园景物,全没有其他作品中常见的秋景的凄凉愁惨气氛。表现了作者自得其乐的山居生活和亦官亦隐的生活情趣。

〔双调〕水仙子

山居自乐

朝吟暮醉两相宜①,花落花开总不知②。虚名嚼破无滋味,比闲人惹是非。淡家私付与山妻③,水碓里春来米④,山庄上线了鸡⑤,事事休提。

【注释】

①朝吟暮醉:从早到晚吟诗喝酒,朝、暮是互文。
②"花落"句:意谓对外界事物不关心,无牵无挂。
③淡家私:意谓家产很少。山妻:谦称自己的妻子。
④水碓:一种春米的器具。
⑤线了鸡:阉了鸡。

【评点与赏析】

　　这首曲是作者所作的四首以《山居自乐》为题的小令的最后一首。描写山村生活,十分具体生动。作者突出描绘乡居生活的散淡,超然。不必为名利奔波,不必为是非劳神。家产虽不丰裕,但也有米有鸡。由妻子操持家务事,自己落得事事消停。这些表明,作者似乎有过在功名场中竞争的经历,这是从中退出后的感受。

曹　德

曹德，字明善。生卒年不详。曾任衢州路吏、山东宪吏等小官。元顺帝时，因为写《清江引》二首讽刺宰相伯颜专权，因而获罪，逃避居住于吴中一个僧舍。待伯颜事败后，才重新入京。擅写散曲，《录鬼簿》称其散曲"华丽自然，不在小山之下。"今存小令十八首。

〔双调〕折桂令

西湖早春

小红楼隔水人家①，草未鸣蛙，柳已藏鸦②。试卷朱帘，寻山问寺，何处无花。金络脑堤边骏马③，锦缠头船上娇娃④。风景繁华，不醉流霞⑤，前世生涯。

【注释】

①红楼：指女子住所。

②柳已藏鸦：意为柳树已绿叶成荫，可容乌鸦栖息。

③金络脑：装饰华贵的马笼头。

④锦缠头：古代歌女把锦帛缠在头上作为妆饰，称为锦缠头，后把送给歌女的财物也称为"缠头"。

⑤流霞：指酒。

【评点与赏析】

描写西湖早春景色。从岸上写到堤边，再写到湖中，红楼、骏马、娇娃，青草、翠柳、繁花，一片春意盎然。主人公不因酒醉，而为美景沉醉。

〔双调〕折桂令

登灵鹫山①

便休提钟鼎山林②,遮莫荣枯③,总是消沉。落落魄魄,酒逢知己,琴遇知音④。时俯仰人间古今⑤,且消磨闲处光阴。无事当心⑥,今日从容,此地登临。

【注释】

①灵鹫山:在杭州西湖西北的灵隐寺前。
②钟鼎山林:指做官和退隐。
③遮莫:无论。荣枯:得志与失意。
④琴遇知音:相传春秋时俞伯牙善弹琴,钟子期善听琴,能听懂伯牙琴声中蕴涵的内容。钟子期死后,俞伯牙认为世无知音,不再弹琴。
⑤时俯仰人间古今:形容时间流逝得快。俯仰,一俯一仰之间。王羲之《兰亭集序》:"向之所欣,俯仰之间,已为陈迹。"
⑥当心:放在心上。

【评点与赏析】

这首曲抒发人生之叹。岁月如梭,时光似箭,无论升官还是归隐,无论升沉荣辱,最终都归于沉寂。作者声称,"酒逢知己,琴遇知音","无事当心",悠闲从容的生活,足以使人自慰,这是一种宁静、超然的人生态度。同时,作者也抒发了人生易逝的叹息。

〔双调〕折桂令

江头即事

问城南春事何如?细草如烟,小雨如酥①。不驾巾车②,不拖竹杖,不上篮舆③。著二只将息蹇驴④。索三杯分付奚奴⑤。竹里行厨⑥,

花下提壶。共友联诗，临水观鱼。

【注释】

①小雨如酥：韩愈《初春小雨》："天街小雨润如酥，草色遥看近却无"，此句用其意。酥，湿润。

②巾车：有布篷的车。

③篮舆：竹轿。

④蹇驴：瘦弱的驴。

⑤奚奴：奴仆。

⑥竹里行厨：在竹林里野餐。杜甫《严公仲夏枉驾草堂兼携酒馔》："竹里行厨洗玉盘，花边立马簇金鞍。"

【评点与赏析】

描写一次城外郊野的春游。不驾车，骑着驴，竹林花间，野炊饮酒，朋友相聚，联诗观鱼，这的确是难得的乐趣。小令写得情趣盎然。

〔双调〕庆东原

江头即事

低茅舍，卖酒家，客来旋把朱帘挂①。长天落霞，方池睡鸦，老树昏鸦。几句杜陵诗②，一幅王维画③。

【注释】

①旋：立刻。

②杜陵：唐代诗人杜甫。

③王维：唐代诗人、画家。

【评点与赏析】

寥寥几笔，勾勒出南方乡村的傍晚景色，淡雅、安祥、宁静，如诗如画。

〔双调〕清江引

长门柳丝千万结①,风起花如雪②。离别复离别,攀折复攀折③,苦无多旧时枝叶也。

【注释】

①长门:汉代宫名,这里代指长安。
②风起花如雪:言柳絮纷飞如雪花。
③攀折复攀折:古代有折柳条送别的习俗。

【评点与赏析】

这首曲描写因屡屡送别引起的伤感惆怅之情。末句"苦无多旧时枝叶也"十分耐人寻味。既说明送别之频繁,又意味着旧相知日益稀少,感伤之情十分深沉。文辞质朴而寓意含蓄。

王仲元

王仲元，杭州（今浙江杭州）人，生卒年不详。与钟嗣成同时，著有《于公高门》、《袁盎欲座》等杂剧三种。现存小令二十一首，套数四套。

〔中吕〕普天乐

旅 况

树杈桠，藤缠挂，冲烟塞雁①，接翅昏鸦②。展江乡水墨图，列湖口潇湘画。过浦穿溪沿江汊③，问孤航夜泊谁家？无聊倦客，伤心逆旅④，恨满天涯。

【注释】

①塞雁：塞外来的大雁。
②昏鸦：黄昏时的乌鸦。
③浦：水边或江河入海处。
④逆旅：客店。

【评点与赏析】

从荒野日暮时分的萧瑟景象，衬托飘泊无着，疲惫不堪的游子心态，情景交融。

大食惟寅

大食惟寅,阿拉伯人,生平不详。

〔双调〕燕引雏

奉寄小山先辈[①]

气横秋[②],心驰八表快神游[③]。词林谁出先生右[④]?独占鳌头。诗成神鬼愁,笔落龙蛇走,才展山川秀。声传南国,名播中州[⑤]。

【注释】

①小山:元代散曲名家张可久的号。
②气横秋:形容张可久意气风发。
③八表:八方之外,指极远的地方。
④右:古代以右为尊。
⑤"声传南国"二句:意谓张可久的名声传遍全国。中州,原指古豫州,即今河南一带,此处泛指中原地区及中国北方。

【评点与赏析】

作者作为一位阿拉伯人,对张可久的散曲作品发出由衷的赞扬,可见张可久散曲具有很强的艺术感染力,产生了广泛的影响。本曲可作为古代中国人民和阿拉伯人民源远流长的文化交流的史料参考。小令文笔流畅,对仗工整。

景元启

景元启,生平不详。今存小令十五首,套数一套。

〔双调〕殿前欢

梅 花

月如牙,早庭前疏影印窗纱①。逃禅老笔应难画②,别样清佳。据胡床再看咱③,山妻骂:"为甚情牵挂?"大都来梅花是我,我是梅花。

【注释】

①疏影:指被月光映照在窗前的梅花的影子。
②逃禅:指要逃避到佛教中寻找解脱的人。这里是作者自称。
③胡床:一种坐具。

【评点与赏析】

以富有情趣的生活场景的描写,表现艺术家沉浸在创作灵感中的如痴如醉的神态。曲中并未正面写梅花体态的优美,品格的高雅,也没有写作者如何欣赏。而通过妻子嗔怪他牵挂窗外的什么人这一细节,把主人公对梅花的钟爱、倾慕、眷恋,竟至难分彼此、化为一体的情怀抒发得淋漓尽致。

吴西逸

吴西逸,生平不详。与贯云石同时。他的散曲作品影响较大,《太平乐府》、《乐府群珠》和《北词广正谱》都收录了他的作品。《太和正音谱》评论其散曲作品"如空谷流泉"。今存小令四十七首。

〔双调〕清江引

秋 居

白雁乱飞秋似雪,清露生凉夜。扫却石边云①,醉踏松根月②,星斗满天人睡也。

【注释】

①石边云:石边的云影。
②松根月:松根上的月色。

【评点与赏析】

描写山林秋夜的景色。月光如水,满地白霜,静谧而清爽。诗人痛饮后扶醉而归,伴着云影松涛声睡去。小令写得情趣盎然。

〔双调〕寿阳曲

酒 散

旗亭散①,歌韵歇,暖风轻柳摇台榭②。杏花墙夕阳春去也,马蹄香宝鞍敲月③。

【注释】

①旗亭:酒楼。

②榭：建在台上的房屋。

③马蹄香：马踏野花，散发出香味。宝鞍敲月：人们牵马踏月而行。

【评点与赏析】

描写酒楼人散后的情景。天色已晚，喧闹了一天的酒楼里歌声停歇，人们已经离去。只留下空空的亭台水榭和晚风中轻轻摆动的柳树，四处一片寂静。远处的月光下，人马声正渐渐远去。"酒散"这样一个日常生活中常见的情景在诗人笔下十分富有韵味。

〔双调〕寿阳曲

四时

萦心事①，惹恨词②，更那堪动人秋思③。画楼边几声新雁儿，不传书摆成个愁字。

【注释】

①萦心事：心事萦绕胸间。

②惹恨词：描写愁闷的词引发人的愁绪。

③那堪：经受不住。

【评点与赏析】

小令描写画楼中一位女子的相思愁绪。她心事重重，难以排遣。读诗写词都只能更增添她的烦闷，秋天的萧条景象也引发起她的愁思万缕，就连天空飞过的大雁，在她眼里也摆成了愁字。小令写得情思缠绵，委婉动人。

〔越调〕天净沙

闲 题

一

长江万里归帆,西风几度阳关,依旧红尘满眼①。夕阳新雁,此情时拍阑干②。

二

江亭远树残霞,淡烟芳草平沙,绿柳荫中系马。夕阳西下,水村山郭人家。

【注释】

①红尘:世俗。
②拍阑干:用手拍栏杆,表示内心不平。辛弃疾《水龙吟·登建康赏心亭》:"落日楼头,断鸿声里,江南游子,把吴钩看了,栏干拍遍,无人会,登临意。"

【评点与赏析】

作者所写同曲调同曲题的小令共四首,此为其中的两首。曲中描写西风夕阳中的长江东去,村郭秀丽。景色阔大,意境悠远。景物中蕴涵着游子奔走天涯的惆怅,透露出缕缕愁绪。

○吴西逸

赵显宏

赵显宏,号学村,生平事迹不详。现存小令二十首,套数二套。

〔中吕〕满庭芳

牧

闲中放牛,天连野草,水接平芜①。终朝饱玩江山秀,乐以忘忧。青箬笠西风渡口②,绿蓑衣暮雨沧州③。黄昏后,长笛在手,吹破楚天秋。

【注释】

①平芜:平原,平坦的草原。
②箬笠:同篛笠。用箬竹叶或篾编结而成的宽边帽,用以遮太阳,御暑。箬,竹的一种。
③蓑衣:用草或棕编制成的雨衣。

【评点与赏析】

这首曲是作者分别描写渔、樵、耕、牧的四支曲中的一首。曲中津津乐道田园生活的乐趣。前三句描写牧场景色,十分壮阔。紧接着描写放牧时的心情,生动而富有情趣。但总体上看,诗人毕竟不是农人,虽然斗笠蓑衣,耕种放牧,怡情山水,乐以忘忧,但"吹破楚天秋"的长笛声中,仍然包含着对社会现实的许多感慨。

〔双调〕殿前欢

闲 居

去来兮①,桃花流水鳜鱼肥②,山蔬野菜偏滋味③。旋波新醅④。胡寻些东与西,拼了个醒而醉。不管他天和地,盆干瓮竭,方许逃席。

【注释】

①去来兮:东晋陶渊明《归去来辞》中有"归去来兮",表示决心归隐。

②"桃花"句:语出唐代张志和《渔歌子》:"西塞山前白鹭飞,桃花流水鳜鱼肥。"鳜(guì)鱼,一种口大鳞细、身体黄色上有黑色花斑的食肉鱼,味道鲜美,少刺。

③偏滋味:偏偏有滋味。

④新醅:新制的未滤之酒。

【评点与赏析】

这是作者四首题为"闲居"的小令中的一首。描写闲居在山野的快乐。重点描写的是席间痛饮的情形。春天来临,又是一个"桃花流水鳜鱼肥"的季节。山间的野菜格外丰富,做下酒菜,别有风味。端来新酿的酒,举杯痛饮,一醉方休。酒瓮不干,不许离席,曲中的主人公们酒喝得豪爽痛快,小令写得畅快风趣。

〔双调〕清江引

少年身正值着春暮月①,宴赏无明夜②。一任锦囊空③,不放金杯歇④,明日落红多去也⑤。

【注释】

①春暮月:暮春时节。

②无明夜：不分昼夜。
③锦囊：此处指钱袋。
④金杯：指华贵的酒杯。
⑤落红：落花。

【评点与赏析】

描写青年人沉醉于大好春光，尽情欢乐的情景，抒发了春光易逝的感叹。末句"明日落红多去也"，流露了惜春伤时的情绪。

李德载

李德载,生平事迹不详,今存小令十首,即〔中吕·喜春来〕《赠茶肆》十首。

〔中吕〕喜春来

赠茶肆[①]

茶烟一缕轻轻飏,搅动兰膏四座香[②],烹煎妙手赛维扬[③]。非是谎,下马试来尝。

【注释】

①茶肆:茶馆。
②兰膏:原是泽兰练成的油,此处代指茶。
③烹煎:指煎茶,维扬:扬州的别称。

【评点与赏析】

作者用同一曲调、同一曲题谱写了十首小令,内容均为夸赞茶好,此为第一首。曲中盛赞茶的香味和煎茶的手艺。一杯茶在手,一经搅动便香飘四座。何以有如此的香茶呢?原来,这个茶肆里有赛过维扬的"烹煎妙手"。这首曲语言很是通俗明快,很像是宣传这一茶肆的广告诗,在元代散曲中颇为独特。

〔中吕〕喜春来

赠茶肆

金芽嫩采枝头露[①],雪乳香浮塞上酥[②],我家奇品世间无。君听取,声价彻皇都。

【注释】

①"金芽"句：指采下带着露珠的嫩茶。

②塞上酥：塞外少数民族喝的奶茶。

【评点与赏析】

此为作者所作的十首〔中吕·喜春来〕《赠茶肆》的最后一首。作品似乎是文人为商家设计的广告词，这在元散曲中十分少见。在这首创作于数百年前的小令中，"奇品世间无"，"声价彻皇都"等赞语，与现今商家常用的"质量最佳，誉满全球"等广告词如出一辙，相映成趣。

李致远

李致远,生平事迹不详。一说江右(今江西)人。生活年代在元世祖至元年间。曾客居溧阳,与仇远相友善。仇远在《和李致远君深秀才》一诗中有"子亦固穷忘怨尤","一瓢陋巷誓不出,孤云野鹤心自由。""有才未遇政何损,知尔不荐终当羞"等句,可知他一直沉沦未遇,未曾出仕。著有杂剧《还牢末》,今存小令二十六首,套数四套。

〔中吕〕朝天子

秋夜吟

梵宫①,晚钟,落日蝉声送。半规凉月半帘风②,骚客情尤重③。何处楼台,笛声悲动?二毛斑④,秋夜永。楚峰几重,遮不断相思梦。

【注释】

①梵宫:佛寺。
②半规凉月:半轮明月。
③骚客:文人。
④二毛斑:头发花白。

【评点与赏析】

写秋夜寄宿佛寺的所见、所闻、所感。景色凄凉,笛声悲伤,夜不能寐,相思情长。全曲充满了感伤情调,创造了一种悲凉的意境。

〔中吕〕迎仙客

暮 春

吹落红,楝花风①,深院垂杨轻雾中。小窗闲,停绣工,帘幕重重,不锁相思梦②。

【注释】

①楝花风:楝(liàn),树名,三四月开花,花色红紫,花香浓郁。楝花风,是最后的花信风。古人把应花期而来的风称花信风,从小寒到谷雨共八个节气,一百二十日,每五日为一候,每候应一种花信,共二十四候,故有二十四番花信风的说法。

②不锁:锁不住,挡不住。

【评点与赏析】

暮春时节,在一个看似十分幽静、闲适的环境里,一位少女的内心世界掀起了剧烈的情感波澜。她倚靠着小窗闲坐着,停下了手中的绣工,痴痴地思念着意中人。曲中以寥寥数语,刻画这个少女形象,可谓神情并茂。

〔中吕〕红绣鞋

晚 春

杨柳深深小院,夕阳淡淡啼鹃,巷陌东风卖饧天①。才社日停针线②,又寒食戏秋千③,一春幽恨远。

【注释】

①饧(xíng):用麦芽或谷芽熬成的糖。

②社日:祭社神的日子,有春社、秋社。

③寒食:冬至后一百五日为寒食节,禁火三天,民间以玩秋千

为戏。

【评点与赏析】

描写晚春时节的自然风光、民间风情和民俗活动，充满盎然生机，基调是明朗欢快的。但也透露出淡淡的惆怅，大概是对春天将逝去的惋惜吧。

〔双调〕落梅风

斜阳外，春雨足，风吹皱一池寒玉①。画楼中有人情正苦②，杜鹃声莫啼归去③。

【注释】

①寒玉：比喻池水，形容池水清凉、晶莹、清澈。
②画楼：华美的绣楼。
③"杜鹃"句：杜鹃鸟的叫声像是说"不如归去"。

【评点与赏析】

春天里的一个黄昏，雨后新晴，微风习习。画楼中的女子正受着离情的折磨，心情苦闷。杜鹃的叫声更引起她思念远方亲人的感情。小令写得情意绵绵，言简意长。

〔越调〕天净沙

离　愁

敲风修竹珊珊①，润花小雨斑斑。有恨心情懒懒②。一声长叹，临鸾不画眉山③。

【注释】

①敲风修竹：高高的竹子在风中互相敲击。珊珊：象声词，形容

玉、铃、雨、钟等发出的舒缓的声音,此处形容竹子相互的碰击声。

②恨:指离恨。

③鸾:指背面铸有鸾凤图案的镜子。

【评点与赏析】

微风细雨勾起了闺中女子的离情别恨,因而心意懒懒,无心梳妆,唉声叹气。小令写得情景交融,笔致婉曲。

张鸣善

张鸣善,名择,号顽老子,平阳(今山西临汾)人,后流寓扬州。曾任宣慰司令史、江浙提学等职。至正二十六年(1366年),他曾为夏庭芝的《青楼集》作序,可见他的主要活动年代在至正年间。著有杂剧《烟花鬼》、《夜月瑶琴怨》、《草园阁》三种及《英华集》,皆失传。他的散曲在当时颇负盛名。《太和正音谱》评论他的曲说:"藻思富赡,烂若春葩;郁郁焰焰,光彩万丈,可以为羽仪词林者也,诚一代之作手。"将他列在元曲家中的第九位。今存小令十三首,套数二套。

〔双调〕落梅风

咏 雪

漫天坠,扑地飞,白占许多田地。冻杀吴民都是你[①],难道是国家祥瑞[②]?

【注释】

① 吴民:吴地的人民。吴,指今江苏、浙江一带。
② 祥瑞:吉祥的征兆。

【评点与赏析】

借咏雪抒发愤世嫉俗的情绪。大雪铺天盖地地纷纷落下,民间历来有"瑞雪兆丰年"的俗话,但在作者眼里却不是这样。他看到的是,大雪白占了田地,冻死了吴民。这哪里是在说雪,明明是在斥责那些欺压百姓的统治者。

〔双调〕水仙子

讥 时

铺眉苦眼早三公[①],裸袖揎拳享万钟[②],胡言乱语成时用[③]。大纲来都是哄④。说英雄谁是英雄？五眼鸡岐山鸣凤⑤，两头蛇南阳卧龙⑥，三脚猫渭水非熊⑦。

【注释】

①铺眉苫（shān）眼：展眉动眼，这里有装模作样、大模大样之意。三公：古代最高官职。周代以太师、太傅、太保为三公；西汉以大司马、大司徒、大司空为三公，各代名称不一。

②裸袖揎拳：捋起袖子、握起拳头。形容横蛮不讲理的样子。享万钟，享受最高的俸禄。

③成时用：为当时社会所重用。

④大纲来：总之。

⑤五眼鸡：也作忤眼鸡，乌眼鸡，即好斗的鸡。岐山鸣凤，岐山在今陕西岐山县东北，是周朝的发祥地。传说周朝将兴时，有凤凰鸣于岐山之上。

⑥两头蛇：传说中不祥的怪物。南阳卧龙，指诸葛亮，他曾隐居南阳（今湖北襄阳）。

⑦三脚猫：怪物，俗指对事物一知半解的人。渭水非熊：指辅佐周文王、周武王的名臣吕尚（即姜尚、姜子牙）。《史记·齐太公世家》载，周文王将出猎，先占卜，卜辞说："所获非龙非螭，非熊非罴，所获霸王之辅"，后来在渭水北边遇到姜子牙。

【评点与赏析】

这首曲深刻揭露了是非颠倒、黑白混淆、忠奸不分、贤愚莫辨的社会现实。笔调诙谐而泼辣。结尾三句巧妙地把民间俗语与历史典故联系在一起，构成鼎足对。"五眼鸡"、"两头蛇"、"三脚猫"这些奇里古怪、不伦不类的东西竟然成了那个时代的英雄，成了周公、吕尚、诸葛亮式的人物，岂非咄咄怪事。既富于幽默感，也讽刺得很辛辣。对仗工整，对比鲜明，将那些当政小人的丑恶嘴脸刻画得入木三分。张鸣善的此首小令历来被认为是元曲中的名篇，为选家所重视。

○有鸟诗图册（之一） （清）金 昆

李伯瞻

李伯瞻,字熙怡,生平事迹不详。据孙楷第《元曲家考略》考证,他是元初功臣李恒之孙李屹,官至翰林直学士,阶中议大夫。善书画,工词曲,今存小令七首。

〔双调〕殿前欢

省 悟

去来兮①,黄鸡啄黍正秋肥。寻常老瓦盆边醉,不记东西②,教山童替说知,权休罪③,老弟兄行都申意④。今朝溷扰⑤,来日回席。

【注释】

①去来兮:用陶渊明《归去来辞》:"归去来兮"句意。
②不记东西:不辨方向,因为醉了。
③权休罪:权且不要怪罪。
④弟兄行:弟兄辈。申意:说明。
⑤溷扰:打扰。

【评点与赏析】

这首曲是作者所作七首〔双调·殿前欢〕《省悟》中的第二首。主要描写归隐生活的乐趣。作者归隐田园后,在村里与乡邻亲友和睦相处,欢快相聚,大碗喝酒,高声谈笑。场面热闹,情谊真挚。乡居生活的轻松自在与官场仕途如履薄冰似的紧张、恐惧相比,真是天差地别。小令把作者所"省悟"的内容——即对仕宦生涯的厌弃形象地表现了出来。

〔双调〕殿前欢

省 悟

驾扁舟,云帆百尺洞庭秋。黄柑万颗霜初透,绿蚁香浮①。闲来饮数瓯,醉梦醒时候,月色明如昼。白蘋渡口②,红蓼滩头。

【注释】

①绿蚁:本意是新酿未过滤的酒,上有浮渣。此处泛指酒。
②蘋(pín):一种长在浅水中的蕨类植物。

【评点与赏析】

作者共作〔双调·殿前欢〕《省悟》七首,从不同角度抒写寄情于山水田园生活的欣喜和厌倦官场生涯的情绪。这是其中的第五首。这首曲描写洞庭秋色,气势开阔,色彩缤纷,也描写了醉卧湖边的逍遥、自在。

杨朝英

杨朝英,号澹斋,青城(今山东高青)人。生卒年不详。平生与贯云石相友善,工散曲,今存小令二十七首。他辑录了《乐府新编阳春白雪》、《朝野新声太平乐府》二部元人散曲集,使元人散曲的精华得以保存,为元散曲的保存和流传作出了贡献。

〔商调〕梧叶儿

客中闻雨

檐头溜①,窗外声,直响到天明。滴得人心碎,聒得人梦怎成?夜雨好无情,不道我愁人怕听②。

【注释】

①檐头溜:屋檐的雨水往下滴。
②不道:不知。

【评点与赏析】

写客中闻雨引发的愁思。全曲扣紧通宵不停的雨声来写,落脚在愁字,表面上句句写雨声,实际上的句句写愁思。主人公彻夜不眠看似是由于雨声的搅扰,实际是愁绪萦心所致。小令通过描写主人公"闻雨"的感受,展现了主人公被愁绪所困扰的情状。

〔双调〕殿前欢

和阿里西瑛韵

白云窝,天边乌兔似飞梭①。安贫守己窝中坐,尽自磨陀。教顽童做过活,到大来无灾祸。园中瓜果,门外田禾。

【注释】

①乌兔:日月。古代神话传说说日中有乌,月中有兔,因合称日月为乌兔。

【评点与赏析】

描写隐居生活,笔调诙谐风趣,语言浅白畅快,颇有豪爽洒脱的气度。表现出杨朝英散曲的又一种风格。

〔双调〕清江引

秋深最好是枫树叶,染透猩猩血①。风酿楚天秋②,霜浸吴江月③。明日落红多去也④。

【注释】

①猩猩血:形容鲜红色。

②楚天:泛指南方的天空。

③吴江:泛指江南的河流。

④落红:此处指枫叶凋落。

【评点与赏析】

本首曲通过描写经霜变红的枫叶,来描写江南深秋的景色。深秋时节,秋风劲吹,寒霜铺地,万物萧条,惟有枫叶猩红,装点着江南的秋天。十分赏心悦目,也引发人的情思。全曲以简明雅致的语言,描绘出一幅万山红遍,层林尽染的秋景图。末句"明日落红多去也",透露出作者对枫叶即将凋落的惋惜之情,实际上,仍是赞叹枫叶装点的江南秋色的美好。

〔双调〕水仙子

自 足

杏花村里旧生涯,瘦竹疏梅处士家①,深耕浅种收成罢。酒新篘②,鱼旋打③,有鸡豚竹笋藤花。客到家常饭,僧来谷雨茶④,闲时节自炼丹砂⑤。

【注释】

①处士:没有做官的士人。

②酒新篘:酒刚刚滤出。篘,滤酒。

③鱼旋打:鱼刚刚打上来。旋,旋即。

④谷雨茶:谷雨时新采的茶。

⑤丹砂:道士炼的长生药。

【评点与赏析】

这首曲表达隐居生活的闲情雅趣。曲中详细地描写了田园生活的各种情景,有热闹的时候,也有清静的时候,使人感到平易而亲切。表现了主人公闲适的心境。

〔双调〕水仙子

雪晴天地一冰壶,竟往西湖探老逋①,骑驴踏雪溪桥路。笑王维作画图②,拣梅花多处提壶。对酒看花笑,无钱当剑沽③,醉倒在西湖。

【注释】

①老逋:宋代诗人林逋,隐居西湖孤山,种梅养鹤为伴。此处老

逋代指梅花。

②王维：字摩诘，唐代著名诗人、画家。

③当剑沽：把剑典当了买酒喝。

【评点与赏析】

写踏雪寻梅的雅兴。先写雪后初晴的景色，"雪晴天地一冰壶"，此句"冰壶"这一比喻，显现出大自然的清爽、洁净、玲珑剔透，令人心旷神怡。"对酒看花笑"，写出诗人对着梅花畅饮的欢快心情。"无钱当剑沽"，表现出主人公豪放洒脱的性格，写来十分传神。

宋方壶

宋方壶，名子正，松江华亭（今上海松江）人，生平事迹不详。贝琼《清江集》中《方壶记》记载："今子正居莺湖之要，甲第连云，膏腴接壤，所欲既足而无求于外，日坐方壶中，或觞或奕，又非若余之所称而已。"从中可知他家产丰厚，生活富裕，未入仕途。今存小令十三首，套数五套。

〔中吕〕红绣鞋

阅 世

短命的偏逢薄倖①，老成的偏遇真成，无情的休想遇多情。懵懂的怜瞌睡②，鹘伶的惜惺惺③，若要轻别人还自轻。

【注释】

①短命的：此处指缺德的人。薄倖：无情无义的人。

②懵懂：糊里糊涂的人。

③鹘伶：聪明的人。惺惺：机灵、聪明的人。

【评点与赏析】

这首曲题为"阅世"，是作者人生体会的结晶，也可看作生活的箴言。俗话说，"人心换人心"，"物以类聚，人以群分"，"善有善报，恶有恶报"，这些并非虚妄，是千百年来人们生活经验的总结，是生活的真谛。

〔中吕〕山坡羊

道 情

青山相待，白云相爱，梦不到紫罗袍共黄金带①。一茅斋，野花开，管甚谁家兴废谁成败？陋巷箪瓢亦乐哉②！贫，气不改；达，志不改。

【注释】

①紫罗袍共黄金带：紫罗袍、黄金带都是古代官员的服饰。
②陋巷箪瓢亦乐哉：意谓安贫乐道。《论语·雍也》："一箪食，一瓢饮，在陋巷，人不堪其忧，回也不改其乐，贤哉回也！"此句以颜回自比。

【评点与赏析】

抒写贫寒之士"贫贱不能移，富贵不能淫"的志气和安贫乐道的情操。也表现了超然世外的生活态度。

〔双调〕清江引

托 咏①

剔秃圞一轮天外月②，拜了低低说：是必常团圆③，休着些儿缺④，愿天下有情底都似你者。

【注释】

①托咏：以物寓志，托物咏怀。
②剔秃圞（luán）：形容很圆。
③是必：一定要。
④休着：不要让。

【评点与赏析】

一个少女对着天上圆圆的明月，诉说心底的祝愿：愿天下有情人都像明月一样团团圆圆。小令所用的几乎是日常口语，朴实而生动，使人似乎听到少女的娓娓诉说，颇具元曲的特有风采。古人诗、词、曲中常有对月拜祝和把酒发愿的描写，关汉卿的《拜月亭》杂剧中即有对月祝愿的情节，与这首小令有相近的意境。

周德清

周德清（1277年—1365年），号挺斋，瑞州高安（今江西高安）人。生平事迹不详。据《录鬼簿续编》载，他是北宋词人周邦彦的后代。精通音律，工于北曲。对北曲音韵有颇多的研究，著有《中原音韵》一书，总结了北曲用韵的规律，是一部研究北方音韵的专著。为规范当时北曲创作的用韵、格律以及拓展音韵学研究，都作出了贡献。他创作的散曲，词采音律都十分讲究。贾仲明在《录鬼簿续编》中说他："又自制为乐府甚多，长篇短章，悉可为人作词之定格。故人皆谓德清之韵，不但中原，乃天下之正音也；德清之词，不惟江南，实天下之独步也。"可见他的散曲创作在当时声誉很高。今存小令三十一首，套数三套。

〔正宫〕塞鸿秋

浔阳即景①

长江万里白如练②，淮山数点青如淀③，江帆几片疾如箭，山泉千尺飞如电。晚云都变露，新月初学扇④，塞鸿一字来如线⑤。

【注释】

①浔阳：今江西九江。

②"长江"句：语出谢朓《晚登三山还望京邑》："余霞散成绮，澄江静如练。"练：白色的绸带。

③淮山：指淮河岸边的山。淀：同靛，深蓝染料。

④新月初学扇：月亮像刚打开的团扇。

⑤塞鸿：大雁。

【评点与赏析】

曲中描绘傍晚时分在浔阳楼上所见之景。大江东去，远山如黛。

江中数点船帆，山泉飞流直下。晚云在眼前消逝，新月从东方升起，大雁从北方飞来。作者观察细致，从远方到近处，从天空到江面，从静景到动景，一一描绘出来，构成一幅壮丽多姿的风景画卷。

〔中吕〕满庭芳

看岳王传①

披文握武②，建中兴庙宇，载青史图书③。功成却被权臣妒④，正落奸谋。闪杀人望旌节中原士夫⑤，误杀人弃丘陵南渡銮舆⑥。钱塘路，愁风怨雨，长是洒西湖⑦。

【注释】

①岳王：指南宋抗金名将岳飞。宋宁宗时被追封为鄂王。

②披文握武：指岳飞文武双全。

③"建中兴庙宇"两句：宋孝宗时为岳飞建庙赠谥，功勋载于史册。

④"功成"句：宋高宗绍兴十年（1140年），岳飞在朱仙镇大破金兵，本欲乘胜追击。但当时身为宰相的秦桧主张求和，一天之内下十二道金牌召岳飞还朝，并最终把岳飞害死。

⑤"闪杀人"句：意谓中原沦陷，人民盼望宋师北伐，恢复中原。

⑥"误杀人"句：言皇帝抛弃祖宗的家国南渡到杭州。丘陵：祖宗的坟墓，此处代指家国。銮舆：皇帝的车，此处代指皇帝。

⑦"钱塘路"三句：岳飞的墓在西湖边上，来凭吊的人无不为他的遭遇愤愤不平。

【评点与赏析】

这首小令歌颂了民族英雄岳飞的不朽功勋和爱国精神，痛责了权臣和昏君的罪恶行径。义愤之情溢于言表，表达了广大老百姓的心声。"闪杀人望旌节中原士夫，误杀人弃丘陵南渡銮舆"两句，写出了岳飞的生死荣辱与国家民众的命运紧密相连，忠臣的被害是以国家遭难、民众遭殃为代价的。这样，对岳飞的歌颂便有了深刻的内涵，就显得格外有分量。

〔中吕〕朝天子

庐 山①

早霞,晚霞,妆点庐山画。仙翁何处炼丹砂,一缕白云下。客去斋余,人来茶罢。叹浮生②,数落花。楚家,汉家,做了渔樵话。

【注释】

这首曲是否为周德清作存在争议。
①庐山:在江西九江。
②浮生:人生。

【评点与赏析】

庐山如画的美景引发了作者人生短暂、岁月易逝的感叹。宛如仙境的美景是永恒的,而人却不能长生。人世的一切,友爱也好,竞争也好,都会无情地消逝,成为历史的陈迹。尽管调子未免有些消沉,但却是具有普遍性的人生感受。

〔中吕〕朝天子

秋夜客怀

月光,桂香,趁着风飘荡。砧声催动一天霜①。过雁声嘹亮,叫起离情,敲残愁况。梦家山,身异乡。夜凉,枕凉,不许愁人强②。

【注释】

①砧(zhēn)声:用木杵捣衣时的声音。砧:捣衣石。
②强:要强。

【评点与赏析】

这是一首抒发思乡之情的小令。作者先精心营造了清幽、寂静、凄凉的氛围。所见到的清冷月光、所听到的鸿雁悲鸣，所嗅到的桂花芳香，莫不带有秋夜的气息，莫不触动游子的思乡情怀。曲中的景物描写富于动感，"月光、桂香、趁着风飘荡"，描写金风吹拂，树影婆娑，月光中的一切显得摇曳飘忽，若即若离，若有若无。衬托出思乡愁绪的绵长，难以排遣。"砧声催动一天霜"一句中，单调而有节奏的捣衣声，对主人公的精神世界具有特殊的冲击力。因为越是普通的生活场景，越能勾起对往事、对家乡的怀念，因此秋夜里的捣衣声，声声撞击着远行人的心扉。这首小令的高妙之处还在于他的结尾。"夜凉，枕凉，不许愁人强。"游子有心要外出开创一番事业，又时时被乡情所缠绕，内心深处时常激起感情和理性的矛盾。这样，曲中所抒发的情感更显得波澜起伏，所创造的意境有更丰富的内涵。

〔中吕〕红绣鞋

赏雪偶成

共妾围炉说话，呼童扫雪烹茶。休说羊羔味偏佳，调情须酒兴，压逆索茶芽。酒和茶都俊煞①。

【注释】

①俊煞：好极了。

【评点与赏析】

这首小令展示了一个温馨欢快的生活场景，写出了诗人享受生活乐趣的轻松心情。尽管描写的是日常生活内容，语言也很朴素，但总体风格显得雅致不俗。符合作者散曲创作中"文而不文，俗而不俗"的追求。

〔双调〕折桂令

倚蓬窗无语嗟呀①,七件儿全无②,做什么人家?柴似灵芝,油如甘露,米如丹砂③。酱瓮儿恰才梦撒④,盐瓶儿又告消乏⑤。茶也无多,醋也无多,七件事尚且艰难,怎生教我折柳攀花!⑥

【注释】
①蓬窗:用蓬草遮掩的窗子。嗟呀:叹气。
②七件儿:指生活的必需品,柴、米、油、盐、酱、醋、茶。
③"柴似灵芝"三句:形容柴、米、油等每日的生活必需品十分昂贵。
④梦撒:用尽,缺乏。
⑤消乏:缺乏。
⑥折柳攀花:指放纵的生活。

【评点与赏析】
叹息生活的贫困和艰辛。以朴素的语言依样诉说各种生活必需品的匮乏与珍稀,反映出当时贫寒士子的穷困潦倒,温饱都难以解决的艰难处境和沉重的心情。

〔越调〕柳营曲

别 友

一叶身①,二毛人②,功名壮怀犹未伸。夜雨论文,明月伤神,秋色淡离樽。离东君桃李侯门③,过西风杨柳渔村。酒船同棹月,诗担自挑云。君,孤雁不堪听。

【注释】
①一叶身:喻身如落叶,漂泊四方。

②二毛人：头发已花白的人。
③东君：司春之神。

【评点与赏析】

送别朋友，抒写怀抱，全曲流露出惜别和感叹漂泊不定的感伤情调。这首曲在形式上很能体现周德清散曲的特点，音律和谐，用词精当，音节鲜明流畅，对仗巧妙工整，颇见功力。

汪元亨

汪元亨(1320年？—？年)，字协贞，号云林，又号临川佚老，饶州（今江西波阳）人。至正年间曾任浙江省椽。从《录鬼簿续编》中可知，他与贾仲明相交于吴门，后徙居常熟。著有《归田录》散曲百篇。今存小令一百首，套数一套。

〔正宫〕醉太平

警 世

憎苍蝇竞血①，恶黑蚁争穴。急流中勇退是豪杰，不因循苟且，叹乌衣一旦非王谢②，怕青山两岸分吴越③，厌红尘万丈混龙蛇④。老先生去也。

【注释】

① 苍蝇竞血：苍蝇争舔血腥物，喻人争权夺利，趋炎附势。

② "叹乌衣"一句：乌衣，即乌衣巷，地名，在今南京市东南。三国吴时在此地置乌衣营，以兵士穿乌衣而得名。东晋时，世袭贵族王衍、谢安等在此居住。

③ "怕青山"句：意谓担心国家分裂，战乱纷起。吴越：指春秋时的吴国和越国，当时两国争斗不休，故以吴越喻国家分裂。

④ "厌红尘"句：厌恶世间鱼龙混杂，是非不分。

【评点与赏析】

小令抒发了对不良世风和仕途艰险的厌恶。人世间充满了争权夺利、尔虞我诈；官场上常常是是非颠倒，善恶不分。即使是争得了荣华富贵，也难以在历史的沧桑变化中永久保持。因而，作者得出了"急流中勇退是豪杰"的结论。这种态度看似消极，却表现出与社会中恶现象决裂的决心。

〔双调〕沉醉东风

归 田

远城市人稠物穰①,近村居水色山光。熏陶成野叟情②,铲削去时官样③,演习会牧歌樵唱。老瓦盆边醉几场④,不撞入天罗地网⑤。

【注释】

①人稠物穰(ráng):人口密集,物资丰富。

②野叟:山野中的老头,此处指隐士。

③时官样:做官的架势。

④老瓦盆:指粗糙的盛酒器具。

⑤天罗地网:指束缚人、充满危险的官场。

【评点与赏析】

这首曲表现了脱离官场,归隐田园的愿望,表达了回归自然、重过简朴生活的决心。"归田"是元人散曲中常见的主题,而作者写来别有意趣。

钟嗣成

钟嗣成,字继先,号丑斋,原籍大梁(今河南开封)人,长期寓居杭州。早年曾多次参加明经考试,终未考中,后放弃举子业。著有《录鬼簿》,其中记录了元曲家的事迹和著作情况,为研究元曲提供了重要资料。著有杂剧《章台柳》、《蟠桃会》、《钱神论》、《郑庄公》等七种,均佚。现存小令五十九首,套曲一套。

〔南吕〕骂玉郎带感皇恩采茶歌

忆 别

自从当日相别后,才提起泪先流,有时偷揾春衫袖①。向夜深,绣枕边,都湮透②。 独抱衾裯③,漫想温柔。两家心,千种恨,一般愁。情怀渺渺,魂梦悠悠。水山遥,鱼雁杳④,雨云收。 见无由,恨相逐,黄昏夜半五更头。在后相逢虽是有,眼前烦恼几时休?

【注释】

①揾(wèn):擦。

②湮(yīn):洇,水渗透。

③衾裯(qīn chóu):被子。

④鱼雁杳:指没有书信来。

【评点与赏析】

描写一位女子与情人分别后的思念之情。主要描写相思之苦,一提起便眼泪长流,一想起便夜不能寐。这种思念是建立在二人感情深厚、相互信赖的基础上的,所以其中没有其他描写恋情的作品中常见的猜疑、不安和担心。她坚信,"两家心,千种恨,一般愁",以后终会相见,只是眼前的痛苦难以排遣。感情描写细腻、真切、缠绵,全曲风格雅致,曲辞本色。

〔南吕〕骂玉郎带感皇恩采茶歌

叙 别

从来别恨曾经惯,都不似这今番。汪洋闷海无边岸,痛感伤,谩哽咽①,空嗟叹②。　倦听阳关③,懒上征鞍④。口慵开⑤,心似醉,泪难干,千般懊恼,万种愁烦。这番别,明日去,甚时还?　晚风闲,暮云残。鸾笺欲寄雁惊寒⑥,坐处忧愁行处懒,别时容易见时难⑦。

【注释】

①谩哽咽:暗自悲泣。

②空嗟叹:枉自叹息。

③阳关:古代送别曲。

④懒上征鞍:不愿启程。

⑤口慵开:懒得开口说话。慵:懒。

⑥鸾笺欲寄雁惊寒:意为离别后想寄家信又怕找不到送信的人。鸾笺:带彩色图案的信纸,此处指信。雁惊寒:此处用大雁传书的典故,语出王勃《滕王阁序》:"雁阵惊寒"。

⑦别时容易见时难:李煜《浪淘沙》中有:"独自莫凭阑,无限江山,别时容易见时难。"

【评点与赏析】

描写一位男子即将启程,面临别离的愁苦心情。暗自垂泪,懒得开口,唉声叹气,坐立不安,是人在心绪不宁时的常见情态,曲中通过这些细节的描写,把人物内心的情感波澜表现得十分深沉。元代散曲作品中,描写女子离情的多,写男子离恨的少,所以这首曲在内容上有独特之处。

〔双调〕清江引（二首）

秀才饱学一肚皮，要占登科记①。假饶七步才②，未到三公位③。早寻个稳便处闲坐地。

凤凰燕雀一处飞，玉石俱同类④。分甚高共低，辨甚真和伪。早寻个稳便处闲坐地。

【注释】

①登科记：古代称考中进士为登科，记载登科人员的簿册叫登科记。

②七步才：魏文帝曹丕令其弟曹植在七步之内作诗一首，如果作不出便加以刑罚，曹植马上作诗一首："煮豆持作羹，漉豉以为汁。萁在釜下燃。豆在釜中泣。本自同根生，相煎何太急。"后用"七步才"喻才思敏捷。

③三公：指高官。

④"凤凰"两句：比喻真假不辨，好坏不分。

【评点与赏析】

这组小令共十首，此处所选为其中的两首。这两首小令抒发了怀才不遇、抱负难伸的郁闷，对真假不分、善恶颠倒的现实表示愤慨。

周　浩

周浩，生平事迹不详，当是与钟嗣成同时代的人。

〔双调〕蟾宫曲

题《录鬼簿》

想贞元朝士无多①，满目江山，日月如梭。上苑繁华②，西湖富贵③，总付高歌。麒麟冢衣冠坎坷④，凤凰城人物蹉跎⑤。生待如何？死待如何？纸上清名，万古难磨。

【注释】

①贞元朝士：贞元，唐德宗年号（785年—805年）。朝士，指官员。此处指前辈剧作家。

②上苑：皇帝的园林，此处指元朝首都大都（今北京）。

③西湖：杭州西湖，代指杭州。大都和杭州是元代戏曲家活动的两个中心。

④麒麟冢：王侯贵族的坟墓。衣冠：指官员。坎坷：指销声匿迹，声名无闻。

⑤凤凰城：凤城，指京城。蹉跎：指虚度年月。

【评点与赏析】

《录鬼簿》中，记录了大批元代杂剧作家和散曲作家的生平事迹。这些人大都身居下层，地位不高。钟嗣成在《录鬼簿》中，记载了他们为戏剧事业作出的功绩。这首小令的作者，读过《录鬼簿》后，感慨万端。曲坛名家的名声，将随着他们不朽的作品和《录鬼簿》流芳后世，而有些身居高位的官僚，生前显赫而身后却没有留下任何痕迹。作者爱憎分明，道出了《录鬼簿》的意义。

倪　瓒

倪瓒（1306年—1374年?），字元镇，号云林子。又号风月主人。常州无锡（今江苏无锡）人。元代后期著名诗文作家，画家，并且精通音律。出生于吴中有名的富户，性好洁而迂僻，不屑于科举，终生不仕。曾隐迹山野二十多年，其诗文作品清隽淡雅。擅长于水墨山水画，与黄公望、吴镇、王蒙合称"元四家"。著有《倪云林先生诗集》、《清闷阁集》。《全元散曲》录其小令十二首。

〔黄钟〕人月圆

伤心莫问前朝事，重上越王台①。鹧鸪啼处，东风草绿，残照花开。怅然孤啸②，青山故国，乔木苍苔。当时明月，依依素影③，何处飞来？

【注释】

①越王台：春秋时越王勾践所筑点兵台，遗址在今浙江绍兴一带。
②怅然：若有所失的样子。
③素影：指月亮。

【评点与赏析】

倪瓒生于元末，经历了由元到明两个朝代的兴衰更叠，因此他在这首曲中抒发兴亡之感、故国之思就尤为容易理解。浓重的感伤，浸透在曲中所描写的景物中，无论是绿草、红花，青山、树木，明月、残阳，莫不在诉说着作者对历史变迁、国家兴亡的感叹。

〔双调〕殿前欢

揾啼红①,杏花消息雨声中②。十年一觉扬州梦③。春水如空,雁波寒写去踪,离愁重,南浦行云送④。冰弦玉柱⑤,弹怨东风。

【注释】

①揾:擦拭。啼红:红泪,此处指思乡泪。

②杏花消息雨声中:陈与义《怀天经智老因访之》诗中有"客子光阴诗卷里,杏花消息雨声中"句。

③十年一觉扬州梦:原为唐代杜牧诗句,此处用来表达怀旧情思。

④南浦:泛指送别的地方。

⑤冰弦玉柱:指琴瑟。

【评点与赏析】

描写游子思乡、怀旧念远、感伤离别的重重愁绪。这一切哀怨都让琴声去倾诉吧,倾诉给东风。小令描写了多种情思,跳跃性较大,给人以多种感受。

〔双调〕折桂令

拟张鸣善①

草茫茫秦汉陵阙②,世代兴亡,却便似月影圆缺。山人家堆案图书③,当窗松挂,满地薇蕨④。侯门深何须刺谒⑤,白云自可怡悦⑥。到如今世事难说,天地间不见一个英雄,不见一个豪杰。

【注释】

①拟:模拟。张鸣善:元代后期散曲作家。意谓此首小令是模仿张鸣善的某首小令而作。

②秦汉陵阙：秦汉帝王的陵墓。
③山人：指隐士。此处为作者自称。案：桌子。
④薇蕨：指花草。
⑤侯门：王侯贵族的府第。刺谒：拜访。
⑥怡悦：心情愉快。

【评点与赏析】

这首曲抒发了对历史变迁、朝代兴替的感叹，表达了一个隐士清高、超然的情怀。从曲中可以看到，主人公超然的生活态度基于对世事的不满。末两句"天地间不见一个英雄，不见一个豪杰"，表现出主人公傲视一切的气概。

〔双调〕水仙子

东风花外小红楼①，南浦山横眉黛愁②。春寒不管花枝瘦，无情水自流。檐间燕语娇柔，惊回幽梦，难寻旧游，落日帘钩。

【注释】

①红楼：指贵族女子的住所。
②南浦：送别的水边。眉黛：眉毛的青黑色。

【评点与赏析】

小令抒写离愁别绪。在一个春风和煦的日子里，小红楼中的女子遥望那当初送别的水滨，对离人的思念油然而起。春天的微寒不顾花枝的娇嫩，河水也不管春色动人径自流淌着。窗外燕子的呢喃，把女子从美梦中唤醒，以往相聚的欢乐已一去不返，只有落日映照着帘钩。曲中描写的每一种景物都浸透着离情，可谓情景交融。

〔越调〕凭阑人

赠吴国良

客有吴郎吹洞箫①,明月沉江春雾晓。湘灵不可招②,水云中环珮摇③。

【注释】

①吴郎:指吴国良,作者的朋友。
②湘灵:湘水女神。传说中舜的妃子。
③环珮:玉饰。

【评点与赏析】

描写吴郎高超的吹箫技巧以及他吹出的美妙动人的洞箫声。箫声悠扬,连明月都沉醉了。湘水中的女神也被感染,从水中飘然欲出。短短三句,把箫声的美妙描绘得活灵活现。

〔越词〕小桃红

一江秋水澹寒烟①,水影明如练。眼底离愁数行雁。雪晴天,绿蘋红蓼参差见②。吴歌荡桨③,一声哀怨,惊起白鸥眠。

【注释】

①澹(dàn):同淡。
②参差:错落不齐。
③吴歌:吴地的歌。

【评点与赏析】

曲中描写江南水乡的景色，可谓诗中有画，画中有诗。一江秋水，数行飞雁；雪后初晴，小船载着歌声，惊起沉睡的白鸥。景物动静交错，其中混和着淡淡的愁绪，颇有韵致。

刘庭信

刘庭信，原名廷玉，因为他身长而黑，排行第五，人称黑刘五。他是南台御史刘廷翰（至正年间曾任南台御史）的族弟，所以他可能是女真族人。《录鬼簿续编》中说他："风流蕴藉，超出伦辈，风晨月夕，唯以填词为事……南吕等作，语极俊丽，举世歌之。"他的〔双调·新水令〕《春恨》，〔南吕·一枝花〕《秋景怨别》、《春日送别》三个套曲，盛传一时。他常以俗语入曲，描写心理活动细腻，语辞新鲜活泼，受俚曲和戏曲的影响较深，在元代后期散曲作家中独具一格。今存小令三十九首，套曲七套。

〔正宫〕醉太平

泥金小简①，白玉连环②，牵情惹恨两三番。好光阴等闲③，景阑珊绣帘风软杨花散④，泪阑干绿窗雨洒梨花绽⑤，锦烂斑香闺春老杏花残。奈薄情未还⑥。

【注释】

①泥金小简：用金末涂抹装饰的信笺。泥金：金屑，金末。
②白玉连环：白玉制的连环状饰物。
③等闲：平白地过去。
④景阑珊：好景将尽。阑珊：衰落。
⑤泪阑干：泪水纵横。
⑥薄情：指薄情郎。

【评点与赏析】

这首小令抒发离愁别恨。闺中少女多少次拿起情郎寄来的书信和赠送的白玉连环，睹物思人，伤感不已。"好光阴等闲"以下四句，感叹大好春光白白流逝。这显然是一语双关。少女的青春如同这春天的美景，也在渐渐逝去。最后一句，"奈薄情未还"，包含着对心上人的怨恨，同样是表现少女的思念之切。小令借景写情，托物兴感，感情深沉细腻，文辞自然流畅。

〔中吕〕朝天子

赴　约

夜深深静悄，明朗朗月高，小书院无人到。书生今夜且休睡着①，有句话低低道：半扇儿窗棂②，不须轻敲，我来时将花树儿摇。你可便记着，便休要忘了，影儿动咱来到。

【注释】
①书生：指情郎。
②窗棂：窗户。

【评点与赏析】
描写一个女子与情郎相约夜晚相会的情景。对这位女子的语言和心理活动的描写大胆直露。从内容到形式都鲜明地体现了元代散曲的特点。

〔双调〕折桂令

忆　别

想人生最苦离别。三个字细细分开，凄凄凉凉无了无歇。别字儿半响痴呆①，离字儿一时拆散②，苦字儿两下里堆叠③。他那里鞍儿马儿身子儿劣怯④，我这里眉儿眼儿脸脑儿乜斜。侧着头叫一声行者⑤，阁着泪说一句听者⑥，得官时先报期程⑦，丢丢抹抹远远的迎接⑧。

想人生最苦离别，唱到阳关，休唱三叠⑨。急煎煎抹泪揉眵⑩，意迟迟揉腮捱耳⑪，呆答孩闭口藏舌⑫。"情儿分儿你心里记者，病儿痛儿我身上添些，家儿活儿既是抛撇，书儿信儿是必休绝，花儿草儿打听得风声,车儿马儿我亲自来也!"

想人生最苦离别,雁杳鱼沉,信断音绝⑬。娇模样甚实曾去抹⑭,好时光谁曾受用?穷家活逐日绷拽⑮,才过了一百五日上坟日月⑯,早来到二十四夜祭灶的时节⑰。笃笃寞寞终岁巴结⑱,孤孤另另彻夜咨嗟⑲。欢欢喜喜盼的他回来,凄凄凉凉老了人也。

【注释】

①别字儿半晌痴呆:别字是左右结构,其一半是"另"字,字形与"呆"相近,故曰半晌痴呆。

②离字儿一时拆散:"离"字的繁体字写作"離",可分拆为"离"和"佳"。

③苦字儿两下里堆叠:"苦"字是上下结构,故云"两下里堆叠"。

④劣怯:同"趔趄",形容身体虚弱,倾斜不稳。

⑤行者:犹言走了,走吧。

⑥听者:犹言听着。

⑦期程:起程日期。

⑧丢丢抹抹:修饰打扮。

⑨"唱到阳关"二句:阳关三叠是古代送别的歌。唐王维《送元二使安西》有"劝君更尽一杯酒,西出阳关无故人"句,后人送别时反复歌唱,称之为"阳关三叠"。阳关:地名,在今甘肃敦煌西南。

⑩眵(chī):眼屎。

⑪揉腮挆耳:形容内心不安,慌乱的样子。

⑫呆答孩:发呆的样子。

⑬"雁杳鱼沉"二句:古代有雁足系书和鱼腹藏书的传说,"雁杳鱼沉"形容书信全无。

⑭"娇模样"句:《盛世新声》、《词林摘艳》、《乐府群珠》中均作"娇模样甚实曾丢抹"。丢抹:打扮。

⑮绷拽:勉强维持,支撑。

⑯一百五日:指寒食节。从冬至到寒食,恰为一百零五日。

⑰二十四夜祭灶:农历十二月二十四日为祭祀灶神日,祭灶神在夜晚进行。

⑱巴结:辛苦操持。

⑲咨嗟：叹息。

【评点与赏析】

　　刘庭信共作同曲调同曲题曲作十二首，此处所选是组曲中的第二、三、四三首。组曲中只有第一首以"想离别怎挨今宵"开篇，其他各首的开头一句均是"想人生最苦离别"。咏唱离别之苦是整个组曲的主旨。此三首中前一首描写了离别时依依难舍的情景，将离去的人和要留下的人，表情和语言都栩栩如生。第二首主要描写少妇的心理活动。离别对于古代女子来说，痛苦和忧虑往往更多一层。担心丈夫变心，遭受被抛弃的命运，是一种有代表性的心情。这首曲中少妇对即将离别的丈夫的叮咛，既缠绵依恋，又爽利泼辣，从中可看出少妇的性格特点。第三首主要写分别后女子寂寞艰苦的生活和凄凉苦闷的心情，描写得神情并茂。这个组曲特色鲜明，通过大量增加衬字，大量使用俗语，大量运用叠字，使作品很富生活气息，也增强了表现力。

刘燕歌

刘燕歌,生平事迹不详。《青楼集》中说她"善歌舞",大概是一位歌妓。今存小令一首。

〔仙吕〕太常引

饯齐参议回山东

故人别我出阳关①,无计锁雕鞍②。今古别离难,兀谁画蛾眉远山③。一尊别酒④,一声杜宇⑤,寂寞又春残。明月小楼间,第一夜相思泪弹。

【注释】

①阳关:古代关名,在今甘肃敦煌县西南。汉置,为古代通西域的要隘。

②无计锁雕鞍:没有办法留住故人。雕鞍:雕有花纹的马鞍。

③"兀谁画"一句:用汉代张敞为妻画眉典故。蛾眉远山:形容女子的眉毛。

④尊:即"樽",酒具。

⑤杜宇:古蜀帝名,后化为杜鹃。故后人称杜鹃为杜宇。

【评点与赏析】

　　这首小令描写饯别时的心情，抒发离愁别恨。曲中把离愁具体化为种种临别时的心理活动：多么想留住故人，而不能如愿，今后将如何度过那些孤独的时光。一杯别酒，一声杜鹃的啼鸣，都引起了无尽的感伤，印证了"别离难"的老话。离别后，第一个孤独的夜晚是最难捱的。对友人的依恋，充满字里行间，表现得缠绵深沉。

汤 式

汤式，字舜民，号菊庄，元末宁波（今浙江宁波）人，一说庆元象山（今浙江象山）人。曾为县吏，后落魄江湖。所作散曲极多，工巧典丽，驰名当时。明成祖在燕邸时，遇之甚厚。《录鬼簿续编》说他曾著杂剧《瑞仙亭》、《娇红记》，均佚。著有散曲集《笔花集》，今存小令一百七十首，套数六十八套。

〔双调〕庆东原

京口夜泊①

故园一千里，孤帆数日程。倚篷窗自叹漂泊命。城头鼓声，江心浪声，山顶钟声。一夜梦难成，三处愁相并。

【注释】

①京口：今江苏镇江。

【评点与赏析】

描写游子漂泊的孤独与愁闷。曲中细致地描绘了主人公夜行江中时的感受。沿途的"城头鼓声"、"江心浪声"、"山顶钟声"无一遗漏地一一进入他的耳中，形象地写出了这一夜他辗转反侧、未能成眠的情景。末句"三处愁相并"渲染出他的心情：旅途中各种情境、声音所引起的愁思、难以割断的乡情都汇聚在一起，心中的郁闷是深切的。

〔双调〕天香引

西湖感旧

问西湖昔日如何?朝也笙歌,暮也笙歌①。问西湖今日如何?朝也干戈②,暮也干戈。昔日也二十里沽酒楼香花绮罗③,今日个两三个打鱼船落日沧波。光景蹉跎④,人物消磨。昔日西湖,今日南柯⑤。

【注释】

①朝也笙歌,暮也笙歌:朝朝暮暮,歌舞不断。
②干戈:指战乱。
③"昔日"句:形容过去西湖的繁华。
④蹉跎:光阴白白地过去。
⑤南柯:指虚幻的梦。唐李公佐《南柯记》中,淳于棼梦中到了槐安国,娶公主为妻。国王授他以南柯太守职务,尽享荣华富贵,醒来后方知是一场美梦。

【评点与赏析】

这首寄景述怀的小令中,连用了三组"昔日"、"今日"的句子,通过西湖今昔鲜明的对比,把时光流转、昨是今非的感慨抒发得淋漓尽致。曲辞质朴,平铺直叙,却又自然隽永,耐人回味。

〔越调〕天净沙

闲居杂兴

近山近水人家,带烟带雨桑麻①,当役当差县衙②。一犁两耙③,自耕自种生涯。

【注释】

①桑麻:泛指耕种农事。

②当役当差县衙：指老百姓为官府当差。

③犁、耙：农具。

【评点与赏析】

描写山村农家自耕自种的生活，洋溢着清新的气息。四个相同格式的词语的使用，巧妙而恰当，使内容的表达简洁明了，整首小令富于节奏感。

兰楚芳

兰楚芳,西域人,曾任江西元帅。与刘庭信友善,曾互相唱和,有人把他们二人比作唐代的元稹和白居易。《录鬼簿续编》说他"丰神秀英,才思敏捷"。今存小令九首,套数三套。

〔南吕〕四块玉

闲居杂兴

我事事村①,他般般丑②。丑则丑村则村意相投。则为他丑心儿真,博得我村情儿厚。似这般丑眷属,村配偶,只除天上有。

【注释】

①村:愚笨。
②般般:事事,样样。

【评点与赏析】

小令用质朴、流畅的语言,唱出了情真意厚的爱情。管他村不村,丑不丑,只要"意相投",就是好伴侣。超越了"郎才女貌"的世俗观念,揭示出爱情的真谛。末句"只除天上有",热情歌颂了以真情为基础的爱情。

无名氏

〔黄钟〕贺圣朝

春夏间,遍郊原桃杏繁,用尽丹青图画难①。道童将驴鞴上鞍②,忍不住只恁般顽③,将一个酒葫芦杨柳上拴。

【注释】

①丹青:画画的颜料。

②鞴(bèi):本为驾车用具,此处用作动词,意为"驾"。

③恁般顽:那样玩。恁:那样。顽:同"玩"。

【评点与赏析】

描写春末夏初的野外景色。郊野繁花似锦,画笔难描。艳丽的景色中,出现了一位道童。顽皮的道童为这幅美丽的风景画添加了情趣。

无名氏

〔正宫〕醉太平

堂堂大元①,奸佞专权②。开河变钞祸根源③,惹红巾万千④。官法滥刑法重黎民怨。人吃人钞买钞何曾见⑤,贼做官官做贼混愚贤,哀哉可怜!

【注释】

①堂堂:伟大、正大。大元:尊称元朝,此处有讽刺意味。

②奸佞:奸臣。

③开河变钞:指疏浚黄河、变更钞法两件事。元至正十一年(1351年),元朝廷为把江南的粮食抢运到北京,派贾鲁任工部尚书兼治黄河使,征集民夫二十万人,开黄河故道,筑堤浚淤。官吏们趁机克扣搜刮,民夫不堪其苦,怨声载道。至正十年(1350年),变更钞法,发行纸质低劣、面值大的至正钞,导致物价上涨。

④红巾:指韩山童、刘福通领导的红巾军起义。

⑤钞买钞:因为"至元钞"纸质好,人们用"至正钞"倒换"至元钞"。

【评点与赏析】

此首曲为元散曲中的名篇。直言不讳地揭露了当时的腐朽政治,谴责了奸佞专权、滥施刑法、迫害人民的暴行。"开河变钞祸根源,惹红巾万千",形象地说出了官逼民反的道理。"人吃人钞买钞","贼做官官做贼"几句,揭露得大胆、深刻,骂得痛快淋漓,令人叫绝。陶宗仪《辍耕录》中说:"《醉太平》一阕,不知谁所造。自京师以至江南,人人能道之,以其有关于世教也。"因为它道出了老百姓的所思所想,所怨所恨,因此盛传一时。

无名氏

〔正宫〕醉太平

讥贪小利者

夺泥燕口,削铁针头,刮金佛面细搜求①,无中觅有。鹌鹑嗉里寻豌豆②,鹭鸶腿上劈精肉,蚊子腹内刳脂油③,亏老先生下手。

【注释】

①刮金佛面:刮取刷在佛像表面的金粉。
②嗉(sù):嗉囊,鸟类的消化器官,在食道下部。
③刳:刮。

【评点与赏析】

小令用新奇的比喻,极度的夸张,刻画了贪小利者的嘴脸。对那种贪婪成性、不择手段的小人给以无情的讽刺和嘲骂。是元代散曲中的名篇。

无名氏

〔正宫〕叨叨令

咏疟疾

热时节热的在蒸笼里坐,冷时节冷的在冰凌上卧,颤时节颤的牙关错①,痛时节痛的天灵破②。兀的不害杀人也么哥,兀的不害杀人也么哥,寒来暑往都经过。

【注释】

①牙关错:形容冷得牙床颤抖,上下牙床的牙齿不停地磕碰。
②天灵破:形容头痛得似乎天灵盖都要破了。

【评点与赏析】

这首形容疟疾发作症侯的小令,采用比喻和夸张的手法,刻画入微,情态毕现。其意义恐怕在当时就远远超出了其咏叹的对象,很容易使人联想到人情世态中那种冷热无常的现象。

无名氏

〔中吕〕朝天子

志 感（二首）

一

不读书有权，不识字有钱，不晓事倒有人夸荐。老天只恁忒心偏①，贤和愚无分辨。折挫英雄，消磨良善，越聪明越运蹇②。志高如鲁连③，德过如闵骞④，依本分只落的人轻贱。

二

不读书最高，不识字最好，不晓事倒有人夸俏。老天不肯辨清浊，好和歹没条道。善的人欺，贫的人笑，读书人都累倒。立身则《小学》⑤，修身则《大学》⑥，智和能都不及鸦青钞⑦。

【注释】

①恁（nèn）：那么，那样。忒：太，过于。

②运蹇（jiǎn）：命运不顺，充满艰难曲折。

③鲁连：鲁仲连，战国时齐国人。当秦兵围赵时，魏使辛垣衍建议尊秦为帝，以求其退兵，鲁连极力反对。后秦退兵，赵国之围解，平原君欲赠鲁千金，鲁坚辞不纳。

④闵骞（qiān）：闵子骞，春秋时鲁国人。孔子的弟子，以至孝有德行著名。后母虐待他，冬天让他穿芦花衣，父亲一怒之下欲休其母。他说："母在一子寒，母去三子单"。后母最终被他感动。

⑤《小学》：宋代朱熹等人编的少年教育课本。

⑥《大学》：儒家经典之一。原是《礼记》中的一篇，朱熹把它从《礼记》中抽出，与《论语》、《孟子》、《中庸》合称"四书"。

⑦鸦青钞：鸦青色的纸印制的钱钞。

【评点与赏析】

从作品流露的思想情绪看,这两首曲当是失意文人的愤懑之作。作品对当时轻视知识、轻视人才的社会现实给予了揭露和谴责。统治者不辨贤愚,世人不辨良善,当时社会腐败程度之深由此可见。两首曲都直接抒发了怨愤,"老天只恁忒心偏,贤和愚无分辨。""老天不肯辨清浊",这在君王即代表天意的封建时代,抨击的矛头显然是对准最高统治者的。

无名氏

〔中吕〕迎仙客

七 月

乞巧楼①,月如钩,聚散几回银汉秋②。遣人愁,何日休,织女牵牛③,万古情依旧。

【注释】

①乞巧:旧时风俗,夏历七月初七夜晚,妇女在月下穿针,向织女星祈祷,乞求智巧。

②银汉:银河。

③织女牵牛:指织女星和牛郎星。牛郎星也叫牵牛星,是天鹰座中最亮的一颗星,它隔着银河与天琴座中的织女星遥遥相对,夏季晴朗的夜晚清晰可见。民间神话传说中,织女是天帝的孙女,与牛郎结合后,不再为天帝织云锦。天帝划了一道天河将二人隔开,只允许每年农历七月七日过鹊桥相会。

【评点与赏析】

农历七月七日,相传牛郎织女每年的这天在天河相会;我国古代妇女,有在这天趁着月光引线穿针以乞求心灵手巧的习俗。小令赞颂牛郎织女永远不变的感情,他们"万古情依旧",实在让人羡慕,而人间的离愁别恨,却难有休止的那一天。表达了对美好爱情的向往。

无名氏

〔中吕〕喜春来

香橙肥蟹家家酒,红叶黄花处处秋①。极追寻高眺望绝风流。九月九②,莫负少年游。

【注释】

①黄花:指菊花。

②九月九:农历九月九日是重阳节,民间有登高、饮酒、赏菊花的习俗。

【评点与赏析】

描写重阳节的风俗民情和秋高气爽的秋景,以及兴致勃勃的游览者。橙子、美酒、肥大的螃蟹;家家都准备好了这些秋季的美味;菊花、枫叶,出门来满眼都是秋天的美景。九月九又一个重阳节到了,在这样的好日子里登高游玩,怎能不令人心旷神怡呢?小令充满喜悦气氛,笔调活泼轻快。

无名氏

〔中吕〕红绣鞋

一两句别人闲话,三四日不把门踏,五六日不来呵在谁家?七八遍买龟儿卦①。久已后见他么?十分的憔悴煞②。

【注释】

①买龟儿卦:买卦占卜,算命,测凶吉。古人以龟为灵异,故有灼龟甲,以折裂之纹卜吉凶的习俗。因有"龟卦"之称。

②憔悴煞:因为心情不好,脸色非常不好。

【评点与赏析】

描写一个少女在恋人听信闲言碎语、与她闹别扭后的心理活动,十分细致。开首两句说明恋人不再登门的原因。随后少女在心里猜测,不知恋人在哪里,并且多少次算卦,测算日后能否再见到他。活灵活现地写出了少女对恋人的牵挂。曲中每句开头的数字用得巧妙,语言显得活泼生动,而且把少女内心焦急不安的程度刻画了出来。

无名氏

〔南吕〕采茶歌

山妻也最甘贫①,稚子也颇通文②,无忧无虑度朝昏③。但得年年生意好④,武陵何用访秦人⑤。

【注释】

①甘贫:甘于贫穷。
②通文:识字。
③度朝昏:度日月。
④生意:生活。
⑤"武陵"句:陶渊明的《桃花源记》中写到,武陵地方有桃花源,与世隔绝,人们在那里过着无忧无虑的生活。生活在那里的人的先辈,是避秦乱时去的,不知世上已改朝换代,故称"秦人"。

【评点与赏析】

描写平静安宁的生活,写出一种宁静知足的心态。妻子安于贫困,孩子识文断字。生活能温饱,便无欲无求,无忧无虑,不必再去羡慕桃花源中的仙人。表现出知足常乐的生活态度。

无名氏

〔双调〕水仙子

打着面皂雕旗招飐忽地转过山坡,见一火番官唱凯歌①,呀来呀来呀来呀来齐声和。虎皮包马上驮,当先里亚子哥哥②。番鼓儿劈豹扑桶擂③,火不思必留不剌扑④,簇捧着个带酒沙陀⑤。

【注释】

①火:同"伙"。

②亚子:后唐庄宗李存勖的小名为亚子,五代后唐王朝的建立者,李克用之子,沙陀部人。初嗣位为晋王。

③劈豹扑桶:象声词,形容鼓声。

④火不思:乐器名。必留不剌:形容弹奏火不思发出的声音。扑:弹奏。

⑤沙陀:我国古代少数民族部族名,属西突厥的别部,又叫沙陀突厥。这里当指晋王李克用。

【评点与赏析】

小令借出猎的热闹场面,描写了北方少数民族野外军旅生活的一个侧面。曲辞十分朴实,自然流畅。特别是形容唱歌、击鼓、奏乐的情形,用了很多象声词,生动传神、新鲜活泼,显示出北方少数民族开朗豪放的性格特征。

无名氏

〔双调〕山丹花

昨朝满树花正开,胡蝶来①,胡蝶来。今朝花落委苍苔②,不见胡蝶来,胡蝶来。

【注释】
①胡蝶:即蝴蝶。
②委苍苔:掉落在青苔上。

【评点与赏析】
这是首寓言式的小令。花开时蝴蝶纷纷飞来,花落时纷纷飞去,这是自然界的实情,同时隐喻人情冷暖,世态炎凉。曲辞简短、朴素,写出了世情哲理。

无名氏

〔越调〕凭阑人

千里关河音问疏①,斜月阑干人影孤②。隔帘呼玉奴③,雁来曾寄书④?

【注释】

①音问疏:书信稀少。
②阑干:栏杆。
③玉奴:丫环。
④雁来曾寄书:古代有雁足系书传书的传说。

【评点与赏析】

短短的四句话,一个简单的细节:询问丫环,大雁送信来没有?很传神地写出了一位孤独的女子等待心上人的书信的急切心情。

无名氏

〔越调〕天净沙

平沙细草斑斑,曲溪流水潺潺①,塞上清秋早寒②。一声新雁,黄云红叶青山。

【注释】
①潺潺(chán):流水的声音。
②塞上:长城以北一带。

【评点与赏析】
描写塞上秋景。沙漠、草原、青山、流水,与黄河相映照的黄云,点缀在原野上的红叶。景色既壮阔、苍茫,又明丽、多彩。曲中的景物描写可谓有声有色。

无名氏

〔越调〕天净沙

上官有似花开①,下官浑似花衰②。花谢花开小哉③,常存根在,明年依旧春来。

【注释】
①上官:上任作官。
②下官:离职去官。
③花谢花开小哉:花落花开是小事。

【评点与赏析】
以花开花落比喻升官与罢官,说明一种人生感受。一方面说明升官、罢官事件本身在世俗眼光中的反应以及自己的感觉:升官有如花开般绚丽,罢官有如花落般暗淡。另方面,作者表现出一种开朗、豁达的胸怀:无论升官还是罢官都如同自然界的花开花落一样平常,不必十分在意,明年,春天又会到来。在元代散曲中,这种内容可算别具一格。

○江山楼阁图

（清）袁耀

无名氏

〔越调〕小桃红

别 忆

断肠人寄断肠词①,词写心间事,事到头来不由自②。自寻思,思量往日真诚志。志诚是有,有情谁似,似俺那人儿。

【注释】

①断肠人:极度伤感的人。
②不由自:身不由己。

【评点与赏析】

小令采用"顶真续麻体"抒写恩爱夫妻的离情别绪。每句的句首字与上句的末字相同,首尾相连,形如串珠,这种形式又叫"顶真格"或"联珠体",是词曲中的巧体。读起来别有韵味,而且很好地渲染了缠绵萦绕、不绝如缕的别情。

无名氏

〔商调〕梧叶儿

秋来到,渐渐凉,塞雁儿往南翔①。梧桐树,叶又黄,好凄凉,绣被儿空闲了半张②。

【注释】

①塞雁:边塞的雁,北方的雁。雁是候鸟,每年秋分后往南方飞,第二年春分后再飞向北方。

②绣被:绣花被。指女子用的被子。

【评点与赏析】

以秋天苍凉的景色,衬托寂寞独处的女子凄凉惆怅的心境。天气渐凉,树叶又黄,大雁南飞,可是心上人仍滞留他乡。秋风萧瑟,使人倍感孤独和感伤。曲中把女主人公的相思之情写得幽怨、缠绵。

无名氏

〔商调〕梧叶儿

嘲谎人

东村里鸡生凤,南庄上马变牛,六月里裹皮裘①。瓦垄上宜栽树②,阴沟里好驾舟③。瓮来大肉馒头,俺家的茄子大如斗。

【注释】

①皮裘:皮衣。

②瓦垄:房上的瓦脊。

③阴沟:屋檐下流水的沟。

【评点与赏析】

这首小令具有民间歌谣的风格。曲辞直白、朴素,所列举的都是日常生活中常见的事物。正是通过这些普通的而又显而易见绝不可能发生的事,以及这些风马牛不相及的事物的相互串连,辛辣地嘲讽了那些瞪着眼编瞎话的吹牛撒谎者。

无名氏

〔商调〕梧叶儿

甘露寺

风雨西津渡,江山北固楼①,先得海门秋②。手掌里金山寺,脚跟下铁瓮州③。翻滚滚水东流,一线系三江夏口④。

【注释】

①北固楼:在江苏镇江城东北的北固山上。
②海门:县名,在今江苏省。
③铁瓮州:即铁瓮城,在今江苏省。
④夏口:古地名,今武汉市汉口。

【评点与赏析】

据《九域志》载,位于江苏省镇江市北固山上的甘露寺,因建寺时恰逢天降甘露而得名。小令写登临眺望的感受,视野开阔,气势雄浑,后四句用夸张的手法描绘眼前辽阔的景象,衬托出作者豪迈的胸襟。曲辞对仗工整,声韵铿锵有力。

无名氏

失宫调牌名

大 雨

城中黑潦①,村中黄潦,人都道天瓢翻了。出门溅我一身泥,这污秽如何可扫?东家壁倒②,西家壁倒,窥见室家之好③。问天公还有几时晴?天也道阴晴难保。

【注释】

①黑潦(lǎo):黑色的积水。
②壁:房屋的墙壁。
③室家之好:屋里的好东西。

【评点与赏析】

这首小令题为"大雨",先描写倾盆大雨下过后,城镇、乡村的景象;到处是污秽的积水,房屋被雨水浸泡倒塌,出门便溅一身泥,屋里也又湿又脏,对老百姓来说,这无疑是一场灾难。但作者并未仅仅停留在对自然灾难的描述上,末尾两句:"问天公还有几时晴?天也道阴晴难保",可谓话里有话,蕴涵颇深。天地的主宰——天公居然对天的阴晴变化一无所知,无能为力,颇有讽刺意味。

朱有燉

朱有燉（1379年—1439年），号诚斋，锦窠老人。是明太祖朱元璋的孙子，周定王朱橚长子。明仁宗洪熙元年袭封周王，死后谥宪，世称周宪王。淡泊政治，喜好文章，能书善画，通晓音律。著有杂剧、散曲集《诚斋乐府》。所作杂剧三十一种，其中以《曲江池》、《义勇辞金》较为著名。

〔中吕〕朱履曲

途中晓行

悬碧汉一弯月影①，隔荒村三唱鸡声②，客途人枕上梦魂惊③。溪山高下路，风雨短长亭，叹人生如泛梗④。

【注释】

①碧汉：天河，银河，也指天空。

②三唱鸡声：鸡叫三遍。

③客途人：游子。

④泛梗：漂在水上的草梗，比喻人生漂泊不定。

【评点与赏析】

清晨，客宿山村的游子又上路了。所见景色充满荒凉、冷清的气氛，由此，作者抒发了"叹人生如泛梗"的感叹，可谓情景交融。

康 海

康海（1475年—1541年），字德涵，号对山，又号沜西山人，沜东渔父，太白山人。西安武功（今陕西武功）人。生长于世代仕宦家庭，弘治十五年（1502年）中状元，授翰林院修撰。刘瑾事败时，因有党附刘瑾之嫌，削职为民。罢官回乡后，他潜心词曲，与王九思等好友相互唱和，切磋交流，以山水声伎自娱。康海是文坛"前七子"之一，有多方面的文学才能，有不少诗文作品，并且擅长写散曲。著有《对山集》、《沜东乐府》等。并著有杂剧《中山狼》。今存小令二百余首，套数三十余套。

〔仙吕〕寄生草

读史有感

天应醉，地岂迷！青霄白日风雷厉，昌时盛世奸谀蔽①，忠臣孝子难存立。朱云未斩佞人头②，祢衡休使英雄气③。

【注释】

①奸谀：指奸险、爱阿谀奉承的小人。

②朱云：汉代忠臣。《汉书·朱云传》载，朱云向皇帝要求杀掉佞臣张禹，未获准。

③祢衡：字正平，汉末人。据《后汉书》记载，他"有才辩，尚气刚傲，好矫时慢物"。曾经痛骂曹操，侮慢刘表，折辱黄祖，最终被黄祖杀掉。

【评点与赏析】

这首曲表达了作者对当时封建统治下不合理的现实的愤懑之声。曲中所说的"天"，可看作是统治者的化身，"地"则可看作是老百姓的化身。对于奸佞当道、忠良受屈的腐败现实，统治者昏庸不察，老百姓岂能视而不见？借古讽今是文人创作中的常用手法。曲题既然是"读史有感"，曲中引用了朱云、祢衡两则历史典故，抒发了对社会不平的义愤，也流露出无可奈何的情绪。

〔中吕〕朝天子

遣 兴

杖藜①，步畦②，不作功名计。青山绿水绕柴扉，日与儿曹戏③。问柳寻花④，谈天说地，无一事萦胸臆。丑妻，布衣，自有天然味。

【注释】

①杖藜：拄着手杖。

②步畦：在田间漫步。

③儿曹：晚辈。

④问柳寻花：观赏春天的景色。

【评点与赏析】

写乡村隐居生活的乐趣，描绘摆脱功名束缚后从身到心的洒脱，自由。

〔双调〕清江引

九 日

流年算来三十七①，折尽英雄气。难收张禹头，未就朱云义②，死林侵醉模糊因甚的。

【注释】

①"流年"句：这首小令于康海落职归田后不久写成，这年康海三十七岁。

②"难收"两句：张禹是汉成帝时丞相，帝待之如师礼。当时外戚王氏家族专权，朝野议论颇多，成帝曾以此事问张禹，张禹不敢直言，并曲意维护。槐里令朱云向皇帝上书要求斩张禹头。帝大怒，执朱云于殿上，欲杀之。朱云正气凛然，坚持己见，成帝感而赦之。此处用张禹、朱云典故，意谓当初刘瑾专权时并无人像朱云那样仗义执言，挺身而出。而当刘瑾事败，自己却无辜遭难。

【评点与赏析】

康海被罢官，使他终身受黜而又无法明辨是非，这对康海来说是一次大挫折。因此，他耿耿于怀，在许多散曲中说到这件事，为抱负未展、是非莫辩感到窝囊和不平。正如郑振铎在《中国文学史》中所说："他盛年被放，一肚子牢骚，皆发之于乐府，故处处都盈溢着愤慨不平之气"。

〔双调〕落梅风

有 感

蒹葭水①，杨柳风，想人生好如秋梦。草离离遍遮秦汉宫②，利和名算来何用？

【注释】

①蒹葭：蒹，荻；葭，芦苇。均为长在水边的植物。
②离离：形容草木繁茂。

【评点与赏析】

抒发人世沧桑、人生如梦的感慨。在轻视名利，超然淡泊的背后，是作者受冤被罢官的不平和牢骚。

〔双调〕水仙子

山 居

小桥西岸野人家,十里垂杨数亩瓜。春来峥出王维画①,那般儿不俊杀②,灿疏篱几点桃花③。门对青山下,园围绿水涯,窗屯翠竹丹霞。

【注释】

①王维:字摩诘,唐代著名诗人、画家。

②俊杀:好极了。

③灿疏篱句:犹言"几点桃花灿疏篱"。灿:形容桃花色彩艳丽。

【评点与赏析】

写春暖花开时的郊野风光。小桥边的农家,瓜田边的垂杨,疏篱边的桃花;远处的青山,园圃边的绿水,窗前的翠竹,十分恬静、秀丽,真像是一幅画中有诗的王维的画。

〔双调〕水仙子

怀 友

旧时知己几人存,此日飘零独此身。西风又报黄花信①,越思量越怆神②,见如今玉碎花分。奏赋长杨殿③,吟诗五柳村④,怎生能尊酒论文⑤?

【注释】

①黄花:指菊花。

②怆神:悲伤。

③奏赋长杨殿:长杨殿,即长杨宫,秦时建,汉代又修建,作为

皇帝行宫。故址在陕西省周至县东南。汉代扬雄著有《长杨赋》，此句作者自比为扬雄，回顾他做翰林院修撰的得意之时。

④吟诗五柳村：晋陶渊明曾写《五柳先生传》自况，五柳村代指隐士的居住处。此句写作者罢官回乡。

⑤怎生能尊酒论文：化用杜甫《春日忆李白》中"何时一樽酒，重与细论文"诗句。

【评点与赏析】

抒发世事变迁、物是人非的今昔之叹以及因朋友离散、独自飘零而生的惆怅和感伤之情，十分深切。回顾往日的升沉荣辱，离合聚散，陷入难以排遣的愁绪之中。这也是具有普遍性的人生感受。

〔双调〕雁儿落带得胜令

饮中闲咏

数年前也放狂，这几日全无况。闲中件件思，暗里般般量①。真个是不精不细丑行藏，怪不得没头没脑受灾殃。从今后花底朝朝醉，人间事事忘。刚方，溪落了膺和滂②；荒唐，周全了籍与康③。

【注释】

①暗里般般量：暗地里一件件事情逐件思量。

②膺和滂：李膺和范滂，汉代人。李膺，字元礼，曾任青州刺史、渔阳太守等职，有政声。后死于党锢之祸。范滂，字孟博，举孝廉，署功曹，办事严正不阿。亦死于党锢之祸。

③籍与康：魏晋时的阮籍与嵇康。阮籍，字嗣宗。生活于乱世，对现实不满，纵酒谈玄，以求自全。为"竹林七贤"之一。嵇康，字叔夜，"竹林七贤"之一，逍遥林下，弹琴咏诗，崇尚老庄，讲求养生服食之道。

【评点与赏析】

康海一度曾春风得意,高中状元,授翰林院修撰。后被刘瑾一案牵连,盛年遭贬。回首往事,感慨良多。曲中表明了作者归隐乡间、不向世事的决心。从曲中可以看出,他下这一决心并不容易,因为他所受的冤屈,很难从他的记忆中抹去。末两句,表达了对刚正者反遭殃这一普遍现象的激愤和不平。

王九思

王九思(1468年—1551年),字敬夫,号渼陂,别署紫阁山人,西安鄠县(今陕西户县)人。出生于书香门第,年少时即聪敏颖悟,明弘治九年(1496年)进士,授翰林院检讨。后调吏部,官至吏部文选郎中。刘瑾败,被牵连,先被贬为寿州(今安徽寿县)同知,后被勒令致仕。此后闲居家乡四十年,寄情山水歌乐,潜心制曲作文。他是"前七子"中的一员,初以诗文名世,有诗文集《渼陂集》和《渼陂续集》。他还是当时著名的散曲家,有散曲集《碧山乐府》、《碧山续稿》和《碧山新稿》传世。杂剧著有《曲江春》、《中山狼院本》两种。王世贞在《艺苑卮言》中评论他的散曲:"秀丽雄爽,康大不如也。评者以敬夫声价,不在关汉卿、马东篱下。"

〔南仙吕〕傍妆台

眼睁睁,口谈仁义行如伶①。宦途交结为良友②,敬爱似亲兄。争名暗使贼心害,狡诈还将笑面迎。龙蛇窟,虎豹营③。怎交④,哪里去求生!

【注释】

①行如伶:行动如同演员在演戏。伶:古代戏曲演员。
②宦途:指做官时。
③龙蛇窟,虎豹营:形容官场的险恶。
④怎交:怎么交往,怎样应付。

【评点与赏析】

小令描写官场中争名夺利、互相倾轧的情形。在那个环境里,人心险恶,人情反复,口是心非,笑里藏刀。作者感叹,身在其中无所适从,难以生存,这大概是每个正直的人的感受。

〔双调〕沉醉东风

西村晚归

明暮野西山彩霞,绕孤村流水桃花。天生成杜甫诗,雨染就王维画①,落东风数点栖鸦②。本待还归兴转加③,因此上垂杨系马④。

【注释】

①王维:唐代诗人,画家。论者评价王维的作品诗中有画,画中有诗。

②栖鸦:栖息的乌鸦。

③兴转加:游兴大增,兴致勃勃。

④垂杨系马:把马系在杨树边。

【评点与赏析】

这是一首写景的小令。各样景物,信手拈来,铺排渲染,使人对如诗如画的景色有身临其境之感。末句"本待还归兴转加,因此上垂杨系马",写出了流连忘返、欲归不能的心情,使人看到主人公面对大好景色兴致勃勃的情态。

〔南双调〕驻云飞

偶 书

点检英豪①,无奈秋霜洒鬓毛②。才说你文章妙,又说你胸襟傲③。嗏,众口怎能调?仔细评驳④,富贵由人,贫贱也咱欢乐,不饮从他酒价高⑤。

【注释】

①点检:检点,自省。

②秋霜洒鬓毛:两鬓斑白。

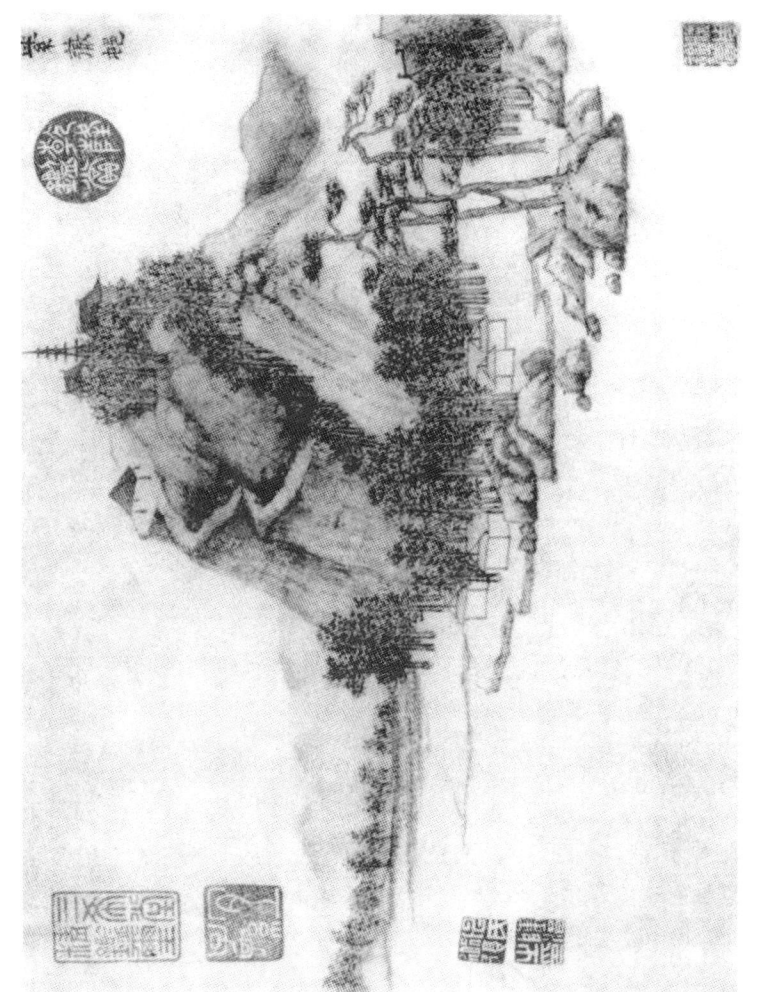

○紫薇村图　(明)陈　淳

③胸襟傲：骄傲自大。

④评驳：评论，辩驳。

⑤从：任凭。

【评点与赏析】

小令抒发了抱负、才华难以施展的苦闷，对嫉贤妒能、昨是今非、冷热无常的人际关系表示愤慨。末句把富贵荣华比作昂贵的苦酒，表示情愿忍受贫贱也不愿再去饮这杯酒的生活态度。比喻新颖而富于表现力。

〔越调〕寨儿令

夏日即事

豆角儿香，麦索儿长①，响嘶啷茧车儿风外扬②。青杏儿才黄，小鸭儿成双，雏燕语雕梁③。红石榴花满西窗，黄蜀葵叶扫东墙。泥金团扇影④，香玉紫纱囊⑤。将佳节遇端阳⑥。

【注释】

①麦索儿：麦穗儿。

②茧车：将蚕茧缫成丝的工具。

③雕梁：雕花的房梁。

④泥金团扇：用泥金颜料绘了画的团扇。泥金：用金箔和胶水制成的金色颜料。

⑤香玉紫纱囊：用紫纱缝制的香囊。古代有端午节佩带香囊以驱邪气的习俗。

⑥将：将近。

【评点与赏析】

描写初夏乡村景致，田园风光。作者展示的都是农村寻常事物，既有自然景物，又有民俗风情。写得清新灵动，充满生机，同时，也写出了佳节将至的喜庆气氛。

〔商调〕梧叶儿

对 酒

斗来大黄金印①,瓢样多白玉瓯②,珊瑚树似车轴③。走珠履三千客④,聚春风十二楼。终日家锁眉头,怎似我吟诗吃酒。

【注释】

①斗来大黄金印:指做大官。

②白玉瓯:白玉酒杯。

③珊瑚树似车轴:形容珊瑚树之大。

④走珠履三千客:形容富贵人家的宾客多。

【评点与赏析】

身居高位、家产万贯的人,有着富贵带来的烦恼、忧虑。倒不如无官无财、吟诗喝酒的生活逍遥、自由。这种感叹与作者无辜被贬官的经历有关,看似豁达,隐含着不平之气。

王　磐

王磐（1455年—1530年），字鸿渐，号西楼，扬州高邮（今江苏高邮）人。生于官宦家庭，但厌弃举业，喜好古文词曲，纵情于山水田园间。有散曲集《西楼乐府》行世。他的散曲作品多写闲适之情，但也有讽刺时事之作，以描写精细、工雅、意象明快显示出特色，现存小令六十五首，套曲九套。

〔双调〕古蟾宫

元　宵①

听元宵，往岁喧哗，歌也千家，舞也千家。听元宵，今岁嗟呀②，愁也千家，怨也千家。那里有闹红尘香车宝马③？祇不过送黄昏古木寒鸦。诗也消乏④，酒也消乏，冷落了春风，憔悴了梅花。

【注释】

①元宵：农历正月十五日为元宵节。这天晚上，民间有挂彩灯、观彩灯的习俗。

②今岁嗟呀：今年到处都是叹息的声音。

③闹红尘：尘世热闹。香车宝马：豪华的车马。

④消乏：消沉，贫乏。

【评点与赏析】

小令描写了往年元宵节的热闹、欢乐气氛，同时又写了今年元宵节的冷清，百姓的愁怨。今昔对比，反映出明代国家日渐衰败，百姓生活每况愈下的情形。

〔中吕〕朝天子

咏喇叭

喇叭、唢呐,曲儿小,腔儿大。官船来往乱如麻①,全仗你抬声价。军听了军愁,民听了民怕;哪里去辨什么真共假。眼见的吹翻了这家,吹伤了那家,只吹的水尽鹅飞罢②。

【注释】

①官船:官府的船。
②水尽鹅飞:形容被官府搅扰得家破财尽。

【评点与赏析】

本篇较为深刻地反映了当时贪官横行、腐败成风的社会现实,表现了老百姓又恨又怕的情绪。曲中以喇叭暗喻趋炎附势,为虎作伥的官吏,十分形象。你看它,"曲儿小,腔儿大",没有多大本事,却虚张声势,弄得百姓真假难辨,人心惶惶。诙谐之中,饱含沉痛气愤之情。《尧山堂外记》记载:"正德间,阉寺当权,往来河下者无虚日。每到,辄吹号头,齐丁夫,民不堪命。王西楼有《咏喇叭·朝天子》一首"。姚燮在《今乐考证》中也说道:"《咏喇叭》盖言百姓之家,致于贫困,皆此宦监往来之故也。"可见这首小令揭示了当时的实情,是明代散曲中特色鲜明的杰作。

〔中吕〕朝天子

瓶杏为鼠所啮

斜插,杏花,当一幅横披画①。《毛诗》中谁道鼠无牙②,却怎生咬倒了金瓶架。水流向床头,春拖在墙下③,这情理宁甘罢④。那里去告他,何处去诉他,也只索细数着猫儿骂⑤。

【注释】

①横披画:横幅国画。

②《毛诗》句:《毛诗》,即毛亨、毛苌所传之《诗经》。《诗经·召南·行露》:"谁谓鼠无牙,何以穿我墉?"

③春:此处指杏花。

④宁甘罢:难道能善罢甘休。

⑤只索:只得。数:数落,斥责。

【评点与赏析】

古代文学作品中,多见以鼠喻恶吏。这首小令表面上看写生活琐事,然而却可以体会出其中借题发挥的意味,"那里去告他,何处去诉他,也只索细数着猫儿骂",恶吏的无忌,官府的纵容,作者的义愤,于字里行间,清晰可辨。

〔中吕〕满庭芳

失 鸡

平生淡薄,鸡儿不见,童子休焦①。家家都有闲锅灶,任意烹炮。煮汤的贴他三枚火烧②,穿炒的助他一把胡椒,到省了我开东道③。免终朝报晓,直睡到日头高。

【注释】

①休焦:不要焦急。

②火烧:烧饼。

③开东道:做东道主请客。

【评点与赏析】

描写家中的鸡丢失后对家人的劝说和自我宽慰。丢失了鸡,不去想自家的损失,反而罗列出没有鸡的好处,笔法诙谐、幽默,表现出作者开朗豁达的性格。选材特别,富有趣味性。

〔双调〕沉醉东风

蛙 鼓①

梅雨后千声乱发②,草塘中两部频挝③。擂池边鸥鹭惊,震水底鱼龙怕。报丰年底是催花④,一派村田乐可夸。春社里农夫醉杀⑤。

【注释】

①蛙鼓:形容青蛙叫声。

②梅雨:春末夏初时节,江南地区阴雨不断,此时正值梅子黄熟时节,故称梅雨季节。

③频挝:不停敲击,形容蛙叫声。

④底是:这是。

⑤春社:祭土地神的日子。立春后第五个戊日为春社。

【评点与赏析】

通过描写四处鼓噪的蛙声,描绘出初夏的乡村景象,全曲洋溢着欢快、轻松的气氛。取材别致,情趣盎然。

〔双调〕清江引

耕

桃花水来如喷雪①,闹动村田舍②。犁翻陇上云③,牛饮溪头月④。这其间祗堪图画也⑤。

【注释】

①桃花水:春天桃花开时,河中坚冰消融,形成大的水流,又称桃花汛。

②闹动:惊动。

③陇上云:云在地上的投影。

④溪头月：月亮在溪水中的倒影。
⑤祗堪图画：只能是图画中才有。

【评点与赏析】

  小令描写农村春耕时节繁忙、热闹的景象。春暖花开、冰雪融化，又是一个播种季节，家家户户都忙碌起来。白天，田野里犁耙飞移，泥土翻动；晚上，劳累了一天的牛，在月光下、小溪边饮水歇息。作者感叹这景象如同图画一般。的确，作者用寥寥数笔，勾勒出一幅生机盎然的春耕图。

杨廷和

杨廷和（1459年—1529年），字介夫，成都新都（今四川新都）人。明成化十四年（1478年）进士，曾任翰林院修撰。因指斥刘瑾专权，被改任南京吏部左侍郎，后又任南京户部尚书兼文渊阁大学士。刘瑾事败，因功进少傅，官至太子太师兼华盖殿大学士。嘉靖初年，因议大礼（反对皇帝加封帝父称号）被罢官回乡。工散曲，有散曲集《乐府遗音》。论者认为散曲风格与张养浩相近。

〔中吕〕普天乐

秋 雨

五更风，终朝雨①，禾头生耳，屋角生芝②。东乡米似珠③，西市薪如桂④。滴得愁人心如碎，怨天公不禁龙师⑤。荒村下里⑥，孤儿寡妇，更是愁时。

【注释】

①终朝雨：雨不停地下。

②禾头生耳，屋角生芝：稻谷的穗被连绵不断的秋雨沤泡得长出了芽，屋角上长出了苔藓。

③米似珠：形容米价昂贵，一粒米如同一粒珍珠。

④薪如桂：形容柴价昂贵，柴如同桂树。

⑤龙师：龙神，司雨的神。

⑥下里：乡村。

【评点与赏析】

本篇表现对秋雨连绵，造成物价昂贵现象的忧虑，进而想到乡村中孤儿寡妇在此情况下更加困苦，十分同情。

〔中吕〕山坡羊

秋夜对月问答二首

中秋将近,月华清润①,停杯试向嫦娥问:恰清辰又黄昏②,无情乌兔常搬运③,广寒宫里有谁亲④?风也怨人,雨也怨人。

天宫难近,世人休问,一来一往随天运。领星辰佐乾坤,金蟾玉兔东西镇⑤,一株丹桂万年春⑥。风也不嗔⑦,雨也不嗔。

【注释】

①月华:月光。
②清辰:清晨,辰同"晨"。
③乌兔常搬运:太阳和月亮按规律运行。乌兔:指太阳和月亮,传说太阳中有乌鸦,月亮中有兔子。
④广寒宫:月宫。
⑤金蟾玉兔:传说月宫中有金蟾和玉兔。
⑥丹桂:传说月宫中有丹桂树。
⑦嗔(chēn):生气,恼怒。

【评点与赏析】

这两首曲用对月问答的形式,含蓄地抒发了对社会人生的感慨,以及对美好世界的向往。前一首对月发问,以"风也怨人,雨也怨人"的不平静的人世,推想月宫的情形。第二首以月亮回答的形式,描绘出一切按规则进行,"风也不嗔,雨也不嗔"的理想世界。构思巧妙,意象新颖,是咏物抒情的佳作。

〔双调〕落梅风

闲　赋

云程远，宦海宽①，算浮生百年过半。上竿时不知竿上难，却教人道旁闲看②。

【注释】

①宦海：官场。

②闲看：袖手旁观。

【评点与赏析】

作者在仕途上两度遇到大的挫折，这首曲可谓有感而发，感慨身在官场、身居高位时的艰难处境。

〔双调〕水仙子

八月十六日有怀寄京师两儿

百般忧念百般难，一度书来一度宽①，经年间阻经年盼②。利名途祸患端，做闲官只守闲官③。常记三缄口④，常怀一寸丹⑤。怕人情翻覆波澜。

【注释】

①一度书来一度宽：每次收到信，担忧、怀念之情得到一次宽慰。

②经年：一年。间阻：分离。

③闲官：没有实权的官。

④三缄口：闭口不言，明哲保身。《说苑·敬慎》载，孔子在周国，看见太庙阶前的铜人嘴被三个封条封住，意在训诫人说话谨慎。"三缄口"的说法由此而来。

⑤一寸丹：一片忠心。

【评点与赏析】

曲中写出了一位饱尝官场险恶,饱经仕途忧患的父亲的舐犊深情。他已闲居在家,而对仍在京城做闲官的儿子们是千般思念,万般担忧。他向儿子们述说了切身体会:官场险恶,祸福无常,人情翻覆,无风起浪。训诫儿子们要远祸避害。但同时也教导他们要保持耿耿忠心,表现出高尚的情操。

〔双调〕清江引

竹亭漫兴

城西小园刚半亩,不种闲花柳。多栽苋与藜①,更有葱和韭。菜根咬来滋味厚。

【注释】

①苋(xiàn):苋菜,蔬菜的一种。藜:又称"灰菜",可食。

【评点与赏析】

作者有同题小令五首,此处所选为第三首。这首曲描写田园生活的恬静安宁,平淡淳朴。在作者笔下,这种生活别有滋味。

〔越调〕天净沙

三月十三日竹亭雨过

风阑不放天晴①,雨余还见云生。刚喜疏花弄影②,鸟声相应,偶然便有诗成。

【注释】

①风阑:风将停。阑:将尽。

②疏花弄影：形容雨过天晴，太阳出来。

【评点赏析】

描写雨过天晴后的景物，鲜明清新。风过云生，花摇鸟啼，这富有情趣的景致，引发了主人公的诗兴。曲辞清畅流利，自然本色。论者认为杨廷和的散曲作品类似元人张养浩散曲的情调和风格，不无道理。

陈 铎

陈铎（1465年？—1521年？），字大声，号秋碧、七一居士，徐州邳县（今江苏邳县）人，寓居金陵，世袭指挥。博览群书，工诗善画，妙解音律，尤长于散曲。散曲集有《梨云寄傲》、《秋碧乐府》、《可雪斋稿》、《月香亭稿》、《滑稽余韵》。共创作散曲千余首，是文学史上创作最丰富的散曲家。其作品选材广泛，既写风花雪月、鸟兽鱼虫，也写市井百象、民间风情。他的散曲作品中，归隐闲情、闺阁幽思、世俗奇人、日常琐事并存。《滑稽余韵》中有一百三十六首小令，描写下层小手工业者的生活，是明代散曲中别开生面之作。

〔正宫〕醉太平

挑 担

麻绳是知己，匾担是相识，一年三百六十回，不曾闲一日。担头上讨了些儿利，酒房中买了一场醉①，肩头上去了几层皮，常少柴没米。

【注释】

①酒房：酒店。

【评点与赏析】

这首曲以白描的笔法描写了劳动者的日常生活。词语通俗，叙述平易。尽管这位挑夫"一年三百六十日，不曾闲一日"，但仍然连温饱都不能满足，从一个侧面反映了当时民众困苦的生活状况。挑夫有时到酒店去买醉一场，不过是借酒浇愁罢了。字里行间流露出作者对下层劳动者的同情。

〔仙吕〕一半儿

俏心肠端的性难拿①,冷句儿将人傒落煞②,盟山誓海口熟滑。俏冤家③,一半儿真诚一半儿假。

【注释】

①俏心肠:指心眼多,精明。端的:的确。性难拿:摸不透。
②冷句儿:冷言冷语。
③俏冤家:指情郎。

【评点与赏析】

描写恋人之间的关系,一波三折,十分细致、微妙、真实。恋人之间,一来二往,几句话往往就会引起猜测和不安。末句"俏冤家,一半儿真诚一半儿假",埋怨中,仍然包含着爱意。本首小令以本色生动见长。

〔双调〕沉醉东风

溪 隐

铺水面辉辉晚霞,点船头细细芦花。缸中酒似渑①,天外山如画,占秋江一片鸥沙。若问谁是俺家,红树里柴门那答②。

【注释】

①渑(shéng):古水名,在今山东省临淄附近。《左传》"有酒如渑"指此。
②那答:那边。

【评点与赏析】

这是一首描写隐居生活的小令。曲中所展现的山水风光如同图画一般。主人公即生活在这山光水色中的一座茅屋里,与酒为伴,与树为友,恬静怡然,自得其乐。

〔双调〕水仙子

瓦 匠

东家壁土恰涂交,西舍厅堂初窨了,南邻屋宇重修造。弄泥浆直到老,数十年用尽勤劳。金张第游麇鹿①,王谢宅长野蒿②,都不如手镘牢③。

【注释】

①金张第:代指豪门世族之家。金:指汉代的金日䃅。金日䃅从汉武帝至汉平帝,受七代皇帝的恩宠,一直为近侍。张:指汉代的张汤。汉宣帝以后,张汤家任侍中、常侍者有十余人。

②王谢宅:代指高门望族。六朝时,王、谢两家世为望族,门第很高。《南史·侯景传》载:"(侯景)请娶于王、谢,帝曰:'王、谢门高非偶,可与朱、张以下访之。'"

③手镘:一种泥瓦匠用于泥墙的工具。

【评点与赏析】

这首曲描写瓦匠的辛勤劳作,表现出对下层劳动者的深切同情。不仅如此,末三句"金张第游麇鹿,王谢宅长野蒿,都不如手镘牢",还蕴涵着更深的含义,发人深思。是说富贵如云,不如手艺在身稳当?是说世事沧桑,富贵荣华不足羡?还是对勤劳这种美德的赞美?全由读者去体味。

〔南双调〕风入松

怨 别

想才郎一去杳无凭①,早忘了海誓山盟。说来话儿全不应,谁似你辜恩薄幸②？对神前提着小名，才骂了又心痛。

【注释】

①杳无凭：音信杳然，没有书信寄来。
②薄幸：负心，薄情。

【评点与赏析】

以白描的笔法，用生动活泼的语言，描写一位女子既思念情郎，又怨恨他不遵守诺言，没有寄信来的复杂心情。最后一句"对神前提着小名，才骂了又心痛"，很形象地刻画出她既爱又怨的矛盾心理。

〔南双调〕锁南枝

风　情

肠中热，心中痒，分明有人闲论讲。他近日恩情①，又在他人上，要道是真，又怕是谎。抵牙儿猜，皱眉儿想。

【注释】

①恩情：恩爱，情爱。

【评点与赏析】

描写女主人公的内心活动，对心上人的思念，对传言的猜测，担心情郎变心的焦急、不安，表现得十分细腻，末两句："抵牙儿猜，皱眉儿想"，描写女子的神态，可谓神形毕现。纯用白描手法，用俗为雅。

唐 寅

唐寅(1470年—1523年),字伯虎,一字子畏,号六如,别署六如居士、桃花庵主等。苏州吴县(今江苏苏州)人。善书画、工诗文,在江南颇有文名,与文征明、祝允明、徐祯卿合称"吴中四才子"。其画声名尤著,自成一家,既工人物花鸟,又擅画山水,仕女画最负盛名,与沈周、文征明、仇英并称"吴门四家"。弘治十一年,他二十九岁时乡试第一,会试时因涉科场舞弊案被革黜,唐寅愤而回乡,纵情诗酒,以丹青自娱。他的散曲风格纤丽精致,也有少数散曲作品表现出豪放的风格。

〔双调〕对玉环过清江引(二首)

暮鼓晨钟,听得人耳聋;春燕秋鸿,看得人眼矇①。犹记做孩童,俄然成老翁②。休逞姿容,难逃青镜中;休使英雄,都堆黄土中。

算来不如闲打哄,枉自把机关弄。跳出面糊盆,打破酸齑瓮③,谁是惺惺谁懵懂④!

一主一宾,一个知心俵⑤。一味一壶,一轮明月皎⑥。或把话儿嘲,或将琵琶扫。只唱新词,旧曲多丢了;只论今番,往事多勾倒。

今年觉比去年老,紧要着花阴到。今日说你忙,明日说无钞,问先生那一日才是个好!

【注释】

①矇(méng):眼睛失明。
②俄然:很快,突然间。
③齑(jī):捣碎的姜、蒜或韭菜的细末。
④惺惺:聪明机灵的人。懵懂:糊涂的人。
⑤俵(biào):此处指人。

⑥皎(jiǎo)：洁白，明亮，光明。

【评点与赏析】

  这里所选的是唐寅的八首《叹世词》中的两首。作者在曲中发出青春易逝、人生易老的感叹，显示出看破世情、立足眼前、及时行乐的生活态度。唐寅曾经因为科场受贿案被牵连入狱，这两首曲恐怕是他从监狱出来后所作，有种重新领悟人生的味道。表示要向过去告别，重新选择人生途径。《明史》本传中说唐寅"以放诞不羁为世所指目，而文才轻艳，倾动流辈，传说增益而附丽之，往往出名教之外。"唐寅的这种行为方式，大概就是基于他在散曲中表现出来的对生活、对人生的认识。

姚茂良

姚茂良，字静山，湖洲武康（今浙江武康）人，生平不详。传奇作品有《双忠记》、《精忠记》、《金丸记》。《曲品》中说，《金丸记》出于明成化年间，故姚茂良可能是明成化年间人。

〔中吕〕山坡羊

收拾了凌云豪气，丢撇了十年功绩。同聚首仃伶父子①，恨奸臣剗地里生奸计②。母与妻，知他在那里！良田万顷，占不得眠牛地。视死如归，有谁人扶社稷③！思之，赤心报国天地知；思之，误国奸臣天地诛。

【注释】
①仃伶（dīng líng）：孤独。
②剗（chǎn）地里：无端地，平白地。
③社稷：指国家。

【评点与赏析】
这首曲选自传奇《精忠记》第二十二出《同尽》。《精忠记》敷演我国宋代著名的民族英雄岳飞被奸臣秦桧谋害的故事。这首曲是岳飞、岳云和张宪父子三人遇害前所唱，表达了他们壮志未酬身先死的遗憾，对奸臣不顾国家利益谋害忠良的愤慨，也写到对妻子母亲的想念；最突出的是写出了他们视死如归的气概，感慨深沉，正气凛然。

金銮

金銮（1485年—1574年），字在衡，号白屿，巩昌陇西（今甘肃陇西）人，侨居金陵（今南京），是一个淡泊名利的人。他洞解音律，工诗善曲。散曲创作中，较多写小令，且小令比套曲为佳。有散曲集《萧爽斋乐府》传世，今存小令一百余首，套曲二十余首。风格与王磐接近。何良俊在《曲论》中评论他的曲："南都自徐髯仙（徐霖，号髯仙）后，惟金在衡銮最为知音，善填词，其嘲调小曲极妙，每诵一篇，令人绝倒。"

〔双调〕新水令

送吴怀梅归歙①

暖风芳草遍天涯，带沧江远山一抹。六朝堤畔柳②，三月寺边花。离绪交杂③，说不尽去时话。

【注释】

①歙（shè）：歙县，在今安徽省。
②六朝：吴、东晋、宋、齐、梁、陈六个朝代在建康（今南京）建都，史称"六朝"。
③离绪：离情别绪。

【评点与赏析】

这是一首描写送别的小令。先描写送别时所见的景物。远景辽阔苍茫，近景清新明丽，无论所描写的远景还是近景，都隐含着对友人将要远行的依依不舍之情。最后两句直抒胸臆，离别在即，惜别的话倾吐不尽。

〔双调〕沉醉东风

忧 旱

我则见赤焰焰长空喷火①,怎能够白茫茫平地生波②?望一番云雨来,空几个雷霆过,只落得焦煿煿煮海煎河③。料着这露水珠儿有几多,也难与俺相如救渴④。

【注释】

①则:只。赤焰焰:形容太阳光炽热。
②白茫茫平地生波:干旱的土地出现大片的水。
③焦煿煿(bó):火烧干燥的样子。
④也难与俺相如救渴:也难给我司马相如解渴。相如:汉代文学家司马相如,传说他有消渴病(糖尿病)。

【评点与赏析】

小令通过对干打雷,不下雨的天气的埋怨,表达了盼雨的急切心情,反映出对劳动人民疾苦的同情。最后两句"料着这露水珠儿有几多,也难与俺相如救渴",一方面说明一般的雨不足以缓解旱情,因为干旱已久,旱情严重;另方面则似乎更进一步由自然现象引申到社会现象,表现出一种忧国忧民的意识。

〔双调〕落梅风

咏 蝇

从交夏①,攘到秋②,缠定了不离左右。饶你满身都是口③,尝得出那些儿香臭?

【注释】

①交夏:刚入夏。
②攘:吵闹、骚扰。

③饶：即使。

【评点与赏析】

　　这首小令的讽喻意味很明显，明是描写苍蝇趋腥逐臭，骚扰人的生活，实是讽刺那些趋炎附势、不辨善恶的市侩小人。语言朴实，讽刺辛辣。

〔南双调〕锁南枝

风情集常言

　　心肠儿窄，性气儿粗①。听的风来就是雨，尚兀自拨火挑灯②，一密里添盐加醋③。前怕狼，后怕虎，筛破的罗，擂破的鼓。

【注释】

①性气儿粗：脾气急躁。
②兀自：迳自。
③一密里：一味地。

【评点与赏析】

　　金銮作《风情集常言》四首，此为第三首，讽刺那种心胸狭窄，脾气暴躁的人。听到风就是雨，一听到闲言碎语便自己添油加醋，推想猜测，弄得自己要么前怕狼，后怕虎；要么暴跳如雷，把事情办糟。语言通俗直白，风格活泼率真。

杨 慎

杨慎（1488年—1559年），字用修，号升庵，成都新都（今四川新都）人。少师杨廷和之子，明正德六年（1511年）状元，授翰林修撰。嘉靖年间，先因反对世宗任张璁为翰林学士而受罚，后来因议大礼（反对皇帝加封帝父称号），被贬云南永昌，充永昌卫。此后，他在云南度过了三十多年的流放生涯。他学识广博，著述颇丰，《明史》本传中说："明世记诵之愤，著作之富，推慎为第一。"著有诗文集《升庵集》、散曲集《陶情乐府》。

〔南吕〕罗江怨

青山隐隐遮，行人去也。羊肠鸟道几回折①。雁声不到，马蹄又怯，恼人正是寒时节。长空孤鸟灭②，平芜远树接③。倚楼偎得栏杆热。

关山望转赊④，程途倦也。愁人莫与愁人说。离乡背井，瞻天望阙⑤，丹青难把衷肠写⑥。炎方风景别⑦，京华书信绝⑧，世情休问凉和热。

【注释】

①羊肠鸟道：形容弯曲、狭窄、险峻的山路。

②长空孤鸟灭：天空中看不到一只鸟。

③平芜：荒原。

④赊：长，远。

⑤瞻天望阙：遥望朝廷。

⑥丹青：绘画的颜料。

⑦炎方：炎热的南方，此处指云南。

⑧京华：京城。

【评点与赏析】

杨慎的许多散曲作品的内容,都与他被贬云南的经历有关。这两首小令也是写背井离乡的怅惘和谪居远方的感受。前一首想象家中的亲人在他远行后对他的想念,记挂;第二首是他向亲人诉说路途中的艰辛,他一片忠心朝廷不查的冤屈,以及对人情冷暖的感慨。曲辞明快,曲情凄婉。

〔南吕〕玉娇枝

旅 怀

刺桐花底①,叹无涯,年光如水。看红芳几换绿荫移②,西风摇落堪悲。长安浮云一片飞③,故乡明月三千里。问归来犹未有期,放开怀且拚沉醉④。

【注释】

①刺桐:又名海桐、山芙蓉。落叶乔木。

②红芳:指春天。

③长安:此处借指京城。

④拚:不顾一切。

【评点与赏析】

描写杨慎经历了被贬谪的人生挫折后,既不断感到不平和失落,又力图从痛苦中自拔的复杂心态。然而,身居边陲,对故乡的思念之情是不会随着时光流逝而消散的,只会与日俱增。作者只好借酒浇愁,在沉醉中寻求内心的短暂宁静。

〔双调〕庆宣和

细雨柴门锁寂寥①,高枕连宵②。窗前不知鸡声晓,倒好倒好。

【注释】

①寂寥：静寂、空虚。

②连宵：连续几天。

【评点与赏析】

描写主人公寂寞无聊的生活和苦闷的心情。末句"倒好倒好"，表现了主人公看似旷放，实则抑郁之气难以排解的心境。

〔双调〕落梅风

思乡泪，远戍人①，夜更长砌成幽恨②。四年余瘴海愁春③，梦儿中上林花信④。

【注释】

①远戍人：被贬到边远地区的人。此处系作者自指，作者曾被贬到云南永昌近三十年。

②砌：积累，堆积。幽恨：藏在心中的怨恨。

③瘴：瘴气。古人称南方边远地区荒山野林中潮湿、蒸腾的污浊之气为瘴气。

④上林：指上林苑，汉代京城长安的名苑，此处代指京城。花信：春天的消息，花开的消息。

【评点与赏析】

小令描写作者被贬云南、远离京城的失落、惆怅之情。远在边地，又逢春暖花开时节，无边春意，勾起作者的愁思，他只能在梦中回到他日夜怀想的京城。

〔双调〕落梅风

烹蚕豆,煮马鱼①,扶困起西园南浦②。倩长陶长歌慰谪居③,把朱颜酒中留住④。

【注释】

①马鱼:云南地区出产的一种鱼。
②西园南浦:当是作者戍边住所附近的山水园林。
③倩:请。陶:欢快、快乐。谪居:被贬官后,在边远地区生活。
④朱颜:青春年华。

【评点与赏析】

描写谪居云南的生活情景,颇有情趣。表现出作者在失意中勉力自慰的心态。

〔双调〕驻马听

和王舜卿舟行之咏①

明月中天②,照见长江万里船。月光如水,江水无波,色与天连。垂杨两岸净无烟,沙禽几处惊相唤。丝缆停牵,乘风直上银河畔③。

【注释】

①王舜卿:杨慎的朋友。
②明月中天:明月当空。
③丝缆停牵,乘风直上银河畔:停止拉纤,让船乘风开到银河边。

【评点与赏析】

月夜泛舟长江,别有一种景致,也别有一番感受。月光如水,波光粼粼，天上的银河倒映水中，引发了作者奇妙的想象：船似乎在驶向仙境，驶进银河。优美的景致，美好的想象，引人入胜，令人沉醉。

〔商调〕黄莺儿

客枕恨邻鸡①，未明时，又早啼，惊人好梦三千里。星河影低②，云烟望迷③，鸡声才罢鸦声起。冷凄凄，高楼独倚，残月挂天西。

【注释】

①客枕：意为客居他乡，正在睡觉。恨邻鸡：因为邻居家的鸡早晨啼叫，把觉惊醒，所以说可恨。
②星河：银河。影低：形容月亮已偏西，临近黎明。
③云烟：云雾，雾气。

【评点与赏析】

这是一首描写离愁别恨的小令，颇有与众不同之处。先描写主人公客居他乡，被鸡鸣惊醒了思乡梦的恼恨，后半部分描写了被惊醒后所看到的黎明景色。残月偏西，满眼凄凉，加上"鸡声才罢鸦声起"，更增添了凄冷气氛。这些描写，把主人公寂寞、惆怅之感和绵长的思乡之情渲染备至。

〔南商调〕黄莺儿

雨中遣怀

丝雨湿流光①，爱青苔绣粉墙，鸳鸯浦外清波涨。新篁送凉②，幽芳弄香，云廊水榭堪游赏③。倒金觞④，形骸放浪，到处是家乡。

◎杨慎

【注释】

①流光：闪动的光。

②新篁：新竹。
③榭：建在台上的房屋。
④金觥：酒具的美称。

【评点与赏析】

杨慎有《雨中遣怀》四首，此为第四首。这首小令语言典雅，写景清新明丽。最后几句："倒金觥，形骸放浪，到处是家乡"，流露出被迫远离家园的感伤。

沈 仕

沈仕（1488年？—1565年？），字懋学，又字野筠，子登，号青门山人，别号东海迷花浪仙，杭州仁和（今浙江杭州）人。年轻时即有才名，曾事举子业，后舍弃此道。他工曲善画，他的散曲被称为"青门体"，轰动一时，并一直影响到晚明。"青门体"以写艳冶绵丽的作品为特征，有如诗中的"香奁体"和词中的"花间派"，不少散曲作家受他影响，在散曲流派中可说是异军突起。著有散曲集《唾窗绒》，已佚。任二北辑佚八十余首，亦题作《唾窗绒》。

〔正宫〕玉芙蓉

垂杨隐暮鸦①，水槛蔷薇亚②。渐空濛月色，轻铺银纱③。金荷叶小烧灯罢，寂寞孤帏泪似麻④。人何处贪花恋花？见他时任温存须把脸儿抓。

【注释】

①暮鸦：傍晚的乌鸦。
②亚：通"压"，低垂的样子。
③轻铺银纱：形容月光如银，铺洒在地上。
④孤帏：帐帏中独自一人。

【评点与赏析】

小令的前半部分用雅丽的文字描写宁静的月夜景色，衬托闺中女子的孤寂心情。后两句转而用俗白的文字，描写女子对恋人的埋怨。雅语中忽然转用俗语，即所谓"曲终奏俗"、显出尖新的方式，在沈仕散曲中较为常见。

〔南双调〕锁南枝

咏所见

雕栏畔①,曲径边②,相逢蓦然丢一眼③。教我口儿不能言,腿儿扑地软。他回身去一道烟④,谢得腊梅枝把他来抓个转。

【注释】

①雕栏:雕花栏杆。
②曲径:弯曲的小路。
③蓦然:猛然间。
④一道烟:形容走得飞快。

【评点与赏析】

描写一位少女在花园小路上偶然遇到心上人时的兴奋、激动、心慌意乱,以及希望心上人多停留一会儿的心情。刻画沉迷在爱情中的少女的微妙心理和举止行为,细致生动,呼之欲出。

〔南双调〕懒画眉

春闺即事

东风吹粉酿梨花①,几日相思闷转加。偶闻人语隔窗纱,不觉猛地浑身乍②,却原来是架上鹦哥不是他③。

【注释】

①酿梨花:孕育梨花。梨花是春季开放较晚的一种花。
②乍:此处同"炸",形容由于惊喜而激动,振奋。
③鹦哥:鹦鹉,能学人语。

【评点与赏析】

这首曲生动刻画了春闺中少女思念意中人的情态。春风荡漾,春日融融,少女在闺房中度日如年,思念心上人如醉如痴。忽听窗外有人声,不觉精神一振,"浑身乍"中的"乍"字,把少女将见到情郎时的振奋、惊喜、欢快、急切的心情展露无遗。误把鹦鹉当作情郎这一细节描写极富生活情趣,也很有表现力。

〔南商调〕懒画眉

春 怨

倚栏无语掐残花,蓦然间春色微烘上脸霞①。相思薄倖那冤家②,临风不敢高声骂,只教我指定名儿暗咬牙。

【注释】

①春色微烘上脸霞:形容脸红。
②薄倖:薄情、负心。那冤家:指心上人。

【评点与赏析】

描写少女的相思情意,神形并茂。从动作到表情,再到内心活动,一层层写来,使形象鲜明生动,表现出少女对意中人既爱又怨的心情。小令风格活泼,充满热情。

〔南商调〕黄莺儿

暮春闺思

莺懒罢调簧①,柳成阴,日渐长,春归有个人惆怅。诗闲锦囊②,针停绣床③,相思暗把浓愁酿。最心伤,随风数点,红雨静敲窗④。

【注释】

①调簧:指莺啼。
②诗闲锦囊:指不读诗也不写诗。
③针停绣床:无心描花绣凤。

沈仕

④红雨：指落花。

【评点与赏析】

描写晚春时节闺中少女的惆怅之情。少女被相思之情所折磨，以至于无心读诗刺绣，百无聊赖。看着落花敲打在窗上，更增添了感伤，其中的寓意很清楚：春归花落，引起少女青春易逝的联想，所以忧伤之情更添几分。这首曲文辞雅致，风格缠绵忧伤，这在沈仕写恋情的散曲中不多见。

常 伦

常伦（1492年—1525年），字明卿，号楼居子，泽州沁水（今山西沁水）人。自幼聪敏，十四岁能文。二十岁中进士，授大理寺评事，因疏狂被贬官。后因忤台使，弃官归里。三十三岁时，因惊马落水而死。他性格爽直豪放，多才多艺，散曲作品的风格也多种多样，既有豪放恣肆的，也有清逸明丽的，其散曲作品见《写情集》，附在诗文集《常评事集》之后。

〔仙吕〕寄生草

盼来呵来何暮①，说去呵去好疾②。托春心愁把花笺寄③，锁春情独把重门闭④，掐春纤常把归程计⑤。若他行再接上玉簪折⑥，论咱心实不爱黄金贵。

【注释】

①暮：晚，慢。
②疾：快，迅速。
③花笺：信纸的美称，此处指信。
④春情：相思之情。
⑤春纤：女子纤细的手指。
⑥若他行再接上玉簪折：如果他再要远行，我便把折断的玉簪接上，不让他再离去。

【评点与赏析】

这首小令抒写离别相思。女主人公深切的思念之情和深受爱情折磨的种种情态，描写得细致生动，跃然纸上。最可贵的是末句点明的爱情观"论咱心实不爱黄金贵"，使这首小令与一般描写相思离别主题的小令相比，有了更丰富，更深刻的内涵。

〔中吕〕朝天子

爱闲的没权，揽权的不闲，两件儿曾经惯。烟波名利大家难，更险似连云栈①。洒泪江州②，行吟泽畔③，笑黄犬东门叹④。总不如挂冠住山⑤，到大来无祸患。

【注释】

①连云栈：古栈道名，在陕西汉中一带，十分险要。此处用以比喻官场险恶。

②洒泪江州：指唐代白居易被贬为江州司马一事。

③行吟泽畔：指屈原被放逐一事。

④黄犬东门叹：《史记·李斯传》载，李斯临刑前对儿子说："'吾与若复牵黄犬俱出上蔡东门逐狡兔，岂可得乎？'遂父子相哭，而夷之族。"

⑤挂冠：辞官。

【评点与赏析】

"爱闲的没权，揽权的不闲"，这两种生活，作者都经历过，从而发表对人生的看法：追逐名利是艰难的，官场险恶"似连云栈"，白居易，屈原，李斯的遭遇都说明了这一点。还是辞官归隐吧，可以避免灾祸。这一内容，在前人作品中经常出现，但这首小令语言明朗，用典恰切，别有韵味。

〔双调〕沉醉东风

但得个欢娱纵酒，又何须谈笑封侯。拙生涯，乐眼前；虚名誉，抛身后。两眉尖不挂闲愁，一日深浮三百瓯①，亦可度天长地久。

【注释】

①一日深浮三百瓯：指纵情饮酒。瓯：酒具。

【评点与赏析】

描写一种豪放不羁的生活。但在"虚名利,抛身后",纵酒吟诗的疏狂、洒脱中,也隐含着不甘寂寞又无法施展的愤懑之情,流露出对现实不满的情绪。

〔南双调〕驻云飞

窗外青山,一段风光画里看。野景情无限,野处身无患①。嗏,倦马已知还②,幽谷清闲。云本无心,风度西溪畔。已矣,人间行路难。

【注释】

①身无患:没有是非之争,没有祸患加身。
②倦马已知还:喻人对仕途的厌倦。

【评点与赏析】

由观看幽静的山野风光,引发对世事纷争、仕途竞奔的厌倦之情,抒发人生艰难的感叹。

黄　峨

黄峨（1498年—1569年），一作黄娥，字秀眉，遂宁（今四川遂宁）人。尚书黄珂次女，状元杨慎继室。她有才学，通经史，工诗词，擅作散曲。所著《杨夫人乐府》中，有不少作品抒发她对远戍云南的丈夫的思念之情，写得细腻缠绵，颇有韵致。徐渭评论她的散曲："旨趣闲雅，风致翩翩，填词用韵，天然合律"（《杨夫人乐府序》）。

〔双调〕落梅风

春寒峭①，春梦多。梦儿中和他两个，醒来时空床冷被窝。不见你，空留下我。

【注释】
①春寒峭：春寒料峭，形容春天微寒。

【评点与赏析】
写相思愁绪。此曲用通俗的语言描写了一个梦境。梦中的欢娱和醒后的凄清相对比，衬托出主人公的孤独和愁闷。

〔双调〕清江引

容易来时容易舍①，寂寞千金夜②。花好防花残，月圆愁月缺。怕离别，如今真个也。

【注释】
①容易来时容易舍：容易得到便容易舍弃。
②千金夜：形容宝贵的时间。

【评点与赏析】

这是一首抒写离愁的小令。第一句"容易来时容易舍",写一种生活中的常理,也是对离她而去的心上人的埋怨。后几句,直接描写离情别绪,颇为别致。从相聚时就害怕别离,今天真的尝到了离别的滋味。言尽意未穷。

〔商调〕梧叶儿

衾如铁①,信似金②,玉漏静沉沉③。万水千山梦,三更半夜心④,独枕孤眠分,这愁怀那人争信。

【注释】

①衾如铁:杜甫《茅屋为秋风所破歌》中有"布衾多年冷似铁"句。喻被子里冰凉。
②信似金:杜甫《春望》中有"烽火连三月,家书抵万金"句。意谓书信难得。
③玉漏:古代玉制的计时器。
④三更半夜心:夜半因相思难以入眠。

【评点与赏析】

黄峨的丈夫杨慎在明嘉靖年间被谪戍云南,"红颜出,华颠未归,几三十稔"(简绍芳《陶情乐府序》)。黄峨的许多散曲作品,都为有感于丈夫远戍而作。曲中的别离之情,写得尤为缠绵悱恻,幽怨至深。

〔南商调〕黄莺儿

积雨酿春寒①,见繁花树树残。泥途满眼登临倦,江流几湾?雪山几盘?天涯极目空肠断②!寄书难,无情征雁,飞不到滇南。

【注释】

①积雨：久雨。

②肠断：形容悲伤已极。

【评点与赏析】

黄峨嫁给杨慎六年后，即遇杨慎被贬云南的变故。杨慎谪戍云南的第二年，曾把黄峨接到云南。但不久后，因舅亡而奔丧返里，此后便一直居家，与杨慎分居两地三十多年。在许多散曲作品中，黄峨抒发了对丈夫的思念之情。这首曲写对远在滇南的丈夫的思念，深切动人。前人对这首小令推崇备至，王世贞说杨慎曾"别和三词，俱不能胜"（《曲藻》）。张琦说："杨夫人亦饶才学，最佳者如《黄莺儿》（积雨酿春寒）一曲，字字绝佳，杨别和三词，俱不能胜，固奇品也"（《衡曲麈谈·作家偶评》）。

李开先

李开先（1502年—1568年），字伯华，号中麓，济南章丘（今山东章丘）人。嘉靖八年（1529年）进士，先任户部主事，后调任吏部考功主事等职，官至太常寺少卿。他为官清正严明，不徇私情，后因与首辅夏言的种种复杂矛盾，在嘉靖二十年（1541年）被罢官。从此闲居家里，再也未能东山再起。在当时的文坛，他颇负盛名，与王慎中、唐顺之等人并称"嘉靖八子"。他能文擅曲，著作颇丰。家里藏书极多，其中，元杂剧剧本即有千余种，有"词山曲海"之称。著有传奇三种，《宝剑记》是其代表作。散曲集有《中麓乐府》、《中麓小令》和与王九思的唱和集《南曲次韵》。诗文集有《闲居集》。

〔南仙吕〕傍妆台

曲弯弯①，一轮残月照边关。恨来口吸尽黄河水，拳打碎贺兰山②。铁衣披雪浑身湿③，宝剑飞霜扑面寒。驱兵卒，破虏还，得偷闲处且偷闲④。

【注释】

①曲弯弯：残月的形状。

②"恨来"两句：明代嘉靖年间，蒙古贵族俺答部屡屡进犯。黄河河套地区是俺答的大本营；贺兰山位于宁夏的西北部，也属于河套地区。

③铁衣：指守边将士的铠甲。

④偷闲：抓紧时间休息。

【评点与赏析】

李开先作有上百首〔傍妆台〕南曲，此处所选为其中的一首。这首小令描写边关将士的戍边生活和杀敌豪情，意境壮阔，气势豪放。

〔双调〕新水令

【新水令】按龙泉血泪洒征袍①,恨天涯一身流落。专心投水浒②,回首望天朝③。急走忙逃,顾不的忠和孝。

【驻马听】良夜迢迢④,投宿休将门户敲。遥瞻残月,暗度重关,急步荒郊。身轻不惮路迢遥⑤,心忙只恐人惊觉。魄散魂消,魄散魂消,红尘误了武陵年少⑥。

【注释】

①龙泉:宝剑名。相传晋代张华因见斗、牛二星之间有紫气,于是掘地得二剑,其中之一为"龙泉"。

②水浒:宋代宋江领导的农民义军聚义之地。

③天朝:朝廷。

④良夜迢迢:夜漫长。迢迢:漫长貌。

⑤不惮路迢遥:不怕路途遥远。

⑥武陵年少:五陵少年。五陵在长安附近,为汉代高帝、惠帝、景帝、武帝、昭帝五人的陵墓。后为豪族聚居之地。

【评点与赏析】

选自《宝剑记》第三十七出《林冲夜奔》。在《宝剑记》中,林冲原是边关统制,多次立功。因与宦官童贯有矛盾,被降职为禁军提辖。他嫉恶如仇,不能容忍奸臣为非作歹,上书弹劾高俅,高俅得知后,报复迫害他,把他发配沧州充军。最后,林冲被逼上梁山。《林冲夜奔》是全剧中最精彩的一出戏,表现林冲投奔梁山途中的情形和种种心理活动。所选的两支曲子细致地刻画了林冲被迫抛开忠和孝,走上反叛之路时的痛苦不安,痛下决心等矛盾心理,成功地描写出他"丈夫有泪不轻弹,只因未到伤心处"的英雄情怀。这出戏一直是戏曲舞台上经常上演的优秀剧目。

刘效祖

刘效祖，字仲修，号念庵，滨州（今山东滨县）人。明嘉靖年间进士，官至陕西按察副使。四十岁时被罢官。所作散曲，本色自然，盛传一时。清代朱彝尊在《静志居诗话》中极称刘效祖之曲，认为较之元代张可久的散曲也不逊色。著有《都邑繁华》、《闲中一笑》、《混俗陶情》、《裁冰剪雪》、《良辰乐事》、《莲云新声》、《云林稿》、《空中语》等，今已散佚，现存散曲辑本《词脔》。

桂枝儿

我教你叫我声，只是不应①。不等说就叫我才是真情。背地里只你我，推什么佯羞佯性②！你口儿里不肯叫，想是心儿里不疼。你若有我的心儿也，如何开口难得紧③。

我心里但见你，就要你叫④，你心里怕听见的向外人学。才待叫又不叫，只是低著头儿笑。一面低低叫，一面又把人瞧。叫的虽然艰难也，意思儿其实好。

【注释】
①不应：不答应。
②佯：假装。
③难得紧：非常难。
④但见你：只要见到你。

【评点与赏析】
民间流行的曲调歌辞在明代被称为小曲。明代小曲风行，当时的许多文人对小曲极为赞赏。刘效祖写了大量的小曲作品，这两首小曲把热恋中的少男少女的心理和神态描写得惟妙惟肖，活灵活现。曲辞极为口语化，体现了小曲率真明朗、天真烂漫，天然无华的特色。

双叠翠

怕逢春，怕逢春，到的春来病转深。捱不过困人天，懒看这红成阵①。行也难禁，坐也难禁②，越说不想越在心。似这等枉添愁，可不辜负了春花信。

怕逢秋，怕逢秋，一入秋来动是愁③。细雨儿阵阵飘，黄叶儿看看骤④。打着心头，锁了眉头，鹊桥虽是不长留⑤，他一年一度亲，强如我不成就。

【注释】

①红成阵：形容四处繁花似锦。
②"行也难禁"二句：无论是走路时还是坐下时，心中的相思之情难以放下。
③动是愁：动不动就心生愁绪。
④黄叶儿看看骤：眼看着枯黄的树叶越落越快。
⑤鹊桥：传说每年农历七月初七夜晚，喜鹊在银河上架桥，牛郎织女渡银河相会。

【评点与赏析】

这是两首描写相思之情的小曲。主人公触景生情，刻骨相思，难以排遣。前一首中的"行也难禁，坐也难禁，越说不想越在心。"后一首中的"鹊桥虽是不长留，他一年一度亲，强如我不成就"几句，表现了处在热恋中而不能相聚的人的特殊的心理活动，是曲中的精彩之笔。

〔南双调〕锁南枝

团圆梦,梦见他。笑脸儿归来,连声问我:我在外几载经过,你在家盼望如何?说一会功名,叙一会间阔①。唤梅香把酒果忙排②,与俺二人权作贺。万种相思一笔勾抹,猛追魂三唱邻鸡③,急睁眼一枕南柯④。

团圆梦,梦不差。眼见他归来,悄声儿诉咱⑤:"非是我失业抛家,非是我恋酒贪花,非是我负义忘恩,两头骑马。为只为书剑飘零,因此上负却临行话。"吐胆倾心⑥,全无虚假。欲开言再问个端的⑦,猛抬身那得个冤家⑧!

【注释】

①间阔:长时间离别。
②梅香:丫环。
③三唱邻鸡:邻居家的鸡叫三遍,指天亮。
④一枕南柯:一场梦。典出唐代李公佐所作传奇《南柯太守传》。
⑤悄声儿诉咱:悄声向我诉说。
⑥吐胆倾心:真诚地倾吐心里话。
⑦端的:究竟。
⑧冤家:指梦中出现的恋人。

【评点与赏析】

刘效祖作有〔锁南枝〕一百首,现在仅存十六首,这十六首都很出色。此处所选是其中的两首。这两首曲描写少妇梦见久别的丈夫的情景。正所谓日有所思,夜有所梦。梦中情人归来后的情形和深情的表白,恰是白日里少妇在心里多少遍重复过的与亲人的对话和对重聚的渴望。白日里的种种牵挂、不安,仅在梦中得到一丝安慰和补偿。期望梦成真,又怕梦是假,少妇那种怅惘、不安、牵挂、期待的心情跃然纸上。

〔南商调〕黄莺儿

堪笑世情薄，百般的都弄巧。李四戴着张三帽①，歪行货当高②，假东西说好，哄杀人那里辨青和皂。许多遭科范总好③，到底被人瞧④。

【注释】

①李四戴着张三帽：张冠李戴，喻事实被弄错。
②歪行货：劣质产品。
③科范：这里指骗人的把戏。
④到底被人瞧：到底被人看穿。

【评点与赏析】

这首小令无情地揭露了当时混乱的社会状况。以假充真、以次充好、黑白不分、张冠李戴，种种丑行，蔚然成风。曲辞采用老百姓的口头语言，使这种揭露和嘲骂更显出广泛的社会性。末句"许多遭科范总好，到底被人瞧"，反映出老百姓对种种歪风内心清楚，冷眼相看，深恶痛绝。

〔南商调〕黄莺儿

门巷外旋栽杨柳，池塘中新浴沙鸥。半湾水绕村，几朵云生岫①。爱村居景致风流②，闲啜卢仝茗一瓯③，醉翁意何须在酒④。

【注释】

①岫：山。
②景致风流：风景秀丽。
③啜（chuò）：喝。卢仝茗：卢仝，号玉川子，唐代诗人，性喜

饮茶。

④醉翁意何须在酒：语出宋欧阳修《醉翁亭记》，意为享受放情山水的乐趣。

【评点与赏析】

描写隐居生活的安逸，情趣盎然。主人公怡然自得的神态，栩栩如生。前四句描写山村景致，清新明丽。

冯惟敏

冯惟敏（1511年—1580年），字汝行，号海浮，青州临朐（今山东临朐）人。明嘉靖十六年（1537年）中举，后累举进士不第。直到嘉靖四十一年才当了涞水知县。后任镇江儒学教授，保定通判等职。他为官清正，抑豪助贫，颇受拥戴。他是明代著名的散曲家，他的散曲作品题材广泛，内容丰富。最突出的特点是作品内容与现实生活相连通，十分富有生活气息，同时有一种昂然向上的生气，被当时的文人比作曲坛的辛弃疾。著有散曲集《海浮山堂词稿》，今存小令二百多首，套曲近四十套。

〔南正宫〕玉芙蓉

喜 雨

村城井水干，远近河流断。近新来好雨连绵，田家接口蜀秫饭①，书馆充肠苜蓿盘②。年成变：欢颜，笑颜，到秋来纳稼满场园。

初添野水涯，细滴茅檐下，喜芃芃遍地桑麻③。消灾不数千金价④，救苦重生八口家⑤。都开罢：荞花，豆花，眼见的葫芦棚结了个赤金瓜。

【注释】

① 田家接口蜀秫饭：农家能吃上玉米做的饭。
② 苜蓿（mù xū）：一种可食的野菜。
③ 芃芃（péng）：草木繁盛的样子。
④ 不数：无法计算。
⑤ 重生：再生，救命。

【评点与赏析】

这两首小令紧紧围绕"久旱逢雨"的主题，描写了喜雨降落后万民喜悦的情景和田园中万物复苏,丰收在望的景象。作者笔触细致,笔调欢快,与农家百姓共忧愁,同欢乐,具有浓厚的生活气息。

〔双调〕胡十八

刈麦有感①

八十岁老庄家,几曾见今年麦,又无颗粒又无柴②。三百日旱灾,二千里放开③,偏俺这卧牛城④,四下里忒毒害⑤。

穿和吃不索愁⑥,愁的是遭官棒。五月半间便开仓⑦,里正哥过堂⑧。花户每比粮⑨,卖田宅无买的,典儿女陪不上⑩。

【注释】

①刈麦:割麦。
②又无稞粒又无柴:既不长麦粒又不长麦秆。
③放开:扩展。
④卧牛城:形容城小。
⑤忒毒害:受害深。
⑥索:须、必。
⑦五月半间便开仓:五月半麦子还未成熟,衙门便开仓征收税粮。
⑧里正:地方上的里长。
⑨花户:古代的户口册。比粮:按规定的期限交纳赋税。
⑩典:以人或物作抵押品还钱。陪:同"赔"。

【评点与赏析】

冯惟敏共作同题小令四首,此处所选为其中的第一首和第三首。前一首写小县城遭到八十年来未遇的严重旱灾,给老百姓生活带来巨大的威胁。第二首描写在严重的旱情下,官府不但不帮助百姓渡过难关,反而加紧催逼灾民交纳税粮。灾民完全无力承担,即使有田宅也无人买,纵然卖儿卖女也不够抵债,其艰难困苦可想而知。作者对老百姓的疾苦十分了解,也深表同情。

〔双调〕清江引

戊寅试笔①

雪月风花细裁剪,又喜年成变。三农到处安②,五谷殊常贱③,愁只愁折官粮难办钱④。

好年成一文钱一片金⑤,又似今番甚。粜粮没去头⑥,变产无人赁⑦,一条鞭不弱如十段锦⑧。

【注释】

①戊寅:指明万历六年(1578年)。
②三农:山区、平原和水乡的农民。
③殊常贱:特别贱。
④折官粮难办钱:粮税要折换成钱交纳,此句意为钱难以筹措。
⑤好年成一文钱一片金:年成好,农民手中的钱反而更珍贵,说明丰收反而谷贱。
⑥粜粮:卖粮食。
⑦赁(lìn):租赁。
⑧一条鞭不弱如十段锦:实行"一条鞭"法后,农民的负担并未减轻。十段锦:指实行"一条鞭"法前的实物赋税制。

【评点与赏析】

作者的同题小令共十首,此处选二首。明万历年间,张居正推行"一条鞭"法,把田赋、徭役及各种捐税合为一项,按田亩摊派到各户,以银两缴纳。这两首小令写出了丰收之后,粮价下跌给农民带来的痛苦。改革税制也未给农民带来好处。作者此时已辞官回乡,他对农家的苦乐的关注和体察从这些小令中可见一斑。

〔双调〕清江引

八不用

乌纱帽①,满京城日日抢,全不在愚贤上②。新人换旧人,后浪催前浪,谁是谁非不用讲。

【注释】
①乌纱帽:古代做官的人戴的帽子。
②全不在贤愚上:考察官员的标准不是贤愚。

【评点与赏析】
作者所作题为"八不用"的小令共八首,分别描述乌纱帽、拖天带、皂朝靴、花藤轿等八种官员服装和车马等用品,揭露和讽刺当时官场的腐败和丑恶现象。这首曲从乌纱帽讲起,指斥官员选拔上不辨贤愚的弊端。语言率直,泼辣,直指官场腐败的要害。

〔南商调〕玉江引

农家苦

倒了房宅,堪怜生计蹙①。冲了田园,谁将双手杌②。陆地水平铺,秋禾风乱舞。水旱相仍③,农家何日足④!墙壁通连⑤,穷年何处补!往常时不似今番苦,万事由天做。又无糊口粮,那有遮身布,几桩儿不由人不叫苦。

【注释】
①生计蹙(cù):生活窘迫。
②杌(wù):摇动。
③相仍:接连不断。
④何日足:何时能丰衣足食。

⑤墙壁通连：墙壁被雨水浸泡倒塌，许多家连在一起，互相通连。

【评点与赏析】

描写遭到水灾侵袭后，田园的惨状和农民的痛苦，表现了对处于水深火热中的农民的深切同情。对农家生活、农民疾苦如此关注，并倾注同情，在明代散曲中并不多见，故给人以耳目一新的感觉。

梁辰鱼

梁辰鱼（1519年？—1591年？），字伯龙，号少白，又号仇池外史。苏州昆山（今江苏昆山）人。出生于世代官宦家庭，但他自己在科举的道路上并不顺利。工于词曲，精通音律。他依据魏良辅的昆腔格律写出的《浣纱记》传奇，是第一个用改进后的昆山腔演唱的剧本。他的散曲曾风靡一时，从王世贞"吴阊白面冶游儿，争唱梁郎雪艳词"诗句可见当时他的散曲流行的盛况。著有散曲集《江东白苎》，文辞精美，风格典雅。但《江东白苎》中也不都是艳词绮语，也有不少伤今吊古，感叹兴亡的作品。

〔正宫〕白练序

暮秋闺怨

西风里，见点点昏鸦渡远洲，斜阳外，景色不堪回首。寒骤，漫依楼，奈极目天涯无尽头。消魂处①，凄凉水国，败荷衰柳。

【注释】

①消魂：魂魄离散。形容非常悲伤或极度欢乐。此处指心情悲伤。

【评点与赏析】

本首曲选择深秋时节各种典型的自然景观，衬托主人公哀婉、怅惘的情绪。触景伤情，引人遐思，"昏鸦"，"斜阳"，"败荷"，"衰柳"，构成了一幅萧索的田园秋色图。全曲并无一个"愁"字，但从始至终流露出主人公的哀怨之情。结尾的"凄凉水国，败荷衰柳"，分明表现出闺中女子对青春易逝的无限惋惜。

〔中吕〕山坡羊

病奄奄难医疗的模样①,软怯怯难存坐的形状,急煎煎难摆划的寸肠,虚飘飘难按纳的情和况②。空自忙,全然没主张,盟山誓海都成谎。辗转思量,更无的当。凄凉,为甚更长似岁长③?萧郎④,莫认他乡是故乡。

【注释】

①病奄奄:形容病重,气息奄奄。
②按纳:忍耐,控制。
③更长似岁长:形容时间过得慢,一更像一年一样长。旧时一夜分为五更,一更约两小时。
④萧郎:指恋人。

【评点与赏析】

描写一位少女对远方的情郎的思念。深切的思念使她有如失魂落魄一般。她成天无精打采,夜不能寐,对情郎既嗔怪,怨恨,又想念不已。也正因为爱情的深切,才会担心情郎"认他乡是故乡"。

〔南中吕〕驻云飞

小小冤家①,拖逗得人来憔悴杀②。雅淡堪描画③,举止多潇洒。咱,曾记折梨花,在荼䕷东架④。忙询佳期,倒答着闲中话,一半噐人一半耍⑤。

【注释】

①冤家:指所中意的人。
②拖逗:引逗。
③堪:能,可。

④荼蘼：花名，晚春开花。
⑤罟人：哄人，骗人。耍：开玩笑。

【评点与赏析】
曲中的主人公倾心于一位少女，在他眼里，这位少女魅力无穷。曲中回忆了以往他们交往的情景："在荼蘼东架"，"折梨花"，"询佳期"，女孩子避而不答，而与他开着玩笑。这寥寥几笔，使一个美丽、活泼、机灵的少女形象跃然纸上。

〔南中吕〕驻马听

登黄鹤楼有怀故园①

独倚危楼②，极目乡关不断愁③。试问天边驿使④，云里征鸿⑤，江上归舟：我故园原住在石桥头，来时可带得家书否？询问缘由，谁知兵戈阻绝还依旧⑥。

【注释】
①黄鹤楼：古代名楼，在湖北省武汉市武昌蛇山上。相传始建于三国吴黄武二年（223年），历代屡毁屡建。清代建的黄鹤楼毁于光绪十年（1884年），现在的黄鹤楼为20世纪80年代所建。
②危楼：高楼，此处指黄鹤楼。
③乡关：故乡。
④驿使：传递公文的人。
⑤征鸿：大雁。
⑥兵戈：指战争。

【评点与赏析】
明代中叶，"倭寇"危害东南沿海，朝廷派兵捕剿，形成战事。这首小令中所说的"兵戈"，即指此。曲中通过游子对家书的殷切盼望，抒发了思念故乡的感情。

○梁辰鱼

徐 渭

徐渭（1521年—1593年），字文清，后改字文长，号天池，青藤道士、田水月等，绍兴山阴（今浙江绍兴）人。二十岁考中秀才，以后参加乡试，屡试不第。他熟悉兵法，爱好军事，曾在浙闽总督胡宗宪幕下任书记，后胡宗宪被劾与严嵩一党有牵连而被捕下狱，徐渭遂离去。他曾因杀死继妻入狱七年，晚年在家乡靠鬻诗卖画为生。他在文学艺术上有多方面的才能，诗文、书画、戏曲都有颇深的造诣。他一生著述丰富，著有诗文集《徐文长初集》、《阙编》、《徐文长三集》、《徐文长佚稿》、《徐文长佚草》；杂剧《四声猿》（其中包括《渔阳弄》、《雌木兰》等四种）、《歌代啸》。

〔仙宫〕点绛唇

休女身拚①，缇萦命判②。这都是裙钗伴③，立地撑天，说什么男儿汉！

【注释】

①休女：指秦休。传说秦休自称燕王妇，为给她的父亲（一说宗族）报仇，冒着死罪在都市中杀死了仇人。身拚：冒着杀身之祸。

②缇萦（tī yíng）：汉文帝时人，淳于意的女儿。淳于意罪当判刑，缇萦上书，甘愿充当官奴以赎父亲之罪，汉文帝受感动，赦免了淳于意。缇萦后来成为勇敢、孝顺的女子的代表人物。

③裙钗伴：女子中的好伙伴。因为这唱段由花木兰唱，故如此说。

【评点与赏析】

　　这首曲选自徐渭的杂剧《雌木兰》的第一出。《雌木兰》一剧描写著名的花木兰女扮男妆,替父从军的故事。剧中描写花木兰征战疆场十二年,建立战功。功成凯旋后,回故里与家人团聚,后出嫁王郎。这首曲由花木兰唱,表现出木兰豪爽、热情的性格和胜过男子的英雄气概。

张凤翼

张凤翼（1527年—1613年），字伯起，号灵墟，苏州长洲（今江苏苏州）人。正史无传（《明史》中有张凤翼，但为另一人）。他是一位戏曲音乐大师，与梁辰鱼是朋友。嘉靖年间中过举。他著作甚丰，各体皆擅，戏曲有《阳春堂六传》，其中包括六部传奇，以《红拂记》最为著名，散曲集有《敲月轩词稿》。

〔南仙吕〕醉扶归

相思欲见浑难见①，果然是"别时容易见时难"，见时又怕起波澜。待教不见情难弃，见和不见两头担②，只索向枕边梦里寻方便。

【注释】

①浑难见：总是难以相见。

②两头担：两头为难。

【评点与赏析】

这是一首描写相思之情的小令。曲中描写热恋中的男女的复杂心情：渴望相见，又怕相见后对方的埋怨。不相见又相思情切，这种矛盾心情是爱情炽热所致。思想矛盾的结果：还是在梦里相见，让甜蜜的爱情深藏在心中。小令描写感情活动，曲折委婉，细致入微。

薛论道

薛论道(1531年？—1600年？)，字谭德，号莲溪居士，保定定兴（今河北定兴）人。中年弃文就武，从军三十多年。守卫北方边关，颇树战功，官至副将。后受人排挤，称疾隐退。是明代重要散曲作家，著有散曲集《林石逸兴》十卷，每卷一百首。他的散曲作品题材多样，既有描写边塞风光、战场景象的作品，又有鞭挞社会罪恶、抒发个人抱负的作品，这些作品风格豪放，格调高昂。另外，他写"闺思"的作品又柔情绵绵，别有一番韵味。

〔中吕〕朝天子

不　平

对一会圣贤，叹一会老天，有许多不方便。人生十有九不全，有一件无一件，陋巷颜回①，蓬门原宪②，冻饿杀无人见。齐了行爱钱，都不肯尚贤，有才学同谁辨？

【注释】

①颜回：春秋时鲁国人，字子渊，孔子的弟子。以好学和安贫乐道著称。《论语·雍也》："子曰：贤哉回也！一箪食，一瓢饮，在陋苍，人不堪其忧，回也不改其乐。"

②原宪：春秋时鲁国人，一说宋国人，字子思，又叫原思，孔子的弟子。相传他住茅屋穿褐衣吃素食，不减其乐。后来诗文中多用他泛指贫士。

【评点与赏析】

感叹世事不公，人生多难。世人都爱钱，社会从上至下都不"尚贤"，以至有学问的贤人冻饿死也无人过问，可见人心不古，世风日下，道德沦丧，作者发出深沉酸楚的叹息。小令语言质朴生动，内容却是沉重严肃的。

〔双调〕沉醉东风

四 反

贪婪的乔迁叠转,清廉的积谤丛愆①;忠良的个个嫌,奸佞的人人羡;竟不知造物何缘②?空有天公不肯言,任旁人胡褒乱贬。

【注释】

①丛愆(qiān):罪过很多。愆:罪过,过失。
②造物:造物主,古人心目中创造世间万物的神灵。

【评点与赏析】

本曲用尖锐直率的语言,对比善恶忠奸在世间的不同遭遇,对社会的黑暗腐败进行了无情的抨击。历代指斥恶人当道,好人遭殃的作品不少,本篇把指责的锋芒直指"天公"这位最高权威,怨怒之情表达得颇为充分,抨击十分有力。

〔双调〕水仙子

卖狗悬羊

从来浊妇惯撇清①,又爱吃鱼又道腥,说来心口全不应②。貌衣冠③,行市井④,且只图屋润身荣⑤。张布被诚何意⑥,饭脱粟岂本情⑦?尽都是钓誉沽名。

【注释】

①撇清:做出清白的样子。
②心口全不应:心里想的和嘴里说的全不一样。
③貌衣冠:看着像正人君子。衣冠:士大夫的穿戴。
④行市井:行为像市井小人。
⑤屋润:房子修饰华丽。《礼记·大学》:"富润屋,德润身"。

⑥张布被：盖的布被。
⑦饭脱粟：吃的糙米。

【评点与赏析】

　　这首小令对那些满口仁义道德，满腹男盗女娼的伪君子给予了无情的揭露和讽刺。通过鲜明的对比，形象的比喻展示他们虚伪的言行，刻画了他们可耻、可鄙的嘴脸。曲辞浅白明快，揭露得透彻深刻。

〔双调〕水仙子

寄征衣

　　西风吹妾妾衣单①，君戍萧关君自寒②。知他定把寒衣盼，提起来心上烦。旧征衣再补重翻。剪刀动心先恸③；针线拈泪已残。寄一年一损愁颜④。

【注释】

①妾：古代女子自称。
②君：指女子的丈夫。戍：指部队驻防。萧关：古代关名，在今宁夏固原县东南。
③恸（tòng）：伤心，悲哀。
④寄一年一损愁颜：意为一年年青春消逝，红颜渐老。

【评点与赏析】

　　描写一位女子，对长年驻守边防的丈夫的思念和对自己孤独处境的感伤之情。丈夫年复一年驻守边关，转眼又到了秋天。西风渐起，寒意袭来，又到了该为丈夫准备冬衣的时候了。想到冬衣寄去，又是一年的不能与丈夫团聚，不禁悲上心来，因为青春年华在这没有尽头的等待中悄然逝去。思念和伤感交织在一起，禁不住潸然泪下。小令写得缠绵凄婉，情深意长。

〔南商调〕黄莺儿

塞上重阳

荏苒又重阳①,拥旌旄倚太行②,登临疑是青霄上。天长地长,云茫水茫,胡尘静扫山河壮③。望遐荒,王庭何处④?万里尽秋霜。

【注释】

①荏苒:时光流逝。

②旌旄:军中的旗帜。太行:山名,位于山西高原与河北平原之间,明朝时为边防重地。

③胡尘:指少数民族入侵时的征尘与战火。

④王庭:泛指少数民族首领居住地。

【评点与赏析】

小令通篇洋溢着卫国将士的英雄豪气。重阳佳节是古人携亲会友、登高赏景的日子,作品并不写将士们如何思念故乡,思念亲友,而是着力刻画他们报效国家的博大胸怀。头两句点明特定的时间、地点。"又重阳"说明将士们在边关已渡过了无数春风秋雨,酷暑严寒。"拥旌旄倚太行",使我们仿佛看到将士们高大的身躯与巍巍高山并肩而立,形成坚不可摧的屏障。他们登高而立,好似天兵天将,来犯的敌人犹如尘土一般,怎能不一扫而净?万里疆土,方能一派安宁。作者热情歌颂了戍边将士忠诚、豪迈、豁达的情怀。

〔商调〕黄莺儿

边城秋况

无奈楚天高①,听征鸿云外号②,声声刺入人心窍。风吹战袍,月明宝刀。朱颜红叶皆零落,冷萧萧。乡关何处,万里路迢迢。

【注释】

①楚天:楚地的天空。楚地在南方,也泛指南方的天空。
②征鸿:远飞的大雁。

【评点与赏析】

这首曲描写了边关将士的艰苦生活和对家乡、亲人的思念之情。"征鸿云外号"写出了云幔低垂的景色,烘托出苍凉的气氛。"风吹战袍,月明宝刀"一句,凝炼地概括了戍边将士风餐露宿、披星戴月的艰苦生活。鸿雁已飞往南方过冬去了,那刺人心灵的鸣叫声勾起了将士的思乡之情。但为了家乡以及整个国家的安宁,将士们年复一年地严阵以待,"朱颜红叶皆零落",把青春抛洒在边关。

〔商调〕黄莺儿

斗 鸡

芥羽一毛轻①,倚豪雄起争斗,樱冠披发不恤命②。且立且行,且战且鸣,倾心抵死博一胜,总然赢,锦衣零乱,金距血腥腥③。

【注释】

①芥羽：在斗鸡中为了保护鸡不被对方啄伤，在鸡羽毛上撒芥子粉或涂漆播砂，称芥羽漆砂。

②撄（yīng）冠：互相啄住对方的鸡冠。撄：触犯。披发：指鸡张开羽毛。恤：同情，吝惜。

③金距：鸡爪。

【评点与赏析】

这首小令描写斗鸡的场面，形象生动。然而作者的着眼点并不在斗鸡本身。其寓意在于借鸡讽喻人，表现官场中的激烈争斗。人与人之间的无情倾轧，和斗鸡的道理一样，即使是"倾心抵死博一胜"，最终也会是"锦衣零乱，金距血腥腥"，难免心力交瘁。构思巧妙，耐人品味。

〔南商调〕山坡羊

吊战场

拥旌麾鳞鳞队队①，度胡天昏昏昧昧②。战场一吊，多少征人泪？英魂归未归？黄泉谁是谁？森森白骨③，塞月常常会④；冢冢碛堆⑤，朔风日日吹。云迷，惊沙带雪飞；风催，人随战角悲⑥。

【注释】

①旌麾（huī）：指挥军队的旗帜。鳞鳞队队：形容列队的情形。

②胡天：指西北边境少数民族聚居的地区。

③森森：形容堆集得很多。

④塞月：塞外的月亮。

⑤碛堆：指沙漠上的坟墓。

⑥战角：军队的号角。

【评点与赏析】

　　这首凭吊古战场的小令，寄托了作者对埋骨沙场的将士的无限同情和缅怀。曲中着重渲染了古战场的悲凉情境，表现出战争的残酷无情。白骨堆集，这中间流淌着多少亲人的血泪；英魂难归，这造成了多少人家的痛苦！字里行间，流露出对战争的谴责。

朱载堉

朱载堉（1536年—?），字伯勤，号句曲山人，自称"狂生"。明朝宗室，其父封郑王，封地在河南。由于当时王族之间争斗激烈，其父屡次被陷害，曾被皇上禁锢凤阳十九年。其父死后，他不愿继承王位，潜心于乐律研究，写了一部关于乐律的著作。著有散曲《醒世词》一卷，当时仅有抄本流传。直到清代道光年间，才被河南的一位名叫贺汝田的人出资刻印，录曲七十三首。他身为贵族，对人情冷暖有切实的体会，写出了一些揭露世态炎凉的作品，较为深刻。

〔中吕〕山坡羊

钱是好汉

世间人睁眼观见，论英雄钱是好汉。有了他诸般趁意①，没了他寸步也难。拐子有钱②，走歪步合款③。哑叭有钱，打手势好看。如今人敬的是有钱，蒯文通无钱也说不过潼关④。实言，人为铜钱，游遍世间，实言，求人一文，跟后擦前⑤。

【注释】

①诸般趁意：什么事都合心意。

②拐子：瘸子，跛子。

③走歪步合款：走路迈步歪歪斜斜也合乎走路的标准。

④蒯文通：即蒯通，楚汉时人，有辩才。潼关：古代名关，在陕西省。

⑤跟后擦前：围着人前后讨好。

【评点与赏析】

这首曲以犀利的笔调讽刺金钱万能的丑恶世情。钱成了英雄好汉，有了钱，并不美好的东西变得美好了，难以做到的事情轻易地做到了；

没有钱，有能力也施展不出来，正常的目的也难以达到。人们为了金钱，可以赴汤蹈火，卑躬屈膝。作者把金钱对人的异化，世态的丑恶揭露得很深刻。

〔中吕〕山坡羊

说大话

我平生好说实话，我养个鸡儿，赛过人家马价；我家老鼠，大似人家细狗；避鼠猫儿，比虎还大。头戴一个珍珠，大似一个西瓜；贯头簪儿①，长似一根象牙。我昨日在岳阳楼上饮酒，昭君娘娘与我弹了一曲琵琶②。我家下还养了麒麟③，十二个麒麟下了二十四匹战马。实话！手拿凤凰与孔雀厮打。实话！喜欢我慌了④，跰一跰⑤，跰到天上，摸了摸轰雷，几乎把我吓杀。

【注释】

①贯头簪儿：别头发的簪子。
②昭君娘娘：汉代的王昭君。
③麒麟：古代传说中的动物，全身有鳞甲，形状像鹿，古人以它象征吉祥。
④喜欢我慌了：我高兴极了。慌了：此处意为极了。
⑤跰一跰（piàn）：抬高腿向上跨。

【评点与赏析】

本篇讽刺说大话的人，写得妙趣横生，诙谐幽默。明摆着是吹牛，还口口声声一本正经地说："我平生好说实话"，这种对比，增加了幽默效果。

〔商调〕黄莺儿

求人难

自己跌倒自己爬，指望人扶都是假。至亲人说的是隔山话①，虚情儿哄咱，假意儿待咱，还将冷眼观。时下休夸②，十年富贵，再看在谁家？

跨海难，虽难犹易；求人难，难到至处③。亲骨肉深藏远躲，厚朋友绝交断义。相见时项扭头低④，问着他面变言迟。俺这里未曾开口，他那里百般回避。锦上花争先添补，雪里炭谁肯送去。听知！自己跌倒自己起，指望人扶耽阁了自己⑤。

【注释】

①隔山话：无关痛痒、虚假的话。
②时下休夸：现在不要夸口。
③难到至处：难到极至。
④项扭：脖子一扭，脸偏向一边。项：脖子。
⑤耽阁：耽搁。

【评点与赏析】

这两首小令的主题是"求人难"，"自己跌倒自己起"，把人与人之间虚伪冷漠的关系揭露得淋漓尽致。曲中揭示出，一些人的冷漠不是绝对的，"锦上花争先添补，雪里炭谁肯送去"说穿了，还是势利。总体上说，这两首曲揭露了人性中丑恶的一面，也强调了做人应有骨气。

汤显祖

汤显祖（1550年—1616年），字义仍，号海若、若士，自称清远道人，抚州临川（今江西临川）人。博览群书，学识广博。万历十一年（1583年）进士，任南京太常博士，后改任南京礼部主事。万历十九年（1591年）因上疏批评朝政，弹劾首辅申时行，被贬为广东徐闻县典史，两年后迁浙江遂昌县知县。万历二十六年（1598年）弃官归乡，家居十八年，六十七岁时卒于家。他是明代杰出的戏曲作家，戏曲作品有玉茗堂四梦：《紫钗记》、《牡丹亭》、《南柯记》、《邯郸记》，还有《紫箫记》。《牡丹亭》是其代表作。另有诗文集《红泉逸草》、《问棘邮草》、《玉茗堂集》等。

〔商调〕皂罗袍

原来姹紫嫣红开遍①，似这般都付于断井颓垣②。良辰美景奈何天③，赏心乐事谁家院④！朝飞暮卷⑤，云霞翠轩，雨丝风片，烟波画船，锦屏人忒看的这韶光贱⑥。

【注释】

①姹紫嫣红：鲜花鲜艳绚丽的样子。

②断井颓垣：废了的井，塌了的墙，形容院子破败，年久失修。

③奈何天：无可奈何。

④赏心乐事：谢灵运《拟魏太子邺中集诗序》："天下良辰、美景、赏心、乐事，四者难并"，这两句用此句意。这句意为自己家的庭院花园里没有赏心乐事。

⑤朝飞暮卷：唐代王勃《滕王阁》诗中有"画栋朝飞南浦云，朱帘暮卷西山雨"句，形容楼阁巍峨，景色开阔。

⑥锦屏人：被阻隔在深闺中的人。忒：太。韶光：大好春光。全句意思是，被阻隔在深闺中，辜负了大自然的美好景色。

【评点与赏析】

　　这首曲选自《牡丹亭》第十出《惊梦》，是脍炙人口、经久传唱的名曲。它描写贵族小姐杜丽娘游览自己家的后花园，发现万紫千红与破井断墙相伴，无人欣赏，良辰美景空自流逝，感到惊异和惋惜，抒发了对美好青春被禁锢、被扼杀的叹息。《红楼梦》中，即有林黛玉读这首曲，联想到自己的遭遇处境，无限感伤的情节。

赵南星

赵南星（1550年—1627年），字梦白，号侪鹤，别号清都散客，高邑（今河北高邑）人。万历三年（1574年）进士，官至吏部尚书，是东林党的重要人物。天启年间，他反对魏忠贤专权，与邹元标、顾宪成号为三君。后因得罪魏忠贤，谪戍代州，病死，谥忠毅。他擅作散曲，小曲也颇出色。著有《赵忠毅集》、《味檗斋文集》、《芳茹园乐府》、《史韵》、《学庸正说》等，《芳茹园乐府》中，多是民间小曲，可见他对民间文学的热爱。

〔正宫〕醉太平

偶　感

短和长阁起①，白和黑休提，省些闲气是便宜，别有个所为。香醪儿入口支支至②，好花儿照眼嘻嘻戏，新曲儿逢场啰啰哩，这生涯忒美③。

【注释】

①阁起：搁起来，放下。
②醪（láo）：醇酒。
③忒（tēi）：太。

【评点与赏析】

用生动、质朴的语言，表达了远离是非、不争长短的生活态度。描绘了一种超然、快乐的生活。其中虽包含着牢骚，却也表现出作者豁达的胸襟。

〔南双调〕孝南枝

眼球儿里觑①,肝叶儿上兜②,撞到这其间怎做的了手?也是俺前世里曾修,霎时间韵脚儿相投③。月老婚牒④,预先里注有。为头儿误入桃源⑤,谁知道姻缘巧凑。况是人物之尖,风情之首,实丕丕地久天长,美甘甘凤友鸾俦⑥。

【注释】

①觑:看。
②肝叶儿上兜:意为装在心里放不下。
③霎时间韵脚儿相投:意为一见钟情,情趣相投。
④月老婚牒:月老那里的婚姻簿子。传说中月老主婚,世人的婚事姻缘早已在他的婚姻册上写明。
⑤桃源:指仙境,典出陶渊明的《桃花源记》。
⑥凤友鸾俦:指美满夫妻。

【评点与赏析】

这首小曲以民歌的笔法,生动地描写了一对青年从一见钟情,到深入了解,情趣相投,进而真诚相爱,最终结为美满夫妻的经历。曲中主人公感情的经历、心理的变化描写细致,喜悦、满足的心情洋溢其间,可看作是美好爱情,理想婚姻的形象展示。

一口气①

朝入衙门,夜寻红粉②,行动之间威凛凛。唬的妓者们似猴仔,呼唤一声跑得紧。先儿们③,纵然有王孙公子④,公子王孙,沥丁拉丁⑤,都不如恁先儿们⑥。

【注释】

①一口气:民间小曲名。

②红粉:指美女。

③先儿:先生,对人的尊称。

④王孙公子:官宦子弟。

⑤沥丁拉丁:指钱。

⑥恁:您。

【评点与赏析】

用民间俗曲,在插科打诨,嬉笑怒骂之间,撕开了有权有势者正人君子的假面,把他们揭露得体无完肤。

高　濂

高濂，号瑞南，杭州钱塘（今浙江杭州）人。生卒年不详，活动时间大约在万历年间，曾任鸿胪寺官。著有传奇《玉簪记》、《节孝记》两种，今存。

〔双调〕朝元歌

《长清短清》①，那管人离恨？云心水心②，有甚闲愁闷？一度春来，一番花褪，怎生上我眉痕。云掩柴门，钏儿磬儿枕上听。柏子坐中焚③，梅花帐绝尘④，果然是冰清玉润。长长短短，有谁评论，怕谁评论？

【注释】

①《长清短清》：琴曲名。
②云心水心：指出家人超然物外的精神状态。
③柏子：香名。
④梅花帐：用梅花图案制成的帐子。

【评点与赏析】

这支曲选自传奇《玉簪记》第十六出《弦里传情》。《玉簪记》描写女道士陈妙常和书生潘必正的爱情故事。陈妙常在靖康之变的战乱中与家人失散，流落金陵女贞观为道士。潘必正科举落第后到女贞观投奔他姑母——女贞观主持。陈、潘二人相识后，逐渐产生了爱情，最后终于冲破种种阻碍，私下结合。他们的爱情被观主发现后，潘必正被迫赴考。后来果真一举及第，迎娶陈妙常，两人团聚。《弦里传情》一出戏，描写潘必正和陈妙常以琴曲传情，互相试探。此处所选的这支曲子为陈妙常所唱，她在潘必正面前掩饰了对潘必正正在萌发的爱情。曲辞典雅、优美，历来为人传诵。

〔双调〕朝元歌

你是个天生后生，曾占风流性。无情有情，只看你笑脸来相问。我也心里聪明，脸儿假狠，口儿里装做硬。待要应承，这羞惭、怎应他那一声。我见了他假惺惺①，别了他常挂心②。我看这些花阴月影，凄凄冷冷，照他孤另，照奴孤另③。

【注释】

①假惺惺：假装无情。
②别了他常挂心：分别后常想念。
③奴：古代女子自称，此处为陈妙常自称。

【评点与赏析】

选自《玉簪记》第十六出《弦里传情》。这首曲为陈妙常所唱。当潘必正含蓄地向她表达爱情时，她严肃地指责了他。等潘必正走后，她才道出了心曲；在潘必正面前，她是"脸儿假狠，口儿里装做硬"，心中藏着炽热的爱情，是因为害羞，才没有接受他的试探。这首曲细致地写出了陈妙常的心理活动。

冯梦龙

冯梦龙（1574年—1646年），字犹龙，又字耳犹、子犹，号墨憨斋、姑苏词客、顾曲散人，别号龙子犹。苏州长洲（今江苏苏州）人。少有才名，时人称他与兄（梦桂）、弟（梦熊）为"吴下三冯"。崇祯时举贡生，曾任福建寿宁县知县，颇有政声。清兵破南京后，冯梦龙印发一些宣传品，发表抗清主张，并上《中兴伟略》，建议抗清策略。明亡后，下落不明，一说明亡后殉难。冯梦龙是个杰出的通俗文学家，在对民歌，通俗演义、话本等作品的搜集、整理和研究方面做了大量的工作。民歌和散曲方面，编辑有《宛转歌》、《挂枝儿》、《太霞新奏》，小说方面编辑了《喻世明言》、《醒世恒言》和《警世通言》。戏曲改订了《墨憨斋定本传奇》等，所作的散曲也颇具特色。

〔南仙吕入双调〕玉抱肚

赠 书[①]

频频书寄，止不过叙寒温[②]，别无他奇。你便一日间千遍书来，我心中也不嫌聒絮[③]。书啊，原非要紧好东西，为甚一日无他便泪垂。

【注释】

①书：信。
②寒温：冷暖，指问寒问暖，互相问候。
③聒絮：唠嗦，烦扰。

【评点与赏析】

这首小令以民歌的笔法，通过一位少女对情书的渴望，道出了热恋中的少女那纯真、炽烈的感情。语言朴素而感情浓烈，末句向自己提问，看似普通的信，为什么会使人情绪激荡？作者没有回答，给人以余意未尽的感觉。

施绍莘

施绍莘（1581年—1640年），字子野，号峰泖浪仙，松江华亭（今上海松江）人。少负俊才，屡试不中。精通音律，擅写散曲，是明末的一位散曲大家，尤擅套数。著有散曲集《花影集》，其中收套曲八十六套，小令七十二首，其散曲作品题材多样，格调雅致，自成一家。

〔双调〕驻云飞

丢 开

索性丢开，再不将他记上怀。怕有神明在，嗔我心肠歹①。呆，哪里有神来，丢开何害。只看他们抛我如尘芥，毕竟神明欠明白②。

【注释】

①嗔：恼怒，责怪。
②尘芥：尘土，小草。

【评点与赏析】

这首曲描写一位女子在下决心与恋人分手时的前思后想，矛盾犹疑。想把这段恋情丢开，又怕神灵责怪。转念一想，也许根本就没有神。再一想恋人的无情，恨上心来。心理活动的描写真切曲折，角度新颖。

〔南仙吕入双调〕锁南枝

夜 寒

邻鸡叫，促织鸣①，青灯一篝寒背枕②。明月映人心，西风尖得紧③。身孤零，绵被轻④，半边温，半边冷。

【注释】

①促织：蟋蟀。

②青灯：油灯。一篝：一笼。

③西风尖得紧：西风呼啸。

④绵：同"棉"。

【评点与赏析】

　　这首小令淋漓尽致地渲染了客居他乡的游子那凄凉、寂寞、孤独的心境。曲中调动各种景物，表现主人公辗转反侧、夜不能寐的情状。让人感觉到他看似身上寒，实则心中冷。寓深情含而不露，用口语浅而不俗。

沈自晋

沈自晋(1583年—1665年),字伯明,又字长康,号鞠通生,苏州吴江(今江苏吴江)人。二十岁时补博士弟子员,然而一生未仕。他是沈璟之侄,曾从沈璟学音律。长于戏曲创作,是明末曲坛上的重要作家,明亡后,归隐吴江。戏曲作品有《望湖亭》、《翠屏山》、《耆英会》三种,散曲集有《鞠通乐府》。他写于明亡前的散曲作品与入清后的散曲作品形成不同的风格,前者主要是秀丽清雅,后者更多的是沉郁悲壮。

〔正宫〕玉芙蓉

雨窗小咏

疏梅带雨开,瘦竹随风摆,雨和风着意好①,为我安排。临风自惜残香洒②,冒雨谁从滴翠来③。清虚界④,任风敲雨筛;掩柴扉⑤,谢他梅竹伴我冷书斋。

【注释】

①着意:有意。
②临风自惜残香洒:迎着清风心里怜惜花瓣被雨打落在地。
③冒雨谁从滴翠来:谁会冒雨穿过竹林到我这儿来呢?
④清虚界:超然脱俗的境界。
⑤柴扉:柴门。

【评点与赏析】

描写雨中庭院里的景色。院子里幽静清凉,清风吹拂,细雨飘洒,只有梅花和翠竹相伴,主人公尽情享受着这种清静,独自品味着这份孤独。作者创造出一种超然脱俗的意境。

〔南吕〕一剪梅

山楼雨窗午睡

睡起如醒带醒容①,愁且忡忡②,乐且融融③。那当愁乐总填胸,歌似无从④,哭似无踪。

【注释】

①醒(chéng):喝醉酒神志不清的样子。
②忡忡(chōng):忧愁的样子。
③融融:快乐的样子。
④歌似无从:似乎没有缘由歌唱。

【评点与赏析】

描写午睡醒来后的一种心绪。人的心中如果总是充满着忧愁或快乐,是会不堪重负的。曲中的主人公感到既无从快乐地歌唱,也无由悲伤地哭泣。然而喜和忧却似乎总是萦绕在心头。这是一种十分普遍而微妙的感觉。

〔仙吕〕风入松

圣 谗①

从来舌剑与唇枪,岂是无心说谎?他腹中尽有兵和仗②,将毒口含沙相向③。却似逢鸥鸟人间不祥④,才声叫便有奇殃⑤。

【注释】

①圣谗:憎恶谗言。
②兵和仗:指兵器,喻喜欢攻击别人的人。
③含沙相向:传说有一种叫"蜮"的虫,会含沙射人的影子,使人生病。相向:相对。

④鸱鸮：猫头鹰一类的鸟，古人认为它们是不祥之鸟。
⑤奇殃：特别的灾殃。

【评点与赏析】
　　谗言伤人，无中生有，含沙射影，心怀鬼胎的奸巧之徒，历来被人憎恶，痛恨，古今同样。作者在曲中把这种人比作不祥之物，表现对这种人的深恶痛绝。

李　玉

李玉（1591年？—1671年？），字玄玉，号苏门啸侣，又号一笠庵主人，苏州吴县（今江苏苏州）人。生平事迹不详。根据零星资料，只知道他出生于明末，出身低微，曾为大学士申时行"家人"。入清之后，"绝意仕进"，潜心于戏曲创作。共创作戏曲剧本四十一种，今有整体传世的共十八种，是中国戏曲史上，创作戏曲作品数量最多的剧作家之一。

〔正宫〕倾杯玉芙蓉

收拾起大地山河一担装，四大皆空相①。历尽了渺渺程途，漠漠平林②，垒垒高山，滚滚长江。但见那寒云惨雾和愁织，受不尽苦雨凄风带怨长。雄城壮，看江山无恙，谁识我一瓢一笠到襄阳③。

【注释】

①四大：佛教以地、水、火、风为四大，认为此四者广大，是产生一切事物和道理的根源。

②漠漠平林：广阔的平原树林。

③襄阳：地名，今属湖北省襄樊市。

【评点与赏析】

这首曲选自李玉的传奇《千忠戮》中《惨睹》一出戏。《千忠戮》一剧描写明初燕王朱棣起兵南下，杀向南京，夺取帝位，建文帝朱允炆化装成和尚仓惶逃出、四处流亡的故事。这首曲描写建文帝在流亡途中的情景和感受，尽管充满了愁和怨，但不失帝王的气度。文辞流畅典雅，盛传一时。当时有"家家收拾起，户户不提防"的俗语流传，"收拾起"即是指的这首曲，可见它一度家喻户晓，脍炙人口。

徐石麒

徐石麒（1610年？—1663年后），字又陵，一字长公，号坦庵，别署坦庵道人。扬州甘泉（今江苏扬州）人。博通经史，尤工词曲。戏曲作品有传奇《珊瑚鞭》等四种，杂剧有《买花钱》等四种；词曲集有《坦庵乐府叅香集》、《坦庵诗余瓮吟》。散曲今存小令二十九首，套曲十套。

〔正宫〕芙蓉花

惜 梅

弄萧疏半窗影①，风雪考寒梅性。骨傲神清，叹世上无人省②。曲体幽情③，索与你安排定。带月连水，好移向蓬莱境④。

【注释】

①萧疏：形容梅花疏朗的枝条。
②省：了解。
③曲体幽情：仔细地体味他的情怀。
④蓬莱境：传说中的仙境。

【评点与赏析】

赞美梅花不惧风雪的品性和不随时俗的傲骨，实际上是借梅花赞美这种品格的人。这种人面对任何权势不会弯下腰，面对任何打击不会低下头。而这种高尚的人往往不被世人容纳和理解。作者展开美好的想象：把他（它）们送到仙境中去吧，那里才是适宜于他们生长的地方。作者的爱憎之情表现得十分强烈。

邱　园

邱园（1617年—1690年），字屿雪，苏州常熟（今江苏常熟）人。隐居坞丘山，号乌邱先生。长于戏曲剧本创作和绘画。共作传奇十种，今存《党人碑》等四种，《虎囊弹》仅存片断。

〔仙吕〕寄生草

漫拭英雄泪①，相辞乞士家②；谢恁个慈悲剃度莲台下③，没缘法转眼分离乍④，赤条条来去无牵挂。那里讨烟蓑雨笠卷单行⑤，一任俺芒鞋破钵随缘化。

【注释】

①漫：不要。拭：擦掉。

②乞士：乞讨者，和尚靠化缘生活，其实质与乞讨一样。此句《缀白裘》作"相随处士家"，根据上下句的意思，"相辞乞士家"较恰切，故从《忠义璇图》本。

③恁：您。剃度莲台下，指出家做和尚。

④分离乍：猛然间分离。

⑤单：指禅堂的坐床。

【评点与赏析】

本首曲选自传奇《虎囊弹》中《山门》一出戏。《虎囊弹》全剧已失传，《山门》一出戏留存于《忠义璇图》、《缀白裘》中，此处据《忠义璇图》录。据《曲海总目提要》记载，《虎囊弹》写鲁智深救金翠莲的故事。郑屠霸占金翠莲为妾，鲁智深打抱不平，打死郑屠，投奔梁山。金翠莲改嫁赵恺后，赵被花子期告发窝藏鲁智深而入狱。翠莲便到种师道总制府去告状。但总制府有规定，告状者要先受一百虎囊弹，不惧者方能准诉。最后赵恺终于得救。这出戏又名《醉打山门》、《山亭》，写鲁智深酒醉后，打坏山门，大闹五台山，然后被迫离开五台山的一段故事。这支曲子是鲁智深与师父拜别时所唱，表现了鲁智深豪爽、粗犷的性格。《红楼梦》第二十二回中，人们称赏《山门》这出戏"排场又好，词藻更妙"，并举出〔寄生草〕这只曲子，说它"铿锵顿挫，韵律不用说是好的"，贾宝玉听了，"喜得折滕画图，称赏不已"。贾宝玉还常用"赤条条来去无牵挂"，表达自己的襟怀。总之，这出戏影响很是深远。

尤侗

尤侗（1618年—1704年），字同人，另字展成，悔成，号悔庵，西堂、艮斋，苏州长洲（今江苏苏州）人。他生性警敏，博闻强记，有才名。以贡谒选，授永平府推官。其间因依法惩治旗丁，削职而归。康熙十八年（1679年），试博学鸿词科，授检讨，参加修《明史》，三年后告归。康熙南巡时，尤侗呈以颂诗，颇得康熙嘉赏，加侍讲，手书鹤栖堂额赐之。尤侗以文名著称，著有《西堂文集》、《西堂文集全集》、《鹤栖堂稿》。戏曲有传奇《钧天乐》，杂剧有《读离骚》、《吊琵琶》等五种。散曲今存小令十九首，套数二套。

〔中吕〕驻云飞

十空曲之九

竖子英雄①，触斗蛮争蜗角中②。一饭丘山重③，睚眦刀兵痛④。嗏，世路石尤风⑤，移山何用？飘瓦虚舟，不碍松风梦。君看尔我恩仇总是空。

【注释】

①竖子：犹言"小子"，对人的鄙称。

②蜗角：蜗牛的触角，形容地方极小。

③一饭：一顿饭，指小的恩情。

④睚眦：怒目而视。指小怨小忿。《史记·范雎传》中："一饭之德必偿，睚眦之怨必报。"

⑤石尤风：逆风，顶头风。传说石氏女嫁尤姓郎，尤为经商远行，妻阻之，尤不从。尤久不归，妻思念成病，临死悲叹："吾恨不能阻其行，以至于此。今凡有商旅远行，吾当作大风为天下妇人阻之。"

【评点与赏析】

尤侗经历了明清易代的历史变故，心中交织着种种沉痛、颓丧的感慨。改朝换代已成为事实，当初在心中认定的价值，一切苦苦追求，一切恩恩怨怨都化为虚无。尽管作者想从心里抹去已经过去的一切，但从小令激愤的语气中，仍可感到他心中的郁闷不平之气。

〔般涉调〕耍孩儿

叹浮生灯上花，看人情浪里舟。朝歌暮哭同何有①？须知道云翻雨覆难开口，水尽山穷急转头。早参来三分透②，慢钻求牧羊想马③，休错认骑马寻牛。

【注释】

①同：疑为"用"之误。

②参：冥想，探究。

③慢：此处意为不要。

【评点与赏析】

曲中流露出经过大的历史变故，勉强接受既成事实后的一种看透人生、心灰意冷的情绪。朝歌暮哭的情境已不会再有，强烈的大喜大悲之情已难以燃起，过多的欲望奢求也不再有，表现出内心的冷漠。但这种冷漠中实际上包含着因明朝灭亡而生的苦涩、痛惜之情。

沈　谦

沈谦（1620年—1670年），字去矜，号东江，别号研雪子。杭州仁和（今浙江杭州）人。明末为县学诸生，入清后无意仕进，以医为业。与陈子龙、陆圻等并称"西泠十子"。他是戏曲家洪昇的老师。著有《东江诗钞》、《词谱》、《南曲谱》、《南曲韵》、《古今词选》、《临平记》。散曲见《东江别集》，今存小令七十五首，套数二十套。是清代散曲家中作品最多的作家之一。

〔南仙吕入双调〕江头金桂

孤山吊小青墓作①

【五马江儿水】青山夕照，芳魂何处招？②只见寒烟碧树，乱水斜桥，嫩桃花风外飘。【金字令】想着你听雨无聊，临波独笑。直弄得红啼绿怨，翠减香消③。今来教人空泪抛。【桂枝香】怪苍天恁狠④！怪苍天凭恨！生他才貌，将他啰唣⑤。漫心焦⑥，如今几个怜文采，只是卿卿没下梢⑦。

【注释】

①小青：姓冯，字小青，扬州人。能诗善画，通音律。十六岁时，嫁给杭州冯千秋为妾，受大妇妒恨，避居孤山佛舍，郁郁而死，年仅十八岁。明代吴炳的传奇《疗妒羹》即以小青故事为题材。

②芳魂：指冯小青的灵魂。

③翠减香消：花木凋零，喻女子死去。

④恁（nèn）：那么，那样。

⑤啰唣：惊扰。

⑥漫：枉自，徒然。

⑦卿卿：对所爱的人亲昵的称呼。没下梢：没有好的结局。

【评点与赏析】

由冯小青芳华早逝的不幸遭遇引发感慨,斥责苍天太狠心,命运太无情,不怜文采,摧残良善。同时,作者的感慨,超出了小青的命运,推广到社会中的一般状况,从"如今几个怜文采"一句,可见作者借题发挥,是对当时社会风气的指斥。

〔双调〕月上海棠

幽 情

偷寻小径花阴暗,倦倚栊门月影衔①。只道那人来②,却是竹梢风撼③。谁兜揽,累我提心吊胆。

【注释】

①栊(lóng)门:房门。
②那人:指恋人。
③竹梢风撼:风摇动竹梢。

【评点与赏析】

描写一对恋人约好相会,等待对方到来时焦急、兴奋、不安、紧张的心情。一个幽静的夜晚,在月影花荫下等待着恋人,偶有风吹草动,便心跳如狂,以为恋人来到。这种情景,对处在热恋中的人来说,具有普遍性,因而在元明散曲中常被表现。这首小令的语言既雅致又活泼,但艺术表现少见新意。

〔南商调〕黄莺儿

雨夜有怀

窗暗雨儿催,伴孤灯、敛恨眉①,起了眠了眠还起。伶仃都为你②,挑唆待怨谁?近来谙尽愁滋味③。枕频推,更长可厌④,侥幸已鸡鸣。

【注释】

①敛恨眉：皱着眉。

②伶仃：孤独。

③谙（ān）：熟悉。

④更：旧时一夜分为五更，一更约两个小时。

【评点与赏析】

　　描写一位女子在一个不眠之夜中的种种心理活动。窗外风雨交加，屋里孤灯相伴，睡下后，难以成眠，于是又起来，如此这般，三番五次。其原因，是因为与相爱的人感情发生了波折。主人公痛苦不堪，只觉得夜长难熬。曲中的感情描写细致而含蓄，表现了主人公情难舍、意难平的矛盾心情。

朱彝尊

朱彝尊(1629年—1709年),字锡鬯,号竹垞,一号醧舫(一作鸥舫),晚自号金风亭长、小长芦钓鱼师。嘉兴秀水(今浙江嘉兴)人。康熙十八年以布衣举博学鸿词科,授翰林院检讨,参与纂修《明史》。他博通经史,勤于著述,擅长诗词古文,名振一时。诗与王士禛齐名,被称为南北二大家;词宗姜夔、张炎,与陈维崧并美,为浙派词的创始人;其散曲作品也清丽如词,颇有特色。著有《曝书亭集》、《叶儿乐府》、《日下旧闻》等。

〔正宫〕醉太平

野狐涎笑口①,蜜蜂尾甜头②。人生何苦斗机谋?得抽身便抽。散文章敌不过时髦手,钝舌根念不出摩登咒③,穷骨相封不到富民侯④。老先生去休!

【注释】

①野狐涎:指迷惑人的话。传说人们用小口坛子盛上肉放在野外,狐狸想吃肉而嘴进不去,馋涎滴在肉上。将肉晒干后碾成碎末,食后使人迷惑,产生幻觉。

②蜜蜂尾甜头:蜜蜂尾带刺而嘴甜,指口蜜腹剑的人。

③摩登咒:迷人的话。摩登:人名,摩登伽女儿的省称。释迦牟尼在世时,有妇摩登伽,指使其女以幻术迷惑阿难。《楞严经》一:"尔时阿难因乞食,次,经历淫室,遭大幻术。摩登伽女以《娑毗迦罗先梵天咒》,摄入淫席。"

④穷骨相:注定要受穷困的骨骼相貌。有人认为,从人的骨骼相貌,可以看出人的命运。

【评点与赏析】

这首小令以犀利的语言,辛辣的口吻,对当时人与人之间表面笑脸相迎，背地里互相倾轧的虚伪关系进行了揭露。开始的两个比喻，形象地描绘出政客们笑里藏刀，口蜜腹剑的行径。中间三个鼎足对，表现出对上述丑恶风气的不满和不屑。末一句"老先生去休"，表达了绝不愿同流合污的鲜明态度。

〔中吕〕山坡羊

饮池上

昏鸦初定①，凉蝉都静②，丝丝鱼尾残霞剩③。渚烟冷，露华凝，香箑笑卷青荷柄④。我醉欲眠君又醒。等，帘内声；灯，花外影。

【注释】

①昏鸦：黄昏时的乌鸦。

②凉蝉：夏日傍晚，天气凉爽时的蝉。

③丝丝鱼尾残霞剩：天空剩下有如丝丝鱼尾一般的红霞。

④香箑：卷着的，尚未展开的细长荷叶。

【评点与赏析】

小令描绘了夏日傍晚池上的自然景致，很明显，主人公不仅因酒而醉，也为眼前如画的美景陶醉了。读者很容易被作者营造的清幽、淡雅的气氛所感染，领悟到其中的生活情趣。

〔双调〕水仙子

半湖山上采樵夫，百步桥边垂钓徒①，三家村里耕田父②。这生涯都不苦，要归与只便归与③。锦屏风苍厓红树，白雪滩金堇玉鲈④，绿杨湾赤米青蔬⑤。

【注释】

①垂钓徒：钓鱼的人。

②三家村：指人烟稀少的乡村。
③归与：回去吧，指辞官归田。与同"欤"。
④金齑玉鲈：指珍稀美味的食品。齑：莼菜，色黄如金。鲈鱼肉雪白如玉，故称。
⑤菰：一名茭白，长在水中，可食。

【评点与赏析】
　　这首小令详细描写田园生活中的自然风光，美味佳肴，时鲜粮蔬，表现出对自由、恬淡生活的向往和追求。曲中虽未明写官场混迹的不得意，不舒畅，不自由，但称樵夫、钓徒、田父"生涯都不苦"，流露出对官宦生涯的厌倦。语言雅致，对仗工整。

〔越调〕天净沙

　　一行白雁清秋，数声渔笛蘋洲①，几点昏鸦断柳。夕阳时候，曝衣人在高楼②。

【注释】
①蘋洲：生长着白蘋的水中小洲。
②曝衣人：晾晒衣服的人。

【评点与赏析】
　　描写秋天傍晚的景色，创造出秋天清冷的意境。"数声渔笛"给寂然的秋景增添了一丝生气，同时也更衬托出环境的幽静。末句"曝衣人在高楼"，给这幅幽雅的秋景图注入了些许生活气息，颇具韵味。

〔商调〕一半儿

西　溪①

　　满林残雪碧山坳，人日春风金剪刀②，孤棹野塘红板桥③。玉梅梢④，一半儿开迟一半儿早。

【注释】

①西溪：在西湖以西，北山之阴，沿山十八里，曲折萦回，梅花，竹子尤多，宋、元以来为赏梅胜地。

②人日：农历正月初七。春风金剪刀：化用唐贺知章《咏柳》诗："不知细叶谁裁出，二月春风似剪刀。"

③孤棹：孤舟。棹：船桨，此处代指船。

④玉梅：白梅。

【评点与赏析】

朱彝尊作有十首曲调为〔一半儿〕的歌咏杭州名胜的小令，此为其中第一首。描写西溪初春风光，既清爽幽静，又体现出春天大自然的勃勃生机，其中突出描绘了西溪具有特征性的景物——梅花，因为时值初春，所以梅花"一半儿开迟一半儿早"。正是残雪掩盖不住的满山碧绿和树树已经开放或含苞欲放的梅花，吸引人冒着春寒到西溪一游。

○石湖图卷　（明）文徵明

夏完淳

夏完淳（1631年—1647年），字存古，号小隐，又号灵胥，松江华亭（今上海松江）人。七岁便能作诗文，十三岁时，拟庾信作《大哀赋》，文采飞扬，显示出才华。明亡，他的父亲夏允彝和老师陈子龙组织义军抗清，他参与其中，年仅十四岁。1647年，因上表南明鲁王一事被发现，被捕入狱，慷慨就义，年仅十六岁。他是历史上著名的少年英雄。也是我国文学史上的一位最年轻的作家。他的著作被辑为《夏完淳集》，散曲有《狱中草》，见《饮虹簃所刻曲》。

〔南仙吕〕江儿水

望青烟一点，寂寞旧山河①。晓角秋筇马上歌②。黄花白草英雄路，闪得我对酒消魂可奈何③！荧荧灯火，新愁转多。暮暮朝朝泪，恰便是长江日夜波。

【注释】

①寂寞旧山河：指清兵占领了江南，往日的平静、繁荣变成了荒凉寂寞。

②晓角秋筇马上歌：回忆被捕前军中生活。角：军中号角；筇：一种军中管乐。

③消魂：形容极度痛苦，伤感。

【评点与赏析】

这首曲是作者被捕后在南京狱中所作。曲中为抗清失利而叹息，为壮志未酬而感到悲愤，对山河易主的不平，对战斗生活的怀想，对在战斗中牺牲的英雄的缅怀，构成了这首小令悲壮而感伤的基调。

洪 昇

洪昇（1645年—1704年），字昉思，号稗畦，又号稗村，南屏樵者，杭州钱塘（今浙江杭州）人。出生于世代官宦家庭。他从1668年始，去北京作国子监生，此后的二十多年，他一直没有机会走上仕途，未得到一官半职。他一度生活十分困窘，以至于卖文为生。1688年，他的《长生殿》传奇脱稿，上演后，轰动一时，到处传抄。一时间，民间有"家家'收拾起'，户户'不提防'"的说法（"不提防"即为《长生殿》中《弹词》一出的首支曲子的首句"不提防余年值乱离"）。但第二年，朝廷以在佟皇后丧期内演唱《长生殿》为由，革去洪昇国子监生的名籍。洪昇回到故乡。1704年，洪昇外出会友，归途中酒后失足从船上落入水中，不幸淹死，享年六十岁。他一生共作传奇九种，杂剧一种。今存传奇《长生殿》和杂剧《四婵娟》。他的诗歌也很出色，著有《啸月楼集》、《稗畦集》、《稗畦续集》。

〔南吕〕一枝花

【南吕一枝花】不提防余年值乱离①，逼拶得歧路遭穷败②。受奔波风尘颜面黑，叹衰残霜雪鬓须白。今日个流落天涯，只留得琵琶在。揣羞脸，上长街③，又过短街。那里是高渐离击筑悲歌④，倒做了伍子胥吹箫也那乞丐⑤。

【梁州第七】想当日奏清歌趋承金殿⑥，度新声供应瑶阶。说不尽九重天上恩如海⑦：幸温泉骊山雪霁⑧，泛仙舟兴庆莲开⑨，玩婵娟华清宫殿⑩，赏芳菲花萼楼台⑪。正担承雨露深泽，蓦遭逢天地奇灾。剑门关尘蒙了凤辇鸾舆⑫，马嵬坡血污了天姿国色⑬，江南路哭杀了瘦骨穷骸。可哀落魄，只得把《霓裳》御谱沿门卖，有谁人喝声采！空对着六代园陵草树埋⑭，满目兴衰。

【注释】

①余年：晚年。

②逼拶（zā）：逼迫。

③揾羞脸：遮着脸，表示难为情。

④高渐离：战国时燕国人，擅长击筑。筑是古代的一种打击乐器。荆轲应燕太子丹的要求西去行刺秦王时，他在易水边击筑为荆轲送行。

⑤伍子胥：春秋时吴国大夫。名员，字子胥。楚大夫伍奢的次子，楚平王杀害了伍奢后，他逃到吴国，一度曾流落街头，吹箫为生。

⑥趋承金殿：在剧中演唱这套曲子的剧中人物李龟年，是唐代内苑伶工，在内廷当差。金殿：指皇宫。

⑦九重天上：此处指唐玄宗李隆基。开元年间李龟年备受玄宗宠幸，荣贵与王侯不相上下。

⑧骊山：在陕西临潼县东南，山下有温泉和华清宫。

⑨兴庆：兴庆池，在西安兴庆宫内。

⑩玩婵娟：赏月。

⑪花萼楼：兴庆宫内的楼名。

⑫"剑门关"句：指安史之乱起，唐玄宗逃往四川。剑门关：即剑门山，在四川省剑阁县东北。

⑬"马嵬坡"句：写杨贵妃在马嵬坡被赐缢死事。

⑭六代：指建都南京的吴、东晋、宋、齐、梁、陈六个朝代。

【评点与赏析】

　　这两支曲子选自《长生殿》中第三十八出《弹词》。《长生殿》一剧写唐明皇与杨贵妃之间的爱情故事，赞美他们之间生死不渝的爱情。但同时也用了相当大的篇幅描写历史政治内容和抒发家国兴亡之叹。《弹词》这出戏的主人公是天宝年间的内廷艺人李龟年，他回顾当年富贵荣华、安乐平静的生活，对照安史之乱后种种灾难性现实，抒发了沉痛的故国之思和兴亡之感，全曲的风格慷慨悲凉，如泣如诉，体现了老伶工李龟年的爱国情怀。从这两支曲子可一定程度地看出洪昇剧作的特点：文辞典雅，精谐音律，在舞台上有着很强的生命力。《弹词》这出戏便是昆曲舞台上久演不衰、深受欢迎的一个折子戏。〔一枝花〕一曲曾盛传一时，当时有"家家'收拾起'，户户'不提防'"的俗语，就说明了这一点。"收拾起"是李玉《千忠戮》中《惨睹》一出〔倾杯玉芙蓉〕一曲的首三个字，"不提防"则是《长生殿》中《弹词》一出里〔一枝花〕一曲的首三个字。

孔尚任

孔尚任（1648年—1718年），字聘之，又字季重，号东塘，别号岸塘，又号云亭山人，兖州曲阜（今山东曲阜）人。孔子的第六十四代孙。二十岁左右中秀才，后多次乡试未中。1684年，康熙皇帝南巡，归途中专程前往曲阜祭孔，孔尚任被推举为皇帝讲经，受到康熙的赏识，被破格任用为国子监博士，从而走上仕途。第二年，他奉命前往淮、扬地区参加黄河治水工程。三年多时间里，他目睹了官场的黑暗和百姓的苦难，思想有了变化。同时，他遍访南明故地，结识了不少明朝遗老，为《桃花扇》的创作作了大量思想和素材的准备。1699年，经过十多年的酝酿，三易其稿，《桃花扇》终于问世了。它在北京盛演，受到广泛关注，获得了很大的成功。每每演出结束，一些"故臣遗老"们，往往"掩袂独坐"，"唏嘘而散"。奇怪的是，第二年春天，孔尚任被免职。孔尚任被罢官的原因，很可能是因为《桃花扇》的内容为清廷所忌。二年后，孔尚任回到故乡曲阜。他的传奇作品还有《小忽雷》（与顾彩合著），诗文集《湖海集》、《石门集》、《岸堂稿》、《长留集》等。

〔中吕〕古轮台

走江边，满腔愤恨向谁言。老泪风吹面，孤城一片，望救目穿。使尽残兵血战，跳出重围，故国苦恋，谁知歌罢剩空筵。长江一线，吴头楚尾路三千①，尽归别姓。雨翻云变，寒涛东捲，万事付空烟。精魂显，《大招》声逐海天远②。

【注释】

①吴头楚尾：本指江西北部，春秋时是吴国和楚国交界的地方，这里指南明王朝的辖地。

②《大招》：《楚辞》中的一篇。这句意为史可法为国捐躯，英魂

永存。

【评点与赏析】

这支曲选自《桃花扇》第三十八出《沉江》。这出戏写在明崇祯皇帝已死、明王朝大势已去的情况下,史可法拼死守扬州,但孤立无援,终于力不从心,决心以身殉国的故事。最后,他怀着对故国的无限思念和满腔悲愤投江而死。这首曲是陈贞慧、吴应箕、柳敬亭、老礼赞等人在史可法沉江后所唱。曲中唱出了史可法的爱国精神、壮士情怀和眼看国土沦亡的悲愤。同时,也唱出了人们对史可法永久的怀念(据《明史·史可法传》记载,史可法是在扬州城陷时,被俘不屈而死。投江而死是剧作家的艺术创造)。

哀江南①

【北新水令】山松野草带花挑,猛抬头秣陵重到②。残军留废垒,瘦马卧空壕;村郭萧条,城对着夕阳道。

【驻马听】野火频烧,护墓长楸多半焦。山羊群跑,守陵阿监几时逃③。鸽翎蝠粪满堂抛,枯枝败叶当阶罩;谁祭扫,牧儿打碎龙碑帽④。

【沉醉东风】横白玉八根柱倒,堕红泥半堵墙高,碎琉璃瓦片多,烂翡翠窗棂少⑤,舞丹墀燕雀常朝⑥,直入宫门一路蒿,住几个乞儿饿殍⑦。

【折桂令】问秦淮旧日窗寮⑧,破纸迎风,坏槛当潮,目断魂消。当年粉黛,何处笙箫。罢灯船端阳不闹,收酒旗重九无聊⑨。白鸟飘飘,绿水滔滔,嫩黄花有些蝶飞,新红叶无个人瞧。

【沽美酒】你记得跨青溪半里桥,旧红板没一条。秋水长天人过少,冷清清的落照,剩一树柳弯腰。

【太平令】行到那旧院门,何用轻敲,也不怕小犬哗哗⑩。无非是枯井颓巢,不过些砖苔砌草。手种的花条柳梢,尽意儿采樵;这黑灰是谁家厨灶?

【离亭宴带歇指煞】俺曾见金陵玉殿莺啼晓⑪,秦淮水榭花开早,谁知道容易冰消。眼看他起朱楼，眼看他宴宾客，眼看他楼塌了。这青苔碧瓦堆，俺曾睡风流觉，将五十年兴亡看饱。那乌衣巷不姓王⑫，莫愁湖鬼夜哭⑬，凤凰台栖枭鸟⑭。残山梦最真，旧景丢难掉，不信这舆图换稿⑮。诌一套哀江南，放悲声唱到老。

【注释】

①哀江南：曲题，这里包括了一个北双调套曲。这个套曲与贾应宠的《贾凫西木皮词》中的《历代史略鼓词·哀江南》大体相同。孔尚任删掉了原曲中每支曲子的标题。

②秣陵：指南京。

③阿监：内监。

④龙碑：指明孝陵的墓碑。

⑤窗棂：窗子上雕有花纹的木格。

⑥丹墀：宫殿前的石阶，因漆成红色，故称丹墀。

⑦饿殍（piǎo）：饿死的人。

⑧秦淮：指秦淮河流经南京的一段，一度是歌妓聚居的地方。

⑨"罢灯船"两句：意谓秦淮河一带，端阳节都不见灯船，重阳节也见不到酒幌子。

⑩嘹嘹（láo）：象声词，此处形容狗叫声。

⑪金陵：南京。

⑫乌衣巷：地名，在今南京市东南。三国时吴在此建乌衣营，因士兵穿黑衣服而得名。东晋时，王、谢等望族在此居住。此处"乌衣巷不姓王"句，感叹人世沧桑。

⑬莫愁湖：在南京水西门外，传说是莫愁旧居。

⑭凤凰台：在南京市。相传晋朝升平年间，有形状色彩如孔雀的鸟集于此地，当时人传谓凤凰，因起台于其地，名为凤凰台。枭鸟：即猫头鹰。

⑮舆图：地图。

【评点与赏析】

这个套曲选自孔尚任《桃花扇》传奇的续四十出《余韵》。《桃花扇》以侯方域和李香君的爱情故事为线索，描写了南明王朝衰亡的历史，即所谓"桃花扇底送南朝"。《桃花扇》是古典戏曲中"借离合之情，写兴亡之感"的成功之作，写出了明代亡国的历史悲剧。"余韵"这出戏颇具特色，它出现在全剧戏剧冲突结束以后。整出戏由剧中的三个非主要人物分别唱了三套曲子，老礼赞唱了一套〔问苍天〕、柳敬亭唱了套〔秣陵秋〕，苏昆生唱了这套〔哀江南〕。〔哀江南〕通过凭吊南京城里的明孝陵、明故宫以及秦淮旧院，创造出凄清、苍凉的意境，不仅写出了世事沧桑之感，国破家亡之痛，还昭示出封建末世的悲凉。

金 农

金农（1687年—1764年），字寿门，号冬心，别号稽留山民，曲江外史、之江钓师、三百砚田富翁等，杭州钱塘（今浙江杭州）人。客居扬州，能诗、工书、善画，著名的"扬州八怪"之一。著有《冬心集》。

〔自度曲〕

送远曲

津头车马①，柳边花下，鞭丝帽影太匆匆②，他日再相逢。人折柳③，花劝酒，柳生离别酒生愁，不如不去觅封侯④。

【注释】

①津头：渡口。

②鞭丝帽影：马鞍上的彩色丝线，阳光下的人影。此句形容聚散匆匆。

③人折柳：古人有折柳赠别的习俗。

④不如不去觅封侯：不如不出去做官。此句化用王昌龄《闺怨》中诗句："忽见陌生杨柳色，悔教夫婿觅封侯。"

【评点与赏析】

这首曲抒发依依惜别之情。曲中描写送别的场面，情意深长。末句"不如不去觅封侯"，化用前人诗句，表现出情重如山，富贵如云的意识，揭示出情理两难全的矛盾心情。

〔自度曲〕

不 见

忽有衣香①,吹来笑语,却隔着重重朱户②。朱户重重,那得人间别离苦!月竟长圆,花全不落,便日日醉倒月窟花丛,也无些趣。

【注释】

①衣香:少女衣服上散发的香气。
②朱户:朱红颜色漆的门。

【评点与赏析】

诉说一种对生活的看法。富贵人家,没有别离之苦,没有生计之忧,日日在安乐窝中玩乐,这种生活又有什么乐趣呢?其中包含着深刻的生活哲理。

厉 鹗

厉鹗（1692年—1754年），字太鸿，号樊榭，杭州钱塘（今浙江杭州）人。康熙末年中举，后再试不第。他博览群书，学问渊博，工词，精通辽宋历史，是清代浙西词派的重要作家。著有《樊榭山房集》、《宋诗纪事》、《秋林琴雅》、《玉台书史》、《辽史拾遗》、《东城杂记》等，杂剧有《迎銮新曲》。散曲今存小令八十一首。

〔中吕〕山坡羊

春日郊行

春山如笑①，春流堪照②，桃花红出疏篱靠。醉村醪③，听神箫④，社公雨洒潮王庙⑤。云影弄晴归尚早。桥，鱼散苗⑥；郊，燕定巢⑦。

【注释】

①春山如笑：形容春天山色明媚，洋溢着喜气。

②春流堪照：形容春水清澈，可以照见人影。

③村醪：农户酿的酒。

④神箫：为迎神吹的箫。

⑤社公雨：指社日所降的雨。立春后第五个戊日为春社，立秋后第五个戊日为秋社，都称社日。按民间习俗，社日这天要祭祀社神。此处指的是春社。潮王庙：又叫石姥祠，旧址在杭州武林门外江涨潮边。所祀为唐代石瑰，石瑰生前曾筑堤拦阻江潮，功未成身先死。唐代咸通年间为他立庙，封潮王。

⑥桥：杭州武林门外有卖鱼桥。鱼散苗：指卖鱼苗的人已散市。

⑦燕定巢：燕子进窝。

【评点与赏析】

小令描写春日郊游所见的景色：山欢水笑，桃花怒放。主人公不仅被如画美景所吸引，还为社日的民俗风情所陶醉，直到集市散去，燕子归巢，才结束了这次愉快的郊游。全曲风格自然雅致，意韵清淳。

〔双调〕清江引

花港观鱼①

东风倚阁花似雪②。小汊分鳞鬣③。鱼将花吐吞④，花逐鱼明灭。人生不如鱼乐也⑤！

【注释】

①花港观鱼：杭州西湖十景之一。
②花似雪：形容落花如雪花纷飞。
③小汊分鳞鬣：河汊交错，游鱼被河汊分开，各处鱼不同。鳞鬣：指游鱼。
④鱼将花吞吐：鱼吞吐着落入水中的花瓣。
⑤鱼乐：《庄子·秋水》记庄子与惠施在濠梁上观鱼，辩论鱼知乐与否，庄子说："儵鱼出游从容，是鱼乐也！"

【评点与赏析】

厉鹗作有十首《清江引》，分咏"西湖十景"，此处所选为其中的第二首。曲中描写的景致秀丽，格调明朗。末句"人生不如鱼乐也"，见景生情，用典恰切，直接言理，意味深长。

〔双调〕清江引

菜贵戏作①

晚菘一筐堪适口①，莫笑贫家陋。求添转不能②，问价高于旧，宜州老人空肚久③。

【注释】

①菘：白菜。

②求添:请求加一点。

③宜州:地名,在今广西宜州。

【评点与赏析】

这首小令从一个侧面反映了当时的社会现实。作品没有停留在对菜价日高的抱怨上,并没有因为自己的贫困而自怨自艾,怨天尤人,而是想到了不少百姓连糊口的东西都没有。体现了作者开阔的胸襟和忧民的情怀。

徐大椿

徐大椿（1693年—1772年），后改名大业，字灵胎，号洄溪，苏州吴江（今江苏吴江）人。天性聪敏，学识广博，精通天文，地理，音律等学问，尤精于医学，弃科举之途，以医为业。著有《洄溪道情》三十余首，自称其散曲作品的形式是古已有之的"道情"，实际上是借鉴小曲而自度的新曲，其中有不少篇章读来清新活泼，自然流畅。

道 情

时文叹

读书人，最不济，烂时文①，烂如泥。国家本为求才计，谁知道变作了欺人计。三句承题②，两句破题，摆尾摇头，便是圣门高弟。可知道《三通》、《四史》是何等文字③，汉祖、唐宗是哪朝皇帝④。案头放高头讲章⑤，店里买新科利器⑥。读得来肩背高低，口角嘘唏，甘蔗渣嚼了又嚼有何滋味？辜负光阴，白白昏迷一世。就叫他骗得高官，也是百姓朝廷的晦气。

【注释】

①时文：指明清科举考试规定的文体，即八股文。

②承题：八股文的术语。文章开始，用几句话点明题目，叫破题，承题意而论证之，叫承题。

③《三通》：唐杜佑的《通典》、宋郑樵的《通志》、元端临的《文献通考》，合称为"三通"。《四史》：司马迁的《史记》、班固的《汉书》、范晔的《后汉书》、陈寿的《三国志》，合称"四史"。

④汉祖唐宗：汉祖指汉高祖刘邦，唐宗指唐太宗李世民。

⑤高头讲章：八股文讲义。

⑥新科利器：最新一届科举考试中获胜的试卷。

【评点与赏析】

尖锐地揭露了科举制度的弊端，讽刺以八股文取士的虚伪。揭示出被八股文牵着鼻子走的人，既没有真才实学，又没有实际本领，只是白白地浪费了生命，于国于民于己都无益处。语言通俗畅快，揭露深刻有力，嘲笑得痛快淋漓。

道 情

寿吴复一表兄六十

我的姨娘，是你亲娘；我的亲娘，是你姨娘。姊妹双双，单生着你和我两个儿郎。你今日六十捧瑶觥①，要我一句知心话讲。你从来潇洒襟怀，不晓得慕势趋荣②，问舍求田伎俩③。注几卷僻奥经书④，作几首古淡文章。常只是少米无柴，境遇郎当⑤。你全不露穷愁情状，终日笑嘻嘻，只向亲知索酒尝。不论黄白烧刀⑥，千杯百盏无推让。忆当年外祖父母在江乡⑦，与你随母拜高堂⑧。寄读在母舅书房，《千家诗》、《百家姓》齐呼叠唱⑨。转眼光阴，俱是白头相向⑩。从今后愿岁岁年年，同你对春月秋花醉几场。见你时如见我姨娘，转念我亲娘。

【注释】

①瑶觥：玉环，酒杯的美称。

②慕势趋荣：趋炎附势，追逐荣显。

③问舍求田：只求多置家业田产，形容庸庸禄禄，胸无大志。

④僻奥：形容难懂。

⑤郎当：破败，衰败。

⑥黄白烧刀：指酒，黄酒，白酒。

⑦江乡：水乡，南方农村。

⑧高堂：指父母。

⑨《千家诗》：诗集名，初为宋代刘克庄编，后经不少人增删，通行的为王相的注本，所选均为近体诗。《百家姓》，旧时儿童启蒙读物，将一百个姓氏编成四言韵文。

⑩相向：相对。

【评点与赏析】

这是一首写给表兄的祝寿曲。曲的开头，先点明作者与表兄的亲近关系，然后说出自己对表兄为人的认识和评价，刻画出表兄清高、洒脱、达观的性格。通过回忆少年时与表兄相处的往事，感叹光阴似箭，岁月飞逝，最后是美好的祝愿。曲辞直白，如述家常，而感情真挚浓烈，读来感人至深。

道 情

游山乐

到山中，便是仙。万树松风，百道飞泉。更有那野鸟呼人，引我到僧房竹院①。异草幽花香入骨，奇峰怪石峭临天②。一步一回头，景象时时变。越走得路崎岖，越骗得精神健③。到了那山穷水转，又是个别有洞天，清风吹我尘心断④，不知今夕是何年。遥望着牧竖樵夫⑤，洗足清泉，与他言，竟不晓得唐宋明元。直说到日落虞渊⑥，借宿在草阁茅轩。雨前茶浇一碗青晶饭⑦，抬头看，只见藤罗脚挂在万峰尖。

【注释】

①僧房：寺庙。
②峭临天：直插云天。
③骗得：此处意为引得。
④尘心：尘世凡心。
⑤牧竖樵夫：牧童和砍柴的人。
⑥虞渊：古代神话中所说的日入之处。
⑦雨前茶：谷雨前采的茶。青晶饭：也叫青精饭，取南烛枝叶汁浸米，蒸饭晾干，米粒色青碧，道家认为常食可益颜延寿。

【评点与赏析】

写游山的乐趣，娓娓道来。先描写山间的景色：幽静的山林，陡峭的山峰,崎岖的道路,争鸣的百鸟,可谓移步换景,柳暗花明。再写游山的感受:离开了尘世的喧闹,置身于山林中,犹如进入了仙境,没有俗事缠身,宠辱皆忘,欲念全消。与他聊天的牧童樵夫,竟如桃花源中人,与外世隔绝。正是这种隔绝,才更显出山中的仙境意味。全篇写得兴味盎然,游山之乐就产生于置身于山间的那种超凡脱俗的感觉中。

黄图珌

黄图珌（1700年—1771年），字容之，号守真子，别号蕉窗居士，峰泖（今上海松江）人。清雍正六年（1728年）入京谒选，曾守杭州，后迁河南卫辉知府。工诗词，善作曲。著有《排闷斋传奇》七种，散曲今存小令九十首。

〔南中吕〕渔父吟

羡　鱼

【渔家傲】烟水为家山作垣①，终日里放浪其间，渐觉得心胸自宽。为因买酒将船深入去，常被白云隔断。

【丹凤吟】喜春暖，喜春暖，但只见红间绿的一江桃柳攒②。倏忽间潮随月光寂寂的已透半③，月随暮潮溶溶的将欲满。

【注释】

①垣：墙。
②攒：聚集。
③倏忽间：忽然间。

【评点与赏析】

黄图珌的散曲都是南曲集曲体，但却均有北曲豪放、洒脱、稳健的风格。这首曲描写从白天到夜晚的江景，桃红柳绿倒映江上，潮水在月光下涨落，身临其境，"心胸自宽"。全曲风格爽朗，意境明快。

〔南南吕〕三更月

闺 情

【三学士】夜静三更空余这月一轮,不禁的花筛竹弄缤纷①。窗儿畔百千影乱描不尽愁和怨,帐儿中一半衾闲怜不得寒与温②。【五更转】郎真狠,我实痴,天何忍,忍教人生分两地直恁的难亲近③!【秋夜月】看坐时未稳,待眠时未肯。

【注释】
① "不禁"句:描写月光下花和竹子的影子纷繁错落。
② 衾:被子。
③ 恁的:那么。

【评点与赏析】
这是首描写离愁别恨的集曲。夜半三更,月明如水,花竹的影子映在窗上,在孤独的夜不能寐的女主人公眼里,这些都与愁和怨相联系。接着,刻画了这位女子在不眠之夜的内心活动:为离别痛苦,埋怨情郎,埋怨老天。坐也坐不稳,睡也睡不着。全曲写情坦率,笔调爽朗,语言本色,较为集中地体现了黄图珌的散曲的特点。

〔南商调〕花落满园

送 春

【梧桐花】雨初晴,风犹烈。落花儿覆满前溪,把碧流染得红如雪,吊不转芳魂一片①,愁杀了蜂和蝶。【满园春】离情切,离情切,且求一醉从头说。和伊家作一年别②,岂不痛杀人也邪③!岂不苦杀人也邪!你可曾知?你可曾闻?重思再想,只落得悄临风目瞪痴呆。

【注释】
① 吊不转芳魂一片:意谓唤不回春天。芳魂:花魂,指春天。

②伊家：你，指春天。
③邪：语气词。

【评点与赏析】

先描写春天将逝时的自然景色，再抒发对春将归去的惋惜，把惜春之情渲染得淋漓尽致。曲中写到与春天痛切地道别，也可看作是在写离情，颇令人回味。

蒋士铨

蒋士铨（1725年—1785年），字心余，苕生，号藏园，清容，自称离垢居士。广信铅山（今江西铅山）人。乾隆二十二年（1757年）进士，曾任翰林院编修，国史馆纂修官等职。工于诗，与袁枚、赵翼并称为"江右三大家"。剧作风格与汤显祖相近，可见接受了汤显祖的影响。著有《忠雅堂诗文集》、《藏园九种曲》等。散曲今存十二套。

〔越调引子〕霜天晓角

【霜天晓角】空船自守，别恨年年有。最苦寒江似酒①，将人醉过深秋。

【小桃红】曾记得"一江春水向东流"②，忽忽的伤春后也。我去来江边③，怎比他"闺中少妇不知愁"④。才眼底又心头，捱不过夜潮生，暮帆收，雁声来趁着虫声逗也。靠牙樯数遍更筹⑤，难道是我教他、教他去觅封侯。

【注释】

①寒江：形容秋天苍凉的江景。

②一江春水向东流：李煜《虞美人》词中有"问君能有几多愁，恰似一江春水向东流"词句，此处用其词意。

③去来江边：来往于江边。

④闺中少妇不知愁：王昌龄《闺怨》一诗中有"闺中少妇不知愁"，"悔教夫婿觅封侯"诗句。

⑤樯：船上的桅杆。

【评点与赏析】

这两首曲选自杂剧《四弦秋》第三出《秋梦》。《四弦秋》所描写的故事来自白居易的叙事诗《琵琶行》。其剧情大致是：曾在长安红极一时的歌妓花退红年老色衰后,嫁给了茶商吴名世。吴长年经商在外,花退红终日独守孤舟。白居易被贬为江州司马后,在一个秋夜,偶遇花退红,花退红以精湛的琵琶演奏,诉说了自己的不幸身世,引起白居易的同情和共鸣。这两首曲描写花退红秋夜独守空船的苦恼和烦闷。情景交融,诗意浓厚,化用前人诗词自然而然,不露痕迹。

〔黄钟〕醉花阴

三载淹留事才了①,展愁眉仰天而笑。眼睁睁天柱折、地维摇②,旧江山瓦解冰消。问安身那家好?急煎煎盼到今朝,刚得向转轮边头一掉③。

【注释】

①淹留:长期滞留,此处指被俘坐牢。

②天柱、地维:古人认为天有九根柱子支撑,地有四维系辍。这里用作形容国家的支柱倒塌,国家灭亡。

③"刚得"句:刚刚到了死去转世的时刻。

【评点与赏析】

这支曲选自传奇《冬青树》第二十九出《柴市》。《冬青树》一剧描写南宋末年丞相文天祥被俘后誓不投降,最后在柴市英勇就义的故事。这首曲是文天祥就义前所唱,表现了对国家灭亡的沉痛感伤以及视死如归的英雄气概。

孔广林

孔广林(1746年—1814年),字丛伯,号幼髯,别称赘翁,兖州曲阜(今山东曲阜)人。乾隆年间廪贡生,署太常博士。长于治经,尤专郑学。著有《周礼臆测》、《仪礼臆测》、《吉凶服名用篇》、《幼髯韵语录存》等。曲作有《温经楼游戏翰墨》二十卷,其中有传奇一种,杂剧三种,散曲三百一十九篇,其中有小令二百九十九首,套曲二十套,是清代散曲创作数量最多的一位作家。

〔南吕〕红芍药

杏花为风所败

杏花天气杏花繁,一色烘渲①。半空风卷太无端。几日阑珊②。正有意寻芳花判涣③,怎怪俺满心头怜惜难伴。多应是好花羞被老人看,早褪红颜。

【注释】

①烘渲:形容杏花盛开,气氛热烈。

②阑珊:衰落,凋败,将尽。

③判涣:分散,指花散落。

【评点与赏析】

杏花盛开,引起主人公赏花的兴致。不料一阵大风,把繁茂的杏花吹得七零八落,使得主人公惋惜不已。选材别致,读来饶有情趣。

〔道宫〕美中美①

愁绪重萦正难拼②,偏又触烦恼。好意翻成害,真颠倒。是恩是怨,曾否湘灵知道③？虽是命当然，总我粗心了。已被冤牵障，怨告谁？

【注释】

①原注：此董解元《西厢记》"困把栏杆倚"格。

②难拼：此处意为难过。

③湘灵：湘水之神。

【评点与赏析】

描写一种心境，一种境遇：本已愁绪重重，偏偏又遇到烦恼事。好意被误解，恩变成怨，其中的冤情只有神灵知道。转而又在自己身上寻找误会发生的原因，是因为"粗心了"。这种境遇以及内心活动在生活中不时可能遇到，无论是作为人际间的一般纠葛，还是作为男女间的恋情波折，都较有代表性，因而显得真实自然。

吴锡麒

吴锡麒(1746年—1818年),字圣征,号谷人,别署东皋生,杭州钱塘(今浙江杭州)人。性好学,工骈体文,是清代的骈文大家。乾隆四十年(1775年)进士,授翰林院编修。两任会试同考官,嘉庆六年(1801年)授国子监祭酒。后以亲老乞养归。晚年寓居扬州,受聘任东仪、梅花、安定、乐仪等书院主讲。著有《五味斋集》、《正山房集》、《全椒吴鼎》。作有传奇《渔家傲》,散曲有小令七十一首,套曲十三套。

〔仙吕〕一半儿

秦 淮

板桥记惜旧人稀①,丁字帘无燕子归②,盒子会谁花榜题③,剩青溪④,一半儿斜阳一半儿水。

【注释】

①板桥:在秦淮河畔。明末南京的妓女聚居之处。

②丁字帘:地名,在南京市利涉桥边。是明末乐户聚居之处。

③盒子会:明代南京的名妓于农历正月十五聚饮相会,各人用盒子装上新奇物品,聚会时比赛,以盒内所装东西的精粗高下分胜负。名叫盒子会。

④青溪:水名,发源于南京钟山,流入秦淮河。

【评点与赏析】

抒发兴亡之叹,沧桑之感。秦淮河畔当年的盛景已不复存在,只剩下冷冷清清的斜阳,清清冷冷的流水,使人见之伤情,感慨万端。

〔仙吕〕一半儿

杨 花

帘旌毿毿失游红①,窗网迷迷缀玉虫②,雪样不寒云样鬆。罥东风③,一半儿离情一半梦。

【注释】

①帘旌:门帘上部用以装饰的附加部分,此处指门帘。毿毿(sān):毛细长的样子,此处形容帘子下垂的样子。游红:飘飞着的落花。

②玉虫:喻白色的杨花。

③罥(juàn):飘卷,缠绕。

【评点与赏析】

描写春天的杨花。既有实写,它洁白像玉虫,飘飞如雪花,膨松如白云,随着东风飘卷,飞舞;也有虚写,它像离情,萦绕于心,挥之不去;又像梦境,若有若无,虚无缥缈。写实与写意自然交织,立意新奇。

〔仙吕〕油葫芦

北廊外观菜花

经过桃花雪一场,蓦吹来风更香①。坐围野榼隔溪望②,布黄金界出祗园广③,涌黄云显得田屯旺。鹅儿毪蜕新,蜂儿翅扇忙。但酒波和着花光荡,浑不信有斜阳④。

【注释】

①蓦:猛然。

②榼(kē):古代盛酒的器具。

③祇园:"祇树给孤独园"的略称。为释迦牟尼去"舍为国"说法时与僧徒停居的地方,此处泛指佛舍。

④浑不信:全然不信。

【评点与赏析】

  题为"观菜花",着力描写菜花田的景色。通过香味、颜色来展示菜花盛开的情景,景象开阔,色彩浓烈,有动有静。诗人边喝酒边观景,景色描写中透出浓浓的生活情趣和勃勃生气,末句"酒波和着花光荡,浑不信有斜阳",浸透着作者观菜花时的盎然兴致和愉快的情绪,表现出他热爱生活的情怀。

凌廷堪

凌廷堪(1755年—1809年),字仲子,又字次仲,徽州歙县(今安徽歙县)人。六岁时成为孤儿,三十五岁时中进士,授知县,后任宁国府教授。著有《校礼堂诗文集》《梅边吹笛谱》《燕乐考源》等。

〔双调〕庆宣和

送 别

柳外春风送画桡①,别意萧条②。极目烟波路迢迢③,去了,去了。

【注释】

①桡(ráo):船桨,此处代指船。
②萧条:形容沉静、失落的样子。
③迢迢:形容遥远。

【评点与赏析】

描写送别时的情景。送行的人目送着小船上随着江流远去的友人,久久不愿离去。依依惜别之情描写得含蓄、深沉。小令文笔简练而余味深长。

〔双调〕庆宣和

闲 情

坐对天边白玉盘①,小扑轻纨②。月影今宵共团圞③,正满,正满。

【注释】

①白玉盘:指月亮。李白《古朗月行》:"小时不识月,呼作白

玉盘。"

②小扑轻纨：轻轻地搧动着细绢制的团扇。轻纨：指细薄的绢制成的轻巧团扇。

③团圞：圆。

【评点与赏析】

题为"闲情"，作者通过描写在一个晴朗的夜晚赏月的情境，写出了一种闲适的情趣，创造出一种清新明朗的意境，语言活泼，富有韵味。

赵庆熺

赵庆熺（1792年—1847年），字秋舲，杭州仁和（今浙江杭州）人。道光二年（1822年）进士，选延川知县，未赴。后改任金华府教授。工词曲，其散曲作品多为言情之作，在清代散曲家中自成一格。著有《香消酒醒词》、《香消酒醒曲》各一卷。

〔南中吕〕驻云飞

等得还家，淡月刚刚上碧纱。亲手递杯茶，软语呼名骂。他，只自眼昏花，脚踪儿乱蹝①。问着些儿，半晌无回话，偏生要靠住侬身似柳斜②。

【注释】

①蹝（xǐ）：鞋不穿上鞋跟，拖着鞋走路。
②侬：我，古代吴地人自称。

【评点与赏析】

描写一对夫妻的日常生活情态。丈夫回家晚了，妻子又是递茶，又是轻声责骂。问他话，他不回答，只是斜靠在妻子身上。曲中妻子对丈夫又怨又爱，爱怨交织的情态描写得神形毕现。语言本色，富有生活气息。

〔仙吕〕一半儿

青　梅

海棠花发燕来初①，梅子青青小似珠，与我心肠两不殊②。你知无，一半儿含酸一半儿苦。

【注释】

①燕来初:燕子刚来。

②两不殊:两者没有差别。

【评点与赏析】

这首小令借物咏怀,以青梅的苦涩,喻人的心情,比喻巧妙,耐人寻味。

〔仙吕〕一半儿

偶 成

鸦雏年纪好韶华①,碧玉生成是小家②,挽个青丝插朵花③。髻双丫④,一半儿矜严一半儿耍。

【注释】

①鸦雏年纪:指少女。

②碧玉生成是小家:小家碧玉,小户人家的女儿。

③青丝:头发。

④髻双丫:幼女的发式,也称"双鸦"。

【评点与赏析】

描写一位"小家碧玉"式的少女的妆扮和神态,可谓活灵活现。她头梳双髻,上插野花,妆扮素雅。既活泼,又矜持,十分天真可爱。

○赵庆熺

许光治

许光治（1811年—1855年），字龙华，号羮梅，别号穗嫣，海昌（今浙江海宁）人。少为诸生，后以授徒为业，未入仕途。他博学多才，博通诸艺，书画、篆刻、音乐、医药，皆通晓。著有《江山风月谱》、《红蝉香馆集》、《放咏》等，是清代著名的散曲家，今存小令五十多首。

〔正宫〕塞鸿秋

题人采菊图

蜉蝣只作昏朝计①，蟪蛄岂识春秋意②。蟭螟局促人间世③，虫鱼琐屑书生事④。龙头翰墨场⑤，燕颔功名志⑥，笑东篱未必渊明是⑦。

【注释】

①蜉蝣：一种虫名，寿命很短，只有几个小时。

②蟪蛄：蝉的一种，寿命只有几个月。

③蟭螟：传说中的一种小虫。

④虫鱼：指与治世大业无关的注释古籍一类的事情。韩愈《读皇甫湜公安园池诗书其后》："《尔雅》注虫鱼，定非磊落人。"虞集《谢吴宗师惠墨》："敢为文章胜虎豹，祇应笺注到虫鱼。"

⑤龙头：指状元。

⑥燕颔：指相貌英武，能够建功立业。

⑦渊明：陶渊明，东晋人。有诗"采菊东篱下，悠然见南山。"

【评点与赏析】

人各有命，人各有志，求取功名，在科场争胜，也是一种有意义、有价值的人生，未必就不如陶渊明"采菊东篱下"，寄情于山水诗酒的生涯好。这种立意，在散曲作品中可谓标新立异，因为赞美归隐是散曲作品最常见的主题之一。

〔正宫〕小梁州

碧罗团扇恋新秋,庭院清幽。空阶时见一萤流①,青如豆②,风闪堕帘钩。

【注释】
①一萤流:萤火虫飞动时的亮光。
②青如豆:形容萤火虫的亮光青幽,大小如豆。

【评点与赏析】
初秋的晚上,庭院中一片幽静,没有任何响动。只有萤火虫像豆粒大小的光亮,不时划过空旷的台阶,留下一道青幽的亮光,显示着大自然的活力。

〔中吕〕满庭芳

绿阴野港,黄云陇亩①,红雨村庄②,东风归去春无恙,未了蚕忙③。连日提笼采桑。几时荷锸栽秧。连枷响④,田塍夕阳⑤。打豆好时光。

【注释】
①黄云陇亩:形容麦子熟了,一片金黄,如同黄云覆盖在田地上。
②红雨:指落花飘飞。
③蚕忙:养蚕忙。
④连枷:手工脱粒的农具。
⑤田塍(chéng):田间的土埂。

【评点与赏析】
已经到了春去夏来的时节,农村是一片生机勃勃、热气腾腾的景象。乡村的自然景色十分美丽，有"绿荫"，有"黄云"，有"红雨"，可谓色彩缤纷；乡村的农事活动也十分繁忙，庄稼人要"采桑"，要"栽秧"，要"打豆"，辛劳但充满了希望。作者以轻快的笔触。绚丽的色彩，展示了一幅乡村农忙时节的风情画。

〔中吕〕山坡羊

蔷薇早卸，玫瑰又谢，春归才信春无价[①]。红雨歇，绿阴遮。东风冷落银屏夜[②]，烧烛有人怜岁华[③]。蝶，犹恋花；蜗，空篆叶[④]。

【注释】

①春归：春天将尽。

②银屏：银饰的屏风。

③烧烛有人怜岁华：李商隐《花下醉》诗中有"客散酒醒深夜后，更持红烛赏残花"诗句，此处化用李商隐诗句。

④蜗，空篆叶：蜗牛爬过的地方，留下弯弯曲曲像篆文一样的痕迹。

【评点与赏析】

描绘暮春风光，抒发惜春的感叹。实际上，诗人并不是仅仅着眼于自然界的"春归"景致，景色描写中，蕴涵着对年华易逝，青春易老的叹息。"蝶，犹恋花；蜗，空篆叶"，表达了诗人壮志未酬，雄心未泯的情怀。诗意含蓄委婉，令人回味。

〔中吕〕红绣鞋

雨后

嫋嫋新篁乍展[①]，阴阴高树初齐，庭院深沉乳鸦啼。花光当槛动[②]，香篆出帘低[③]，午窗风又起。

【注释】

①嫋嫋(niǎo):细弱的样子。筼:竹子。

②槛(jiàn):栏杆。

③香篆:香炷,香点燃后烟缭绕如篆文,故称。

【评点与赏析】

雨后的庭院,一片清新明丽的景象。幼竹的枝叶显得更加翠绿舒展,树木显得更加挺拔;乳鸦啼叫,花朵摇动,香炷的香烟飘出屋外,微风吹拂着……意境优雅,文笔清丽,写景细致,体现了许光治散曲的特点。

易顺鼎

易顺鼎(1858年—1920年),字实甫,又字中硕,中实,号哭庵,自署忏绮斋,常德龙阳(今湖南汉寿)人。幼时被称为"神童",成人后被誉为"才子"。十九岁时中举人,曾任广西右江道、广东钦廉道,袁世凯称帝,任代理印铸局局长。袁氏败后,他放荡于歌楼舞榭以终。著有《丁戊之间行卷》、《摩围阁诗集》、《出都诗录》、《四魂集》等。曲作有《南北曲》,今存小令七首,套曲两套。

〔仙吕〕一半儿

题聊斋志异

凉灯颤雨梦回时,姑妄言之妄听之①,纸上墨花浓欲飞。境迷离,一半儿狐仙一半儿鬼。

灵谈鬼笑任纷挐②,笔妙偏从痒处抓,只字不曾饶过他。听无哗,一半儿讥嘲一半儿骂。

【注释】

①姑妄言之妄听之:姑且随便说说,随便听听。
②纷挐:牵持杂乱。挐:纷乱。

【评点与赏析】

这两首小令述说读《聊斋志异》的感受。前一首赞美《聊斋志异》故事灵动,意境迷离,概括其内容是"一半儿狐仙一半儿鬼";第二首夸赞《聊斋志异》的讽刺艺术,"笔妙偏从痒处抓,只字不曾饶过他",认为蒲松龄的笔触犀利,讽刺辛辣,是"一半儿讥嘲一半儿骂"。作者对《聊斋志异》的评论可以说是切中肯綮的。

无名氏

〔中吕〕山坡羊

小尼姑年方二八,正青春被师父削去了头发。每日里,在佛殿上烧香换水,见几个子弟游戏在山门下①。他把眼儿瞧着咱,咱把眼儿觑着他②。他与咱,咱共他,两下里多牵挂。冤家!怎能个成就了姻缘,就死在阎王殿前,由他把那碓来舂③,锯来解,磨来挨,放在油锅里去煠④。由他,只见那活人受罪,那曾见死鬼带枷?由他,火烧眉毛,且顾眼下!火烧眉毛,且顾眼下!

【注释】

①子弟:指青年男子。
②觑:看。
③碓(duì):用木或石制成的舂米捣物的用具。
④煠:同"炸"。

【评点与赏析】

这首曲选自折子戏《思凡》。《思凡》这折戏产生较早,流传也很广。明代郑之珍的《目连救母劝善戏文》中有《尼姑下山》一出戏,演的便是《思凡》的故事。到清代张照的《劝善金科·动凡心空门水月》中,这个故事更加丰富。此处选的《缀白裘》本《思凡》,出自《劝善金科》,文字有些变动。《思凡》的剧情是:一位年轻姑娘因自幼多病,被父母送进寺庙做了尼姑,法名色空。她不堪忍受寺院晨钟暮鼓的寂寞生活,渴望像俗世的青年男女那样,相亲相爱,成就婚姻。她经过激烈的思想斗争,终于逃出寺院,跑下山来。这首曲十分强烈地表现了她渴望过正常生活的愿望和冲破束缚的决心。